Defekte Visionen

Alexander Thiele ist Professor für Staatstheorie und Öffentliches Recht, insbesondere Staats- und Europarecht an der universitären »Fakultät Rechtswissenschaften« der BSP Business and Law School in Berlin.

Alexander Thiele

Defekte Visionen

Eine Intervention zur Zukunft der Europäischen Union

Campus Verlag
Frankfurt/New York

Meiner Schwester Louise

ISBN 978-3-593-51881-7 Print
ISBN 978-3-593-45733-8 E-Book (PDF)
ISBN 978-3-593-45732-1 E-Book (EPUB)

Umschlaggestaltung: Campus Verlag GmbH, Frankfurt am Main
Umschlagmotiv: Blick in den Plenarsaal des Europäischen Parlaments in Straßburg (18. Juli 2019) © www.shutterstock.com (Bildnummer 1456115438)
Satz: le-tex xerif
Gesetzt aus der Alegreya
Druck und Bindung: Beltz Grafische Betriebe GmbH, Bad Langensalza
Beltz Grafische Betriebe ist ein klimaneutrales Unternehmen (ID 15985–2104-1001).
Printed in Germany

www.campus.de

»Bigger is not always better.«
Stefan Auer

»Die Geschichte der EU ist somit auch
eine Geschichte von Definitionsversuchen«
Berthold Rittberger

Inhalt

Vorwort

Die Zukunft der Europäischen Union, ihre institutionelle Gestaltung und ihr Zusammenspiel mit den Mitgliedstaaten sind in den vergangenen Jahren wieder auf die politische und gesellschaftliche Tagesordnung gerückt. Die Finalitätsfrage gewinnt vor dem Hintergrund etlicher »Krisen« an Fahrt. Entsprechend zahlreich sind die Zukunftsvisionen, die nicht zuletzt von prominenten Politikerinnen und Politikern in der Öffentlichkeit präsentiert werden. Dennoch scheint die Debatte festgefahren, seit dem Vertrag von Lissabon aus dem Jahre 2009 (eigentlich aber schon seit der Jahrtausendwende) geht es nicht wirklich voran. Das liegt daran – so jedenfalls die These dieses intervenierenden Buches –, dass es den im ersten Teil analysierten Visionen prominenter Akteure an einem normativen Leitbild mangelt. Es bleibt unklar, welches konkrete Integrationsproblem von diesen adressiert wird und wie sie daher zu einer Verbesserung der Funktionsfähigkeit einer komplexen Herrschaftsorganisation wie der Europäischen Union beitragen sollen: Das »Warum« bleibt offen und das scheint mir symptomatisch für die aktuelle Finalitätsdebatte. Es handelt sich, anders gewendet, um anregende, aber gleichwohl *defekte Visionen*. Die Entwicklung eines solchen normativen Leitbildes steht dementsprechend im Zentrum des zweiten Teils dieses Buches. Ausgangspunkt bildet die Erkenntnis, dass es sich auch bei der Europäischen Union um eine politische Herrschaftsorganisation handelt, die sich an tradierten Legitimitätsanforderungen für demokratische Ordnungen orientieren muss. Dabei zeigt sich: Ein großer Wurf sollte von vornherein nicht angestrebt werden. Die Zukunft der Europäischen Union liegt vielmehr – so eine weitere These – in schrittweisen Reformen, die auf die Beseitigung konkreter Legitimitätsdefizite ausgerichtet sein müssen.

Zu bedanken habe ich mich an erster Stelle beim Campus Verlag, der umgehend bereit war, das Manuskript in sein Verlagsprogramm aufzunehmen. Vor allem Jürgen Hotz hat durch seinen überobligatorischen Einsatz ermöglicht, dass das Buch rechtzeitig vor der Europawahl 2024 erscheinen und zu den im Vorfeld dieser Wahl zu erwartenden Diskussionen einen Beitrag leisten kann.

Das Berliner Team war wieder maßgeblich beteiligt: Tabea Nalik, Lasse Schaffarczyk, Lara Schmidt, Mara Schröder, Sarah Schulmeyer, Mila Streicher und Clarissa Young. Sie alle haben das Manuskript Korrektur gelesen, eigene Ideen eingebracht und damit zu seiner Verbesserung beigetragen. In besonderer Weise gilt das für Johannes Rohrer, den ich daher explizit hervorheben möchte. Sebastian Hapka, Marwin Kerlen, Pia Lange, Gregor Laudage und Cederic Meier haben Vorversionen gelesen und wichtige Kritik und Impulse geliefert. Danke!

Gewidmet ist das Buch meiner Schwester Louise. Ich bin wirklich stolz auf Dich!

Berlin, im November 2023

Alexander Thiele

Einführung

Das europäische Monstrum

Staatstheoretisch war dieses merkwürdige Gebilde nie zu fassen. Hervorgegangen aus dem im Jahr 843[1] geteilten Fränkischen Reich Karls des Großen, bestand es aus zahllosen monarchischen Territorien unterschiedlichster Macht und Größe und einer beeindruckenden räumlichen Ausdehnung. Es umfasste im Westen Teile des heutigen Frankreich, Belgiens und der Niederlande, reichte im Süden über Österreich und die Schweiz weit in das nördliche Italien hinein und grenzte im Osten an die damaligen Königreiche Ungarn und Polen. Im Norden gehörten auch Teile des heutigen Dänemark dazu. Ein moderner Staat[2] war dieses Heilige Römische Reich deutscher Nation, wie es seit dem 15. Jahrhundert immer häufiger bezeichnet wurde, allerdings nicht.[3] Es genoss keine Souveränität, war in seinem Bestand von den Territorien abhängig, die es in einem komplexen Zusammenschluss miteinander verknüpfte – als »staatlich« galten rückblickend daher nur diese Territorien.[4] An der Spitze stand seit der Krönung Ottos I. im Jahr 962 ein Kaiser, der später von den Kurfürsten nach den Vorgaben der Goldenen Bulle[5] gewählt und bis ins 16. Jahrhundert anschließend durch den römischen Papst gekrönt wurde. Dem Kaiser, der ab der Mitte des 15. Jahrhunderts nahezu ausschließlich dem österreichischen Hause Habsburg[6] entstammte, kamen allerdings lediglich gewisse Reservatsrechte zu, zur Ausbildung einer schlagkräftigen Zentralgewalt kam es im Heiligen Römischen Reich nicht. Eine Reichsexekutive und einen eigenen Verwaltungsunterbau suchte man ebenso vergeblich wie ein eigenes Reichsheer[7] und eigene Reichsfinanzen. Die auf dem Reichstag zu Worms (1495) beschlossene Einführung eines »Gemeinen Pfennigs« scheiterte am Widerstand der Landesherren.[8] Anders gewendet: Es fehlten »eine einheitliche und hierarchisch strukturierte administrative Ordnung, die an einem Punkt konzentrierte Souveränität sowie die Möglichkeit, jederzeit Macht nach innen und außen zu mobilisieren.«[9]

Im Reichstag kamen die reichsunmittelbaren Territorien, die Reichsstände, zusammen. Er tagte ab 1663 als Immerwährender Reichstag in Regensburg, was eine dauerhafte Präsenz von »förmlichen Gesandten« nach sich zog, die das Tagesgeschäft erledigten. Innerhalb dieses Gremiums fand ein kompliziertes Beratungs- und Entscheidungsverfahren Anwendung. Das reine Mehrheitsprinzip galt, mit gewissen Einschränkungen, nur innerhalb der drei Kollegien des Reichstags.[10] In Religionsangelegenheiten war das Mehrheitsprinzip seit dem Westfälischen Frieden gänzlich ausgeschlossen.[11] Insgesamt diente der Reichstag damit »weniger der Entscheidung und dem Machen von Gesetzen als vielmehr der inneren Kohäsion im Reich« und einer »Relativierung kurfürstlicher Macht«[12] durch dauerhaftes Verhandeln.[13] Im Reichshofsrat konnten die Stände, geistliche und weltliche Korporationen, aber auch Bauern und sonstige Untertanen Rechtsschutz erlangen.[14] Mit kaiserlicher Autorität verliehen, erfüllte er eine wichtige Funktion der Streitschlichtung und ermöglichte es, sich gegen absolutistische Praktiken in den Territorien zu wehren. Die Prozesse dauerten indes lange, die Reise nach Wien war beschwerlich und lückenlos war der Rechtsschutz nicht. Zusätzlich gab es das 1495 begründete, zunächst in Speyer und ab 1690 in Wetzlar tagende und vornehmlich von den Ständen getragene Reichskammergericht.[15] Es sollte Fehden und sonstige Gewalttätigkeiten verhindern, war für bestimmte schwere Strafsachen zuständig und agierte in Zivilsachen vor allem als Berufungsinstanz.[16]

Wie sollte man dieses komplexe Gebilde, diesen einzigartigen Zusammenschluss Hunderter Territorien staatstheoretisch einordnen?[17] Schon die Zeitgenossen fanden darauf keine befriedigende Antwort, denn: »Diese Form von Staatlichkeit hatte es bis dahin im Reich noch nicht gegeben.«[18] Auch heutige Einordnungsversuche bleiben unbefriedigend: »Moderne juristische Unterscheidungen versagen. Das Reich lässt sich der modernen Kategorie des ›Bundesstaates‹ nicht zuordnen, ist aber doch sehr viel mehr gewesen als ein loser ›Staatenbund‹ souveräner Mächte«.[19] Es befand sich in einer Art staatstheoretischem Zwischenland, nichts Halbes und nichts Ganzes, dauerhaft unfertig und wandelbar und doch schon immer da, gleichwohl »mit den Mitteln der juristischen Logik nicht zu begreifen«.[20] Auch der Historiker Dieter Langewiesche verweist auf die sich stetig wiederholenden Grundmuster der staatstheoretischen Bewertungen: »Sie schwanken zwischen Staat, Staatenbund und Nicht-Staat, zwischen ›Reichs-Staat‹ und überstaatlichem Reichsverband, zwischen Staat der deutschen Nation und übernationalem Personenverband.«[21] Die nachhaltigste Einordnung stammt bereits aus dem 17. Jahrhundert. In seinem epochalen Werk »De statu imperii Germanici« bezeichnete Samuel Pufendorf das Alte Reich als »irregulären und einem Monstrum ähnlichen Körper«:[22] das »Monstrum« als staatstheoretische Kategorie.[23]

Über 200 Jahre nach der Niederlegung der Kaiserkrone und dem Untergang des Reiches im Jahr 1806 findet sich in Europa mit der Europäischen Union ein staatstheoretisch ähnlich schwer zu fassendes[24] »präzedenzloses Gebilde«.[25] Nicht wenige wären denn auch geneigt, die Pufendorfsche Kategorie auf diesen Zusammenschluss von gegenwärtig 27 Mitgliedstaaten zu übertragen: das Monstrum Europäische Union.[26] Bemerkenswert ähnlich verlaufen die juristischen Einordnungsversuche,[27] die Lage scheint vergleichbar vertrackt wie beim Alten Reich: »Die Geschichte der EU ist somit auch eine Geschichte von Definitionsversuchen.«[28] Die Europäische Union ist danach (noch) kein moderner Staat,[29] auch kein Bundesstaat, sie geht aber – wie das Alte Reich – angesichts ihres komplexen Verflechtungsgrads über einen tradierten Staatenbund hinaus.[30] Sie ist supranational organisiert,[31] übt eigene, wenngleich übertragene Hoheitsrechte aus, greift in vielfältiger Weise in das Leben der Unionsbürgerinnen und -bürger[32] ein, ist den Mitgliedstaaten (den »Territorien«) als den »Herren der Verträge« dennoch formal untergeordnet. Das institutionelle Gefüge geht in seiner Komplexität über dasjenige des Alten Reiches eher noch hinaus, was sich unter anderem bei der umstrittenen Bestimmung der Kommissionsspitze offenbart.[33] Auch hier findet sich zudem praktisch kein eigener Verwaltungsunterbau,[34] eine europäische Armee ist zwar angedacht, aber bestenfalls im Aufbau, und die Finanzierung hängt von den Mitgliedstaaten ab. Die Einführung bedeutender Europasteuern scheitert, erneut ähnlich wie im Alten Reich, an den Mitgliedstaaten. Eine eigenständige Verschuldung ist weiterhin nur begrenzt möglich.[35] Rechtsschutz gewährt der Europäische Gerichtshof in Luxemburg, aber auch hier bestehen vor allem im Hinblick auf den Individualrechtsschutz Defizite.[36] Mangels »Kompetenz-Kompetenz«[37] besitzt die Europäische Union damit keine Verfassungsautonomie, ihre Verträge sind nach zutreffender (wennleich umstrittener) Ansicht keine

Verfassung.[38] Anders gewendet: ein erneutes Zwischenland mitten in Europa.[39] Wer fühlte sich bei der Darstellung des Entscheidungs- und Beschlussverfahrens des Alten Reiches nicht an die Diskussionen im Europäischen Rat erinnert, die von den »förmlichen Gesandten« – heute sprechen wir von den »Ständigen Vertretern«[40] – vorbereitet und begleitet werden? Auch die Schwierigkeiten mit dem Abstimmungsmodus – Einstimmigkeit, qualifizierte Mehrheit, doppelte Mehrheit, einfache Mehrheit – knüpfen beinahe nahtlos an die historischen Debatten an.

Das Bundesverfassungsgericht hat diese eigentümliche Stellung der Europäischen Union schon in den 1990er Jahren mit dem (umstrittenen) Begriff des »Staaten*ver*bundes« auf den Punkt gebracht, ohne dass damit viel gewonnen wäre:[41] »Die Europäische Union ist nach ihrem Selbstverständnis als Union der Völker Europas ein auf eine dynamische Entwicklung angelegter Verbund demokratischer Staaten.«[42] Statt »sui generis« (oder »Monstrum«) nennt man sie seitdem »Staatenverbund«. Was einen solchen im Einzelnen ausmacht, wissen wir bis heute allerdings nicht, abgesehen davon, dass er nicht mehr Staatenbund und noch nicht Bundesstaat ist. Das lässt in organisatorischer Sicht eine Menge Spielraum.[43]

Eine solche staatstheoretische (und damit einhergehende begriffliche)[44] Ambiguität und Uneindeutigkeit, diese hybride Form[45] der Europäischen Union, ist allerdings nicht per se problematisch.[46] Es gibt weder einen zwingenden Grund, sie zum Bundesstaat hoch- noch sie zum schlichten Staatenbund herunterzustufen. Staatstheoretische Form ist kein Selbstzweck, Ambiguität kein prinzipielles Defizit.[47] Sinnvoller Maßstab für die Bewertung der bestehenden Strukturen ist allein, inwieweit diese *funktionieren*. Solange das der Fall ist, bleibt es theoretisch interessant, über eine Ein- und Neuordnung der Europäischen Union nachzudenken. Für das Tagesgeschäft wäre eine solche Debatte jedoch nicht erforderlich, zumindest nicht drängend, eventuell sogar schädlich.

Hier liegt – ähnlich wie beim späten Alten Reich – das eigentliche Problem: Die Europäische Union scheint diesen Funktionserwartungen in den Augen zahlreicher Beobachterinnen und Beobachter nicht (mehr) umfassend gerecht zu werden; sie funktioniert zumindest nicht so, wie von vielen erhofft. Zuletzt ist sie für ihr Vorgehen in der Coronapandemie[48] und ihre Reaktion auf den russischen Angriffskrieg auf die Ukraine kritisiert worden, aber schon zuvor war die Unzufriedenheit mit den komplexen Strukturen, den eingespielten Arbeitsweisen und Ritualen und den erzielten (Gipfel-)Ergebnissen spätestens seit dem Scheitern des

Verfassungsvertrages immer wieder mit Händen zu greifen. Die »immer engere Union«, wie es in Art. 1 Abs. 2 EUV heißt, scheint am Scheideweg zu stehen. Ein Mitgliedstaat ist den aufkommenden Fliehkräften bereits zum Opfer gefallen: Das Vereinigte Königreich hat den Staatenverbund Anfang 2021 verlassen. Eine Erweiterung der EU scheint in den nächsten Jahren – entgegen den Ausführungen der Kommissionspräsidentin Ursula von der Leyen in ihrer »State of the Union-Rede« im September 2023 kaum realistisch.[49] Die Erfahrungen mit dem »Brexit«[50] regen kaum zur Nachahmung an, die ökonomischen Folgen sind verheerend, wie es mit Nordirland (und ggf. auch Schottland) weitergeht, ist weiterhin unklar. Die innerunionalen Probleme sind durch diesen ersten Austritt der Integrationsgeschichte dennoch nicht gelöst.[51] Der Konflikt mit Polen und Ungarn über das Verständnis zentraler Werte des Art. 2 EUV (unter anderem der Demokratie und der Rechtsstaatlichkeit) spitzt sich seit Jahren zu;[52] von einer gefestigten Wertegemeinschaft zu sprechen,[53] fällt zunehmend schwer. Die Zustände an den unionalen Außengrenzen erweisen sich in vielerlei Hinsicht als unerträglich,[54] die Zukunft der Währungsunion[55] scheint nach Ansicht einiger prominenter Stimmen zweifelhaft und die europäische Außenpolitik wird von den großen Mitgliedstaaten dominiert, während die Europäische Union eher eine Nebenrolle zu spielen scheint und sich zudem – wie im Zusammenhang mit ihrer Reaktion auf die barbarischen Angriffe auf Israel – in Kompetenzkonflikten verheddert. Mit anderen Worten: Es könnte wohl besser um die europäische Integration stehen.[56]

Damit erweist sich der staatstheoretisch ambivalente Zustand der Europäischen Union nicht mehr als ein rein theoretisches, sondern als ein handfestes *praktisches* Problem. Es geht – hier liegt ein Unterschied zu den historischen Debatten über das Alte Reich – weniger darum, was die Europäische Union aktuell *ist* (oder war), sondern was sie, normativ gesprochen, *sein sollte*, damit sie die inneren Krisen überwindet und die kommenden Herausforderungen zu meistern vermag. Die staatstheoretische Debatte bekommt einen praktischen Spin, statt des Seins- tritt der Sollens-Zustand in den Fokus.

Wenig überraschend wurde in den vergangenen Jahren verstärkt über solche Sollens-Vorstellungen diskutiert. Die lang suspendierte Finalitätsdebatte[57] gewinnt an Fahrt.[58] Die Konferenz über die Zukunft Europas präsentierte im Mai 2022 ihre Ergebnisse, hochrangige Politikerinnen und Politiker – unter anderem Emmanuel Macron und Olaf Scholz – haben ihre Visionen für die Zukunft der Europäischen Union formuliert. Ursula von der Leyen forderte in ihrer »State of the Union«-Rede im Jahr 2022 gar die Einsetzung eines verfassungsgebenden Konvents. Im September 2023 präsentierte zudem die »Gruppe der Zwölf«, eine deutsch-französische Expertengruppe, ihre Vorschläge zur Reform und Erweiterung der Europäischen Union.[59] Auch der Koalitionsvertrag der ersten deutschen Ampel-Regierung (2021) enthält einen Abschnitt zu Europa. Unter der Überschrift »Zukunft der Europäischen Union« heißt es dort:

> »Die Konferenz zur Zukunft Europas nutzen wir für Reformen. Erforderliche Vertragsänderungen unterstützen wir. Die Konferenz sollte in einen verfassungsgebenden Konvent münden und zur Weiterentwicklung zu einem föderalen europäischen Bundesstaat führen, der dezentral auch nach den Grundsätzen der Subsidiarität und Verhältnismäßigkeit organisiert ist und die Grundrechtecharta zur Grundlage hat.«

Mit dem »föderalen Bundesstaat« wird auf den ersten Blick ein ebenso klares wie ambitioniertes Integrationsziel ausgegeben, das seit der »Humboldt-Rede« Joschka Fischers aus dem Jahr 2000 – er sprach damals von einer Föderation – regelmäßig ins Spiel gebracht wird. Ein zweiter Blick offenbart jedoch ein Problem, das symptomatisch für viele andere prominente Vorschläge steht: Es bleibt unklar, worin diese ihre *normative* Grundlage, ihren leitenden Maßstab finden. Die Frage nach dem »Warum« bleibt unbeantwortet. Mit welcher Begründung wird ausgerechnet ein »föderaler europäischer Bundesstaat« angestrebt? Welche Funktionsstörung der bestehenden (zugegeben: diffusen) Ausgestaltung kann damit behoben werden? Die Errichtung eines föderalen Bundesstaats scheint ohne eine solche Leitidee mehr Selbstzweck zu sein, vermutlich auch, weil sie nach außen vorbildhaft »europäisch« wirkt. Im Hinblick auf konkrete Problemlagen wirkt dieser Vorschlag aber seltsam entrückt, beinahe entkoppelt – als hätten die aktuellen Herausforderungen mit diesem nichts oder wenig zu tun. Die europäische Integration selbst wird zum universellen Problemlöser, während die Frage, welches konkrete Problem *durch* die europäische Integration *wie* gelöst werden soll, in den Hintergrund tritt.[60] Wenn der föderale Bundesstaat errichtet ist, so die mitzulesende Botschaft (Hoffnung?), werden die aktuellen Herausforderungen überwunden sein. Warum es Mitgliedstaaten in einem föderalen Bundesstaat leichter fallen sollte, sich im Bereich der Außenpolitik überstimmen zu lassen oder Flüchtlinge aufzunehmen, bleibt offen.

In diesem »Selbstzweckdenken« zeigen sich Parallelen zur Diskussion über die digitale Transformation. Auch dort finden sich entkoppelte Zukunftsprojektionen – erwähnt sei nur das Flugtaxi –, obwohl es um vermeintlich banale Probleme wie den Breitbandausbau gehen müsste. Die Loslösung von konkreten Herausforderungen wird nachgerade zum Qualitätsmerkmal dieser »out-of-the-box«-Visionen, denen daher keine innovativen Grenzen gesetzt sind. Treffend halten Sascha Friesike und Johanna Sprondel fest: »Wer darüber nachdenkt, wie eine Organisation aussehen könnte, die wenig mit der heutigen Organisation zu tun hat, genießt einen so hohen Grad an Freiheit, dass festgehalten werden kann, was immer man will.«[61] Im Hinblick auf die europäische Integration wird bisweilen ausdrücklich von Utopien gesprochen,[62] wodurch jede nur vorsichtig geäußerte Kritik umgehend als kleinkariert und spießig erscheint. Wer groß denkt, muss sich um die lästigen Details nicht kümmern (Breitbandausbau hier, Akzeptanz des Mehrheitsprinzips[63] dort). Die Forderung nach mehr oder einem anderen »EU-ropa« setzt nicht den Nachweis voraus, dass dadurch konkrete Herausforderungen gemeistert werden – und im Zweifel lässt sich die Bewahrung des Friedens anführen. In den entworfenen Szenarien fehlt es daher selten an Pathos aber meist an Hinweisen, auf welchem Weg diese in den nächsten Jahren unter Berücksichtigung des Status quo und realpolitischer Bedingungen konkret erreicht werden sollen.[64] Die Transformationsfrage bleibt offen oder unkonkret, ganz so, als ließe sich der Endzustand der Europäischen Union vergangenheitslos am Reißbrett entwerfen. Die Kenntnis über den Pfad zur angestrebten Vollendung ist aber schon deshalb zentral für die heutige politische Generation, um zu verhindern, dass diese Maßnahmen beschließt, die diesen erschweren oder verbauen.

Der fehlende normative Maßstab dürfte der Grund sein, warum viele Vorschläge bei näherer Betrachtung eher nebulös sind – je intensiver man sich mit ihnen beschäftigt, desto weniger scheint sich ihnen wirklich Konkretes entnehmen zu lassen. So stellt sich beim Vorschlag der Ampel-Koalition zwangsläufig die Frage, *wie* dieser föderale Bundesstaat ausgestaltet sein soll. Die weiteren Ausführungen des Koalitionsvertrags konkretisieren dies nicht, sprechen stattdessen eher allgemein von »erforderlichen Vertragsänderungen« und sehr pauschal von Dezentralität und Subsidiarität – zwei Grundsätze, die die Europäische Union formal bereits prägen und vom Grundgesetz vorausgesetzt werden.[65] Welche institutionelle Struktur angestrebt wird und welche Kompetenzen die europäische Ebene erhalten (behalten?) soll, bleibt offen, obwohl dieser Aspekt mit der Funktionsfähigkeit der Europäischen Union unmittelbar verknüpft ist. Denn es macht einen Unterschied, ob die Europäische Union für die Schul- oder die Klimapolitik zuständig ist. Wie man sich diesen »föderalen Bundesstaat« vorzustellen hat, bleibt dem Leser oder der Leserin überlassen – für jeden und jede ist etwas dabei.

Letzteres wäre weniger problematisch, wenn es eine einigermaßen konsentierte Struktur eines »föderalen Bundesstaates« gäbe. Dem ist aber nicht so. Schon die heutige Europäische Union ließe sich als faktischer »föderaler Bundesstaat« bezeichnen – die fehlende formale Kompetenz-Kompetenz wirkt sich im Tagesgeschäft nicht aus. Jedenfalls *könnte* die Europäische Union auch in ihrer aktuellen Gestalt als föderaler Bundesstaat organisiert werden, ohne dass sich für die Unionsbürgerinnen und -bürger in ihrem Alltag etwas veränderte. Die Ampel-Regierung strebt aber, das wird man unterstellen dürfen, eine Veränderung an. Welche soll das sein? Staatstheoretisch gibt es nicht *den* Bundesstaat.[66] Die existierenden (modernen) Bundesstaaten, die seit der Amerikanischen Revolution des späten 18. Jahrhunderts entstanden sind,[67] weisen erhebliche, meist in historischen Pfadabhängigkeiten begründete Unterschiede im Hinblick auf ihre innere Struktur und ihre Kompetenzverteilung,[68] aber auch auf die ihr zugrundeliegende Legitimationsidee auf: »Die Zuordnung der tatsächlichen Entscheidungsgewalt wird hier – in der Geschichte wie in der Literatur – unter Relativierung der staatsbürgerlichen Gleichheit aus vielen pragmatisch-wirklichkeitsorientierten Perspektiven getroffen, die keinem strikten Prinzip folgen.«[69] Ein unitarischer Bundesstaat kann mehr Gemeinsamkeiten mit einem dezentralen Einheitsstaat aufweisen, als mit einem streng-föderal organisierten Bundesstaat. Die Bundesrepublik ist anders organisiert als die USA, Argentinien, Indien, Belgien, Kanada, Mexiko, Australien oder die Schweiz und Österreich; in vielen Fällen wäre deren Organisation mit den Vorgaben des deutschen Grundgesetzes (zumindest unter Berücksichtigung der Rechtsprechung des Bundesverfassungsgerichts) wohl unvereinbar. Dennoch sind alle diese Staaten »föderale Bundesstaaten«.[70] Hinzu kommt der Umstand, dass sich Bundesstaaten in ihrer Struktur stetig wandeln und auf unterschiedliche Herausforderungen reagieren. In Deutschland hat es mehrere »Föderalismusreformen« gegeben, die das Kompetenzgefüge erheblich modifiziert haben. Gleiches gilt, wie die Beispiele Großbritannien und Spanien zeigen, für formale Einheitsstaaten, die zudem – natürlich –

regionale und lokale Untergliederungen,[71] also föderale Elemente kennen (worauf Schottland und Katalonien größten Wert legen dürften). Zugespitzt: Wer »föderaler Bundesstaat« sagt, sagt wenig bis nichts, solange die organisatorischen und legitimatorischen Details nicht wenigstens skizzenhaft ausbuchstabiert werden – es handelt sich, wie häufig auch beim Rekurs auf die berüchtigten »europäischen Werte«, um eine Leerformel ohne konkreten Inhalt.[72] Darin mag die Attraktivität einer solchen Vision liegen – sie bleibt unverbindlich, anything goes, niemand wird vorschnell verprellt. Das Ziel eines föderalen Bundesstaats lässt sich (wie oben angedeutet) zudem als Ausdruck einer besonderen Europafreundlichkeit verkaufen: Wer »EU-ropa« liebt, muss den Bundesstaat wollen. Im Ergebnis wird dadurch aber kein einziges Problem im Hinblick auf die konkrete Organisation und Zuständigkeitsverteilung gelöst – eine nicht selten emotional geführte Debatte ohne greifbare Substanz.

Auf die Spitze getrieben wird diese Verunklarung der Finalitätsdebatte ausgerechnet von einer Institution, von der man eine ausformulierte Vorstellung über den Fortgang der europäischen Integration erwarten würde: der Europäischen Kommission. Anstatt eine ernsthafte und über das Friedensnarrativ hinausgehende eigenständige Vision für ein zukünftiges Europa zur Disposition zu stellen und offensiv zu vertreten, präsentierte sie im Jahr 2017 (noch unter Führung Jean-Claude Junckers) ein Weißbuch zur Zukunft Europas, das fünf »Szenarien« für die Europäische Union enthielt:[73]

1. Weiter so, wie bisher
2. Schwerpunkt Binnenmarkt
3. Wer mehr will, tut mehr
4. Weniger, aber effizienter
5. Viel mehr gemeinsames Handeln.

Angehängt waren kurze Erläuterungen zu den jeweiligen Vor- und Nachteilen. Gleichzeitig betonte die Kommission mögliche Überschneidungen zwischen diesen Szenarien, die sich damit weder ausschlössen noch als erschöpfend angesehen werden könnten.[74] Bemerkenswert offen hielt sie fest: »Das Endergebnis wird zweifellos anders aussehen, als die hier dargestellten Szenarien.«[75] »Aber wie?«, fragt man sich als interessierte Unionsbürgerin. Sollte es nicht um dieses »Wie« gehen? Rechtliche und institutionelle Prozesse sparte die Kommission bewusst aus, die Form werde der Funktion folgen. Wie aber sollten solche vagen Szenarien, die alle denkbaren Entwicklungen der Europäischen Union – einschließlich des Status quo (!) – irgendwie umfassten, bei der Lösung der Finalitätsfrage weiterhelfen? Welche aktuellen Probleme würden durch welches Szenario gelöst? Welche Probleme galt es zu lösen? Vor allem bei den Szenarien 3, 4 und 5 (die miteinander kombiniert werden konnten) wurde die *konkrete* Kompetenzverteilung zwischen Europäischer Union und den Mitgliedstaaten allenfalls beispielhaft angerissen, so dass letztlich alles möglich blieb: Jede und jeder konnte sich ihr oder sein individuelles Zukunftsszenario basteln. Ob die europäische Ebene aber für Klimaschutz oder Schulpolitik, Kultur oder Digitalisierung oder irgendwie für alles (und nichts) zuständig ist, macht, wie erwähnt, einen fundamentalen Unterschied für ihre Funktions- und Akzeptanzfähigkeit. Eigene Präferenzen für eines der Szenarien formulierte die Kommission im Übrigen nicht. Das Ergebnis erschien zweitrangig und austauschbar, solange sich die Mitgliedstaaten nur auf *irgendetwas* einigten, würde die Kommission wohl damit leben können. Die Präsentation der fünf Szenarien wirkte dadurch erstaunlich hilflos, grenzte bisweilen eher an Realsatire als an einen ernstgemeinten Vorschlag und war an Beliebigkeit schwer zu überbieten.[76] An Pathos[77] wurde hingegen nicht gespart: »Unabhängig davon, welches der hier genannten Szenarien der Realität am Ende am nächsten kommt – diesen Werten und Hoffnungen werden die Europäer weiterhin verbunden bleiben. Es lohnt sich, für sie zu kämpfen.«[78] Aus den genannten Werten (über deren Inhalt man ohnehin streiten kann) folgt aber keine staatstheoretische Form. Dass diese erst vor wenigen Jahren präsentierten Szenarien in der aktuellen Debatte keine Rolle spielen, kann vor diesem Hintergrund nicht überraschen. Auch bei der Mitte 2022 abgeschlossenen Konferenz zur Zukunft Europas, die unter anderem von der Kommission eingesetzt worden war, kamen sie nicht zur Sprache. In ihrer unkonkreten Form ohne normative Leitidee erwiesen sie sich – man muss es so sagen – als nutzlos.

Dieses Fehlen eines greifbaren normativen Maßstabs für die Lösung konkreter Herausforderungen und die damit verknüpfte Entwicklung der Europäischen Union in der öffentlichen (politischen) Debatte hängt mit der (neo-)funktionellen Integrationsmethode zusammen, die seit dem Scheitern der politischen Gemeinschaft[79] Mitte der 1950er Jahre dominiert. Sie verdrängte die Frage nach dem eigentlichen Integrationsziel, dem Fluchtpunkt der Integration, bis zuletzt aus dem politischen Alltagsdiskurs. Mit der europäischen Integration sollte es stattdessen einfach Stück für Stück, Meter für Meter weitergehen – der niederländische

Historiker und Philosoph Luuk van Middelaar spricht vom »inhärenten Bewegungsdrang« der Union.[80] Zufällige politische Mehrheiten für die Europäisierung nationaler Politikbereiche galt es zu nutzen, unabhängig davon, ob sich deren Übertragung vor dem Hintergrund einer angestrebten institutionell-organisatorischen Gesamtkonzeption als sinnvoll erwies:[81] »Weil man ständig auf die Zukunft verweist, neigt man in Brüssel dazu, jedes ›nicht‹ in ›noch nicht‹ zu übersetzen.«[82] *Mehr* Europäisierung galt als prinzipiell *gute* und damit *richtige* Europäisierung (eine Haltung, die auch die Europa*rechts*wissenschaft bis in die 2010er Jahre mehrheitlich prägte).[83] Hauptsache Europa! Wer sich diesem Narrativ entgegenstellte und einzelne Übertragungen (vorsichtig) kritisierte, galt schnell als schlechter Europäer oder schlechte Europäerin. So hält der Politikwissenschaftler Ludger Kühnhardt fest: »Die europäische Einigung hat lange, vermutlich zu lange, von dem gezehrt, was in der Politikwissenschaft ›permissiver Konsens‹ genannt wurde. Es gab keinen Widerspruch zu ›Europa‹, was immer ›Europa‹ heißen mochte.«[84]

Mittlerweile präsentiert sich der daraus folgende, stetig anwachsende Wust an in unsystematischer Weise mit den nationalen Zuständigkeiten verwobenen europäischen Kompetenzen[85] als Kernproblem in der Praxis aber auch für umfassende Reformen. Selbst für Expertinnen und Experten ist die Kompetenzverteilung zwischen Europäischer Union und Mitgliedstaaten nur noch schwer zu durchschauen, ein Leitbild ist nicht erkennbar, wodurch nicht zuletzt Verantwortlichkeiten für die Unionsbürgerinnen und -bürger verunklart werden.[86] Die abstrakten Kompetenzarten werden zwar mittlerweile in den Art. 3–6 AEUV aufgeführt.[87] Die konkreten Befugnisse sind aber weiterhin über die europäischen Verträge verteilt, lassen kaum einen Politikbereich aus und sind in ihrer Reichweite vor allem aufgrund ihrer funktionalen Formulierung nur schwer inhaltlich einzugrenzen. Angesichts einer Integrationsphilosophie, deren Erfolg mangels eines anderweitigen Maßstabs vornehmlich an der Dicke der europäischen Verträge gemessen wurde (was zudem nicht gerade zu ihrer Lesbarkeit und Verständlichkeit beiträgt),[88] wirkte jede Rückübertragung oder Neuordnung übertragener Zuständigkeiten gleichwohl als Integrationsrückschritt, als Scheitern der europäischen Idee. Was einmal in Europa war, blieb in Europa, musste in Europa bleiben. Vorschläge zur kompetenziellen Entflechtung sehen sich weiterhin dem Verdacht ausgesetzt, uneuropäisch zu sein und einer Wiederbelebung souveräner Nationalstaaten das Wort zu reden – auch in den Vertragsverhandlungen.

Begünstigt wurde diese Entwicklung durch das auf Walter Hallstein zurückgehende Verständnis der Europäischen Union als »Rechtsgemeinschaft«,[89] das bis heute vor allem dem deutschen Europarechtsdiskurs zugrunde liegt: »Viele europarechtliche Vorlesungen starten mit der Feststellung, Europa sei eine Rechtsgemeinschaft, und entfalten das Europarecht (oder europäische Recht) in diesem Licht.«[90] Auch in politischen Auftritten fehlt selten der Verweis auf diese Idee, wenn über die Besonderheiten und die Erfolgsgeschichte der Europäischen Union die Rede ist. Wenig scheint gegen diesen Ansatz zu sprechen. Dass das Recht im Integrationsprozess eine hervorgehobene Rolle spielt und spielen soll, wird niemand ernsthaft in Frage stellen: »Wer will schon gegen eine Rechtsgemeinschaft opponieren, welche das Zusammenleben in Europa durch gemeinsame Institutionen friedlich gestaltet, ohne Zwang und Gewalt?«[91]

Ein näherer Blick offenbart jedoch ein Problem, das schwer auf der Europäischen Union lastet. Denn Hallstein, der von 1951 bis 1958 Staatssekretär im Auswärtigen Amt der von Konrad Adenauer geführten Bundesregierung und danach bis 1967 der erste Vorsitzende der Kommission der damaligen Europäischen Wirtschaftsgemeinschaft war, verstand seine Idee der Rechtsgemeinschaft jedenfalls *auch* als Gegenentwurf zu einer auf Macht und ihrem möglichen Missbrauch ruhenden politischen Ordnung – hier zeigt sich die Nähe seines Modells zum technokratischen Funktionalismus. Die Rechtsgemeinschaft sollte sich damit (anfangs möglicherweise weniger als in späteren Jahren) zugleich von einer anderen Form des Zusammenschlusses abgrenzen: der *politischen* Gemeinschaft. »The desire to neutralise the ›primacy of the political‹, which can be viewed as part of the EU's DNA, has a long pedigree. It is linked to the idea that political conflicts could and ought to be overcome by reason [...].«[92] Idealisierend stand das Recht bei Hallstein für das einigende Band, dass an die Stelle politischer (und damit zugleich: entzweiender, gewalttätiger, jedenfalls aufwühlender und allzu emotionaler)[93] Streitigkeiten tritt und diese in normativer Harmonie im Jetzt aber auch für die Zukunft auflöst: »Es ging ihm um ein europäisches Recht für den Gemeinsamen Markt als verlässliche Grundlage für wirtschaftliche Aktivitäten, das der politischen Wechselhaftigkeit und Irrationalität der Macht entzogen sein sollte [...]. Im Recht sollten die Gemeinschaften ihre Mitte und Einheit finden.«[94] Was einmal in den Verträgen steht, ist dem politischen (willkürlichen) Spiel der Mitgliedstaaten entzogen, kann kein Ausgangspunkt für neuerliche politische und interessengeleitete Konflikte sein,[95] liegt ab dann in der Hand von Technokraten: »die Inflexibilität, Langsamkeit und Langweiligkeit eines Beamtenapparats zur Vorbeugung gegen Kriege – eine brillante Idee.«[96] Insofern war es folgerichtig, im Laufe der Jahrzehnte[97] möglichst viele nationale Politiken zu europäisieren und in diese unpolitische »Herrschaft des Rechts« zu überführen: »Hallsteins Rechtsgemeinschaft legt nahe, jeden unionalen Rechtsakt als zivilisatorische Errungenschaft zu feiern.«[98] Die Dicke der Unionsverträge, ihre beachtliche materielle Aufladung ist damit kein Versehen, sondern Ausdruck einer spezifischen Methode, deren Ziel es ist, möglichst viel politischen Streit dauerhaft beizulegen, indem man ihn durch rechtliche Fixierung (vermeintlich) löst und im Übrigen technisch, jedenfalls unpolitisch verarbeitet: »Die Brüsseler Arbeits- und Denkweisen sind darauf gerichtet, politische Leidenschaften mit einem Netz aus Regeln zu bändigen, also auf Entpolitisierung.«[99] Und Mark V. Tushnet und Dimitry Kochenov konstatieren: »The European Union [...] is the greatest example of this approach, which treats constitutionalism as administrative law on steroids through an attempt to exclude politics.«[100]

Diese zunächst möglicherweise attraktive Vorstellung überzeichnet nicht nur die Leistungsfähigkeit des Rechts, das keineswegs automatisch einigende Kraft hat. Sie wird auch seinem allgemeinen Wesen nicht gerecht. Recht ist nicht neutral oder unpolitisch und ebenso wenig kann die Europäische Union als *Rechts*gemeinschaft daher jemals neutral, technokratisch oder unpolitisch sein.[101] Spätestens seit dem Vertrag von Maastricht[102] (richtigerweise aber schon immer) ist die Europäische Union eine *politische* Gemeinschaft, in Brüssel werden *politische* Kompromisse ausgehandelt, geht es um *politische* Gestaltung und damit auch um *politische* Macht, Hegemoniestreben und wechselnde Allianzen. Mit der rechtlichen Fixierung ist der politische Streit alles andere als erledigt, nimmt in manchen Fällen erst richtig an Fahrt auf.[103] Durch die vor allem in ihrer ökonomischen Philosophie homogenen Gründungsstaaten und die begrenzten europäischen Zuständigkeiten blieb dieser politische Charakter anfangs verdeckt – hier konnte die Vorstellung einer unpolitisch-technokratischen (rationalen) Rechtsgemeinschaft noch am ehesten verfangen. Schon die französische »Politik des leeren Stuhls« Mitte der 1960er Jahre[104] offenbarte jedoch die politische Dimension der Integration außerhalb von Politikbereichen wie der Kohle- und Stahlproduktion, in denen es einen breiten Konsens in den Mitgliedstaaten gab. Heute legen die langwierigen Sitzungen des Europäischen Rates mit ihren komplexen (eben: politischen) Kompromissen davon Zeugnis ab – von rechtlich fundierter Harmonie wird man hier nicht ernsthaft sprechen wollen. Dass im Übrigen selbst die Europäische Zentralbank keine unpolitisch-neutrale und technokratische Institution ist (und niemals war), ist in der Eurokrise einem größeren Publikum bewusst geworden.[105]

In der aktuellen Diskussion über die Zukunft der Europäischen Union schimmert mit der Idee der Rechtsgemeinschaft jedoch weiterhin das Bild einer technokratischen und unpolitischen Organisation durch, deren Stärke gerade darin liegen sollte, konfliktbehaftete Politisierung zu verhindern oder zu verdecken. Emmanuel Macron bezeichnet die politischen Debatten im Europäischen Rat gar als zu überwindenden »Bürgerkrieg« – ein Bild, das generell, aber erst recht seit dem 24. Februar 2022 völlig unpassend erscheint. Armin von Bogdandy hat einen Punkt: »Die Rechtsgemeinschaft vermittelt heute kein adäquates Grundverständnis des Europarechts.«[106]

Die europäische Finalitätsfrage wird sich daher nur beantworten lassen, wenn man sich von diesen funktionalistischen und apolitischen Vorstellungen löst und die Europäische Union als das akzeptiert und öffentlich bezeichnet, was sie ist: eine politische Herrschaftsorganisation, in der Politik dementsprechend auch wirksam werden muss.[107] Damit ist die erste, nicht wirklich neue These dieses Essays formuliert.[108] Verknüpft ist mit ihr das Eingeständnis eines Scheiterns der Idee der Rechtsgemeinschaft zumindest insoweit, als mit dieser die Errichtung einer *apolitischen* supranationalen Organisation verknüpft wird, denn: Wo Recht ist, dort ist stets auch Politik, dort geht es um Interessen und Wertekonflikte, um das Suchen von Kompromissen, letztlich um die Ausübung von Macht – insofern zeigt sich das Defizit dieses Konzepts entgegen Luuk van Middelaar keineswegs oder auch nur vornehmlich in Krisenzeiten (wenngleich sie dann besonders sichtbar wird).[109] In einer demokratischen Ordnung ist Recht nichts anderes als temporär fixierte Politik, das Ergebnis stets vorläufiger, weil veränderbarer politischer Kompromisse. Wer glaubt, mit rechtlicher Normierung politischen Streit zu beenden, liegt schlicht falsch – der rechtliche Kompromiss muss nicht für alle Zeit von allen Beteiligten begrüßt und akzeptiert werden und ist von vornherein nicht für die Ewigkeit gedacht. Schon die in den europäischen Verträgen niedergelegte Struktur des Binnenmarkts[110] und der Währungsunion ist keine sachlogisch-zwingende, sondern eine politische Entscheidung, durch die bestimmte politökonomische Präferenzen (Ideologien?) und keine Naturgesetzlichkeiten für normativ verbindlich erklärt werden. Gleiches gilt für die umfangreichen fiskalpolitischen Vorgaben, etwa das Wettbewerbs- und das Beihilfenrecht. Treffend hält Bojan Bugaric fest: »Constitutions in liberal democracies usually don't discriminate among different political ideologies. While constitutions impose certain limits on legislative politics, primarily through the protection of constitutional rights, it can hardly be argued that, across the board, they privilege one or another political ideology. The EU ›economic constitution‹ is, in this respect, different. It systematically biases EU policy making in a neo-liberal direction.«[111] Warum sollten diese Präferenzen bei veränderten Verhältnissen und Herausforderungen dauerhaften Bestand haben, zumal die Zahl der Mitgliedstaaten und damit deren (ökonomische, politische, soziale, kulturelle) Heterogenität zugenommen hat? Es wäre jedenfalls überraschend, wenn diese veränderte Mitgliederstruktur keinerlei Einfluss auf die genannten Politikbereiche und damit jedenfalls mittelbar auch auf die Organisations- und Entscheidungsstruktur der Europäischen Union zeitigen sollte.

Diese Politisierung der Europäischen Union sollte insofern nicht bedauert oder verdeckt, sondern als lange verdrängte, aber in einer wachsenden demokratischen Ordnung unumgängliche Notwendigkeit angesehen und selbstbewusst nach außen getragen werden. Das Handeln der Europäischen Union, ihr Auftreten gegenüber dem russischen Präsidenten und Kriegsverbrecher Wladimir Putin, ihr Agieren in der Euro- und Flüchtlingskrise, ihr Einfluss auf die internationale Ordnung, ihr Einsatz für den Klimaschutz – das sind hochpolitische Fragen, die sich in einem Zusammenschluss von heute 27 Mitgliedstaaten mit je eigenen Vorstellungen und Interessen nicht in technokratischer Harmonie auflösen lassen. Das stetige Anwachsen der Zuständigkeiten der Europäischen Union und der daraus folgenden Rechtsmasse (»aquis communautaire«) hat unweigerlich zum Anwachsen ihrer Politisierung geführt; die Europäische Union mischt heute in fast allen Bereichen irgendwie mit. Das gilt auch für die Frage nach ihrer zukünftigen Gestalt und institutionellen Ordnung, weil es auch insoweit (natürlich) um politische Machtfragen geht.[112] Wem es gelingt, seine diesbezüglichen Vorstellungen in den Verträgen unterzubringen, erringt einen *politischen* Sieg, der aber noch immer als apolitisch-technisch geframt wird, um in das herrschende Narrativ zu passen.[113] Auch bei den Visionen zur Entwicklung der Europäischen Union wird daher versucht, politische Interessen als neutral-technokratische Integrationsnotwendigkeiten zu präsentieren. In der »Sorbonne-Rede« Emmanuel Macrons lassen sich dafür einige Beispiele finden.[114]

In der anstehenden Finalitätsdebatte muss es daher darum gehen, diese Politisierung nicht nur anzunehmen, sondern daraus die richtigen Schlüsse für die Organisation der Europäischen Union als einer auf den Mitgliedstaaten ruhenden politischen Herrschaftsorganisation zu ziehen – das Ziel ist mit Stefan Auer folglich eine Diskussion nicht über mehr oder weniger, sondern über das passende »EU-ropa«.[115] Es geht dann nicht mehr darum, in neoliberaler Tradition[116] (vergeblich) zu versuchen, das Politische aus der Europäischen Union zu verbannen – vor allem natürlich im Hinblick auf die Ökonomie – und diese dadurch vermeintlich zu rationalisieren und zu befrieden, sondern es sinnvoll zwischen den verschiedenen Ebenen (Europäische Union, Mitgliedstaaten) aufzuteilen und in legitimer, also akzeptierter Form effektiv wirksam werden zu lassen.[117] Das Ziel ist die Ermöglichung, das Wirksamwerden unionaler Politik einschließlich des dazu erforderlichen mobilisierenden agonalen politischen Streits[118] in einem Halt gebenden institutionellen Rahmen, was bisher nicht, jedenfalls nicht ausreichend erfolgt. Mit Herfried Münkler und Grit Straßenberger ließe sich formulieren: »Das politische Problem der EU ist, dass ihr das Politische abgeht und sich infolgedessen die Politik in einem mehr oder weniger effizienten Administrieren erschöpft.«[119] In einem solchermaßen apolitischen, streitlosen Raum werden sich aber stabilisierende Leidenschaften für diese politische Organisation nicht ausbilden können, wie Chantal Mouffe zu Recht betont.[120] Das Recht spielt in einer solchermaßen politisierten Union weiterhin eine herausragende Rolle für die Europäische Integration. Die Aufteilung und die Kooperation der politischen Räume wird durch das Recht bewirkt, das in den Unionsverträgen Zuständigkeiten zuweist und Entscheidungsverfahren etabliert.[121] Die Europäische Union bleibt eine Rechtsgemeinschaft – aber eine *politische* Rechtsgemeinschaft.

Dieser herrschaftliche Blick auf die Europäische Union legt die Herausforderungen offen, denen sich diese und die Mitgliedstaaten als demokratische Verfassungsstaaten ausgesetzt sehen. Wie die Europäische Union sind auch die Mitgliedstaaten politische Herrschaftsorganisationen, auch dort ist es das Recht (in Form einer Verfassung), das die Ausübung der mitgliedstaatlichen Herrschaft begründet, strukturiert und die Zuständigkeiten zwischen den Organen und Untergliederungen (Bundesebene, Gliedstaaten, kommunale Einheiten) in einer spezifischen Form aufteilt.[122] Ziel des staatlichen Verfassungsrechts ist die Errichtung einer legitimen politischen Herrschaftsordnung, eine, die Politik und politischen Streit ermöglicht und begrenzt und dabei bei den Herrschaftsunterworfenen auf faktische *Anerkennung* trifft. Verfassungs- als Herrschaftsordnungen sind Anerkennungsordnungen insoweit sie auf die verstetigte Legitimität für ihren Bestand angewiesen sind: Ohne Anerkennung keine dauerhafte Ordnung.[123] Das ist keine neue Erkenntnis. Die Verfassungsgeschichte hält zahlreiche Beispiele bereit, in denen Staaten mangels hinreichender Anerkennung gescheitert sind. Aktuell scheinen einige etablierte Demokratien in dieser Hinsicht angeschlagen und kämpfen mit rechtspopulistischen Strömungen oder offener Ablehnung.[124] Indem die Europäische Union im Folgenden ausdrücklich als eine politische Herrschaftsorganisation verstanden wird, können diese (historischen und theoretischen) Erkenntnisse aber für ihre Reorganisation fruchtbar gemacht werden – die Europäische Union ist besonders aber nicht völlig andersartig: »Tatsächlich ist die EU anderen, ›normalen‹ politischen Akteuren ähnlicher, als sie es lange behauptet hat, und täte gut daran, dass selbst auch so zu sehen und entsprechend zu kommunizieren.«[125] Darum soll es im Folgenden gehen: mit Hilfe legitimitätstheoretischer Erwägungen einen normativen Maßstab zu entwickeln, der für die behutsame und nicht ruckartige Entwicklung der Europäischen Union in Ansatz gebracht werden kann. Es geht also (noch) nicht darum, abschließende Vorschläge für eine umfassende Umgestaltung der Europäischen Union zu präsentieren – zumal, wie zu zeigen sein wird, solchen Fundamentalprojekten mit einer gewissen Skepsis begegnet werden sollte. Ziel ist es aufzuzeigen, wie Mitgliedstaaten und Europäische Union zur Maximierung der erforderlichen *Verbundlegitimität* zusammenwirken können, um die aktuellen und kommenden Herausforderungen ansprechend und Stück für Stück zu bewältigen.[126]

Mit der Entwicklung dieses legitimitätstheoretischen Maßstabs soll auch einer gewissen Entemotionalisierung der Finalitätsdebatte das Wort geredet werden, wo Reformvorschläge noch allzu oft danach bewertet werden, ob sie dem subjektiven Empfinden nach als »europäisch« oder nicht einzuordnen sind. Richtigerweise geht es hingegen schlicht um die Organisation guter Herrschaft – und zwar im Verbund mit den Mitgliedstaaten. Das mag langweilig, beinahe technisch wirken und in der Tat: Ein Rekurs auf das gängige[127] Friedensnarrativ,[128] das europäischen Reformprojekten als eine Art motivierende Selbstvergewisserung meist vorangestellt wird,[129] findet sich auf den folgenden Seiten nicht. Aus Pathos folgt weder staatsrechtliche Form noch langfristige Legitimität –

die Europäische Union ist dafür das beste Beispiel. Mit anderen Worten: Es muss bei der Finalitätsdebatte weder darum gehen, sich reflexhaft der Sinnhaftigkeit der europäischen Integration zu versichern noch darum, wie die Europäische Union am Ende dieses Prozesses irgendwann einmal staatstheoretisch eingeordnet werden könnte. Im Fokus muss stehen, die Verbundlegitimität der Europäischen Union und der Mitgliedstaaten Stück für Stück zu maximieren. Für die praktische Funktionsfähigkeit der Europäischen Union ist die staatstheoretische Einordnungsfrage demgegenüber zweitrangig.

Vor diesem Hintergrund werden im ersten Kapitel einige prominente Reformvorschläge diskutiert, die beispielhaft aufzeigen, dass die Finalitätsdebatte in den zurückliegenden Jahrzehnten kaum vorangekommen ist, weil ihr das normative Fundament fehlt. Skizziert und kritisch beleuchtet werden die »Humboldt-Rede« des damaligen deutschen Außenministers Joschka Fischer aus dem Jahr 2000, die Souveränitäts-Vorstellungen des französischen Präsidenten Emmanuel Macron aus dem Jahr 2017, die 2021 von den politischen Beratern Vincent-Immanuel Herr und Martin Speer vorgelegten 95 Thesen zur Rettung Europas,[130] die im Mai 2022 präsentierten Reformvorschläge der »Konferenz zur Zukunft Europas« sowie die Prag-Rede des deutschen Bundeskanzlers Olaf Scholz, die er im August 2022 an der Karls-Universität hielt. Bei diesen Diskursbeiträgen handelt es sich zwar um anregende aber letztlich *»defekte Visionen«*, da sie die entscheidende Frage nach dem »Warum«, dem normativen Maßstab, der ihnen zugrunde liegt, offenlassen. Sie greifen zwar häufig auf staatstheoretische Großbegriffe zurück, sind aber kaum in der Lage, diese mit Leben zu füllen oder verlieren sich in einem Wust an lose miteinander verknüpften Vorschlägen, hinter denen eine stützende Ordnungsidee außerhalb einer ausgeprägten »Europa-Euphorie« oder subjektiver politischer Interessen schwer erkennbar ist. Dargelegt wird meist, wie sich die Visionäre die Europäische Union subjektiv wünschen und nicht, ob sich diese Forderung normativ unterfüttern oder unter Berücksichtigung realpolitischer Begebenheiten und europäischer Vielfalt praktisch umsetzen lässt – ein Phänomen, das auch Martin Nettesheim unlängst beklagt hat.[131] Diese (willkürlich) ausgewählten Visionen stehen insofern symptomatisch für allgemeine Defizite der aktuellen Finalitätsdebatte, die sich sowohl auf der politischen[132] als auch der zivilgesellschaftlichen Ebene[133] zeigen. Dass man (natürlich) auch andere hätte auswählen können, ist damit ebenso zutreffend wie unschädlich.

Das zweite Kapitel leitet mit einer Erläuterung des Begriffs der Legitimität in die Entwicklung eines normativen Maßstabs für die Zukunft der europäischen Integration über. Auch die Europäische Union ist auf die *Anerkennung* durch die Unionsbürgerinnen und -bürger als prinzipiell sozial gerecht angewiesen. Europäische Integration als ausgeübte Herrschaft ist kein Selbstzweck, sollte jedenfalls kein Selbstzweck sein. Die drei Legitimitätsanforderungen des demokratischen Verfassungsstaates, namentlich Teilhabe, Begrenzung und Leistungsfähigkeit, lassen sich auf die Europäische Union übertragen. Sie ist bei allen Besonderheiten auch eine (demokratische) politische Herrschaftsordnung.

Im dritten Kapitel wird dieses Modell für die Europäische Union näher entfaltet. Daraus ergeben sich Folgerungen, an welchen Stellen behutsame Reformen des institutionellen, verfahrensrechtlichen und kompetenziellen Systems ansetzen könnten, um die konkreten Legitimitätsdefizite zu beseitigen bzw. zu minimieren. Es wird dabei stets darum gehen, den politischen Charakter der Europäischen Union anzuerkennen und in einem passenden Rahmen effektiv wirksam werden zu lassen. So weist die Europäische Union zwar ein Demokratiedefizit auf, erfüllt legitimitätstheoretisch das Erfordernis der ausreichenden Teilhabe an ihrer Herrschaftsgewalt nur unzureichend. Das liegt jedoch – im Gegensatz zur prominenten Ansicht des Bundesverfassungsgerichts – weniger an einer defizitär verwirklichten politischen Gleichheit der Unionsbürgerinnen und -bürger als an einer materiellen Überfrachtung der Unionsverträge, die einen inklusiven gesamteuropäischen demokratischen Diskurs, einen agonalen politischen Streit verhindert. Es fehlt den europäischen Gesetzgebungsinstanzen an politischer Verhandlungsmasse als einem wesentlichen Element langfristig legitimer, weil inklusiver politischer Herrschaftsordnungen. Dieser Aspekt, auf den zuletzt Dieter Grimm aufmerksam gemacht hat,[134] spielt in den öffentlichen Debatten und den hier behandelten Visionen hingegen praktisch keine Rolle. Verwundern kann das nicht: Solange die Europäische Union als Entpolitisierungsprojekt verstanden wird, liegt der Fokus nicht darauf, ausgerechnet ihre politische Handlungs- und Streitfähigkeit zu entfalten – im Gegenteil. Die Dicke der Verträge ist, wie erwähnt, kein Zufall, sondern zentraler Baustein der bisherigen Integrationslogik. Dass die Finalitätsdebatte in eine Sackgasse geraten ist, erweist sich vor diesem Hintergrund nicht als überraschend. Erkennbar wird damit aber auch, wie man aus ihr wieder herausfinden kann.

1. Defekte Visionen

In den zurückliegenden Jahrzehnten hat es an prominenten Visionen für die Zukunft der Europäischen Union nicht gemangelt – und es dürften weitere folgen. Mit beeindruckenden Beschreibungen wurde und wird dort selten gegeizt: Europäischer Bundesstaat, Föderation, Republik, Einheit, Souveränität[1] – es findet sich kaum ein staatstheoretischer Großbegriff, der in dieser Debatte nicht bereits als Leitmotiv fungiert hat. Dennoch scheint die Finalitätsdebatte am Anfang des 21. Jahrhunderts in eine Sackgasse geraten zu sein. Die letzte umfangreiche Vertragsänderung, der Vertrag von Lissabon (in Kraft seit 2009), liegt Jahre zurück, neue umfassende politische Initiativen sind nicht erkennbar oder zumindest nicht Erfolg versprechend.[2] Die Konferenz zur Zukunft Europas hat Mitte 2022 ihre Ergebnisse präsentiert, dennoch geht es nicht voran, vermutlich dürften auch diese bald verpuffen. Schon 2023 sprach kaum noch jemand über sie, in der Öffentlichkeit haben ohnehin nur wenige von der Konferenz, geschweige denn ihren Vorschlägen gehört. Wir tippeln auf der Stelle; seit dem Vertrag von Lissabon, eigentlich aber schon seit dem gescheiterten Verfassungsvertrag aus dem Jahr 2005, wirkt die Debatte festgefahren. Die Verunsicherung ist groß. Nach dem Austritt Großbritanniens[3] hat sich die Situation nicht verbessert, im Gegenteil: Die Auseinandersetzung mit Polen[4] und Ungarn hat sich eher verschärft, der Austritt aus der Europäischen Union ist – trotz der Erfahrungen mit dem »Brexit« – in einzelnen Mitgliedstaaten kein grundsätzliches Tabuthema mehr. Anstatt über die weitere Entwicklung der Integration zu sprechen, scheint es eher darum zu gehen, das Bestehende zu bewahren und zu verhindern, dass es zu signifikanten Integrationsrückschritten kommt.[5] Auch die nachfolgend skizzierten Visionen spielen daher trotz ihrer prominenten Vertreterinnen und Vertreter kaum eine Rolle, werden allenfalls pflichtschuldig zitiert und wieder weggelegt. Warum?

Die hier vertretene These lautet: Es mangelt diesen Visionen an einem normativen Maßstab, einer sie tragenden Leitidee. Sie zeigen zwar Modelle auf, wie die Europäische Union in zehn, zwanzig oder fünfzig Jahren aussehen könnte, es fehlt aber an belastbaren und nachvollziehbaren Gründen, die – von einer Europaeuphorie oder erkennbaren politischen Interessen abgesehen – für die eigene Vision vorgebracht werden könnten. Welches aktuelle Integrationsproblem wird durch sie gelöst? Warum handelt es sich um einen zwingenden Integrationsschritt und nicht nur um ein individuelles politisches Anliegen? Teilweise scheinen die Visionen den aktuellen Integrationsproblemen sogar völlig entrückt. Joschka Fischer betont diese Distanz in seiner Rede ausdrücklich.[6] Anstatt Wege aufzuzeigen, wie das eigene Integrationsziel ausgehend vom Status quo Stück für Stück verwirklicht werden kann, wird eine Debatte über staatstheoretische Großbegriffe geführt, die sich von den vermeintlich banalen Gegenwartsproblemen völlig entkoppelt. Die Geschichte der europäischen Integration ist aber seit jeher eine Geschichte ständig neuer Herausforderungen und Krisen.[7] Wenn die Zukunftsdebatte von diesen gelöst verhandelt wird, wird man sie nie ernsthaft führen können – irgendein anderes und neuartiges Problem steht immer an, einschließlich völkerrechtswidriger russischer Angriffskriege.[8] Schon deshalb ist eine vertiefte Debatte über diese Visionen nicht möglich, jedenfalls keine, die sich nicht in einer Darstellung subjektiver Präferenzen für die eine oder andere Option erschöpft. Man übersieht dabei zugleich, dass die heutige Krisenlösung Pfadabhängigkeiten für die mittelfristige Entwicklung begründet, die kurzfristige von der langfristigen Vision schon deshalb nicht getrennt werden darf. Die Diskussion und Beantwortung der Finalitätsfrage wird auf diese Weise ständig in die Zukunft verschoben, Wiedervorlage nach der Krise – auf die aber schon die nächste folgt.[9] Die hier präsentierten Visionen erweisen sich daher als in vielerlei Hinsicht anregend und bedenkenswert, doch mangels normativ nachvollziehbarem Maßstab gleichwohl unbefriedigend: Es sind *defekte Visionen*, die bestätigen, dass wir in mehr als zwei Jahrzehnten kaum vorangekommen sind – die hier behandelten Visionen stehen damit beispielhaft für ein generelles Problem der aktuellen Finalitätsdebatte. Hätte Joschka Fischer seine Rede nicht auch in diesem Jahr halten können?

Joschka Fischer: Die Europäische Föderation

Vor mehr als zwei Jahrzehnten – am 12. Mai 2000 – erwartete die Humboldt-Universität zu Berlin mit dem Außenminister der damaligen rot-grünen Bundesregierung, Joschka Fischer, hohen Besuch. Der Titel des angekündigten Vortrags machte deutlich, dass Fischer grundsätzlich werden wollte: »Vom Staatenverbund zur Föderation – Gedanken über die Finalität der europäischen Integration.«[10] Fischer ging es um einen persönlichen Debattenbeitrag zur »Finalität«, verstanden als die »Vollendung der europäischen Integration«, vorgetragen von einem überzeugten Europäer und deutschen Parlamentarier.[11]

Er sah den Fortgang der Integration als »die wohl wichtigste Herausforderung, da sein Erfolg oder Scheitern oder auch nur die Stagnation dieses Einigungsprozesses für die Zukunft von uns allen, vor allem aber für die Zukunft der jungen Generation von überragender Bedeutung sein kann.« Es gehe ihm daher um »grundsätzlichere und konzeptionelle Überlegungen über die zukünftige Gestalt Europas.« Dass es mit der Integration weitergehen musste, stand für Fischer freilich außer Frage: »Für einen Rückschritt oder auch nur einen Stillstand und ein Verharren beim Erreichten würde Europa, würden alle an der EU beteiligten Mitgliedstaaten und auch alle diejenigen, die Mitglied werden wollen, würden also vor allem unsere Menschen, einen hohen Preis zu entrichten haben.« Der Sache nach knüpfte Fischer an die bekannte Fahrrad-Metapher Walter Hallsteins an: Steht die Integration still, fällt sie um.

Er unterschied im Folgenden zwischen akut anstehenden Großprojekten und der Frage nach der endgültigen Gestalt einer »großen Europäischen Union«. Kurzfristig anzugehende Großprojekte seien die schnellstmögliche Erweiterung[12] und die Sicherung der Handlungsfähigkeit der Europäischen Union. Zentral seien drei Kernfragen: die Zusammensetzung der Kommission, die Stimmengewichtung im Rat und die Ausweitung der Mehrheitsentscheidungen. Ihrer Lösung komme »als nächster praktischer Schritt« unbedingte Priorität zu.

Davon zu unterscheiden sei seine persönliche Zukunftsvision, bei der es um einen langen Zeitraum, weit jenseits laufender Regierungskonferenzen gehe. Deshalb müsse »sich niemand vor diesen Thesen fürchten.« Die angestrebte Erweiterung werde eine grundlegende Reform der europäischen Institutionen unverzichtbar machen, um die notwendige Akzeptanz bei den Unionsbürgerinnen und -bürgern zu sichern. Überraschenderweise hielt Fischer insoweit dann aber eine »einfache Antwort« bereit: »den Übergang vom Staatenverbund der Union hin zur vollen Parlamentarisierung in einer Europäischen Föderation, die Robert Schuman bereits vor 50 Jahren gefordert hat.«

Fischer erinnerte zunächst daran, dass die Nationalstaaten nicht wegzudenkende Realitäten seien: »Die Vollendung der europäischen Integration lässt sich erfolgreich nur denken, wenn dies auf der Grundlage einer Souveränitätsteilung von Europa und Nationalstaat geschieht.« Daher müsse das Europäische Parlament immer ein Doppeltes repräsentieren, nämlich »das Europa der Nationalstaaten und ein Europa der Bürger.« Für eine engere Verzahnung der beiden Ebenen schlug er deshalb vor, zukünftig zumindest einige Abgeordnete zu wählen, die sowohl dem nationalen als auch dem europäischen Parlament angehören. Fischer plädierte zudem für die Errichtung einer echten zweiten Kammer, legte sich organisatorisch aber nicht fest zwischen einem US-amerikanischen Senatsmodell oder einer Staatenkammer analog des deutschen Bundesrates. Auch für die Exekutive hielt Fischer zwei Optionen bereit: Die Entwicklung des Europäischen Rats zu einer europäischen Regierung oder die Direktwahl eines Europäischen Präsidenten. Denkbar seien zudem »verschiedene Zwischenformen.« Erreichen wollte *Fischer* dadurch zugleich eine Komplexitätsreduzierung. Die Kompetenzverteilung zwischen beiden Ebenen sollte durch einen Verfassungsvertrag vorgenommen werden, »der festlegt, was europäisch und was weiterhin national geregelt werden soll.« Konkreter wurde er nicht, hielt jedoch fest, dass nur »Kernsouveränitäten« und »das unbedingt notwendig europäisch zu regelnde der Föderation« übertragen werden sollten. Das wäre zugleich eine Föderation, die »von den Bürgern durchschaut und verstanden würde, weil sie ihr Demokratiedefizit überwunden hätte.« Das setze eine konstitutionelle Neugründung Europas voraus, also »die Realisierung des Projekts einer europäischen Verfassung, deren Kern die Verankerung der Grund-, Menschen und Bürgerrechte, einer gleichgewichtigen Gewaltenteilung zwischen den europäischen Institutionen und einer präzisen Abgrenzung zwischen der europäischen und der nationalstaatlichen Ebene sein muss.« Mit einer Renationalisierung habe das aber nichts zu tun.

Abschließend skizzierte Fischer den Weg, wie dieses Ziel in zwei oder drei Stufen erreicht werden könnte: »zunächst den Ausbau verstärkter Zusammenarbeit zwischen denjenigen Staaten, die enger als andere kooperieren wollen, wie dies bereits auch in der Wirtschafts- und Währungsunion und bei Schengen der Fall ist.« Später könnte die Gründung eines »Gravitationszentrums« ein Zwischenschritt hin zur Vollendung der politischen Union sein: »Eine solche Staatengruppe würde einen neuen europäischen Grundvertrag schließen, den Nukleus einer Verfassung der Föderation.« Dieses Gravitationszentrum wäre offen für die Aufnahme neuer Mitgliedstaaten und böte Heranführungsmöglichkeiten für diejenigen, die die Aufnahmekriterien (noch) nicht erfüllen. Letzter Schritt wäre die Vollendung der Integration in einer Europäischen Föderation.

Fischers »Humboldt-Rede« zählt zu den bekanntesten Finalitätsreden der zurückliegenden Jahrzehnte und wird bis heute immer wieder zitiert – was umso leichter fällt, je länger die Rede zurückliegt und je weniger die Zuhörerinnen und Zuhörer mit ihrem konkreten Inhalt vertraut sind. Gleichwohl: Für die Rede eines aktiven deutschen Regierungsmitglieds erweist sie sich auf den ersten Blick als erstaunlich klar, progressiv und visionär. Auf den zweiten Blick lässt sie den Leser oder die Leserin jedoch ein wenig ratlos zurück. Bemerkenswert ist zunächst die von Fischer betonte Entkopplung der Finalitätsdebatte von den anstehenden konkreten »Großprojekten«. Fischer sieht zwar, dass die Osterweiterung und die veränderte Mitgliederstruktur die Handlungsfähigkeit der Europäischen Union tangieren wird, weshalb er Reformen anmahnt. Mit der zukünftigen Struktur einer »vollendeten« Europäischen Union scheint das aber nichts zu tun zu haben. Richtigerweise wird man das eine vom anderen schon deshalb nicht trennen können, weil heutige Reformen Pfadabhängigkeiten begründen, die zu einem späteren Zeitpunkt nicht ohne Weiteres gekappt werden können. Wer ein bestimmtes Vollendungsziel anstrebt, sollte also darauf bedacht sein, die heutigen Probleme in einer Form zu lösen, die mit den späteren Vorstellungen vereinbar ist, diesen aber zumindest nicht im Wege steht. Fischer scheint diese Verknüpfung nicht zu interessieren. Dass eine solche auch in Fischers Vision besteht erkennt man indes daran, dass seine eher beiläufig präsentierten Ideen zur Lösung der aktuellen Herausforderungen denjenigen seiner späteren Reform stark ähneln. Als »praktische Schritte« schlägt er neben fundamentalen institutionellen Reformen in Bezug auf die Zusammensetzung der Kommission und die Stimmengewichtung im Rat insbesondere die Ausweitung von Mehrheitsentscheidungen vor. Bei diesen drei Punkten handelt es sich allerdings um alles andere als simple oder konsentierte »praktische Schritte«, sondern um hochpolitische und umstrittene Modifikationen des bestehenden Integrationssystems: Es macht einen erheblichen Unterschied, wenn nicht mehr alle Mitgliedstaaten in der Kommission vertreten sind oder das Stimmgewicht einzelner Mitgliedstaaten im Rat modifiziert wird. Unter welchen Voraussetzungen die Mitgliedstaaten zu solchen Veränderungen bereit sind, scheint für Fischer nebensächlich – die »technischen« Reformen müssen kommen, wenn es weitergehen soll. Wer sollte etwas einzuwenden haben?

Als problematisch erweist sich insoweit insbesondere die pauschale Forderung nach einer Ausdehnung des Mehrheitsprinzips. Die auch gegenwärtig immer wieder zu hörende Begründung für diese Forderung[13] liegt in der Sicherung der Funktionsfähigkeit der Europäischen Union.[14] Einstimmigkeit und das Vetorecht einzelner Mitgliedstaaten seien bei einem Zusammenschluss dieser Größe nicht mehr tragbar.[15] Wie kann es sein, dass ein einzelner Mitgliedstaat ein effektives Sanktionsregime gegen Russland verhindert? Ist das demokratisch? So nachvollziehbar diese Argumentation gerade vor dem Hintergrund des russischen Angriffskrieges scheint: Unterschlagen wird, dass die Einführung des Mehrheitsprinzips von strukturellen Voraussetzungen abhängt. Schon der Begriff »Mehrheitsprinzip« führt in die Irre, lenkt zumindest von einer für die Funktionsfähigkeit des Mehrheitsprinzips zentralen Gruppe ab: die (überstimmte) Minderheit. Ohne eine solche Minderheit kann das Mehrheitsprinzip nicht gedacht werden, weshalb Hans Kelsen den Begriff »Majoritäts-Minoritätsprinzip« vorzog.[16] Auch wenn die Mehrheit mit der getroffenen Entscheidung keine Probleme hat, so muss die Minderheit diese im Kern freiwillig befolgen, obwohl sie ihr inhaltlich nicht zustimmt.[17] Diese Minderheitsbefolgungsbereitschaft ist der maßgebliche Faktor, an dem sich die Einführung der Mehrheitsregel in einem pluralistisch besetzten Gremium messen lassen muss. Wo sie fehlt, ist die getroffene Mehrheitsentscheidung das Papier nicht wert, auf dem sie festgehalten wird – man erinnere sich an den Versuch, geflüchtete Menschen per Mehrheitsbeschluss auf die Mitgliedstaaten zu verteilen.[18]

Wenn Fischer in seiner Rede pauschal einer Ausweitung von Mehrheitsentscheidungen das Wort redet, ignoriert er ebendieses Akzeptanzproblem oder geht davon aus, dass ein solches in der Europäischen Union nicht besteht. Letzteres wird man angesichts der Erfahrungen in der Flüchtlingskrise nicht ernsthaft annehmen können. Zum Zeitpunkt seiner Rede hatte Fischer diese natürlich nicht. Auch er hätte aber wissen können (müssen), dass die unüberlegte Ausweitung des Mehrheitsprinzips katastrophale Folgen für die Funktionsfähigkeit der Europäischen

Union haben kann. Die »Politik des leeren Stuhls« der französischen Regierung Mitte der 1960er Jahre hatte ihre Ursache in einer befürchteten Abstimmungsniederlage nach dem Wechsel zum Mehrheitsprinzip im Agrarbereich. Der zur Beilegung dieser Krise geschlossene Luxemburger Kompromiss brachte die Mitgliedstaaten zwar wieder an den Verhandlungstisch, führte der Sache nach aber dazu, dass Mehrheitsentscheidungen für etliche Jahre nicht mehr getroffen wurden. Die immer wieder zu hörende Forderung nach einer pauschalen Ausweitung des Mehrheitsprinzips lässt sich daher nur durch ein Wissensdefizit im Hinblick auf diese historischen Erfahrungen und die theoretischen und soziokulturellen Voraussetzungen desselben erklären. Dass etliche Staatsgründungen an der Einführung des Mehrheitsprinzips gescheitert sind (und weiterhin scheitern), ist in einer funktionierenden Demokratie wie der Bundesrepublik möglicherweise in Vergessenheit geraten. Schon im Alten Reich wurde im Reichstag in Religionsangelegenheiten indes nicht nach Köpfen, sondern nach Konfessionen entschieden, da eine Mehrheitsentscheidung der Katholiken von der strukturellen Minderheit der Protestanten nicht akzeptiert worden wäre. Das Beharren der katholischen Seite auf einer Mehrheitsentscheidung hätte die Existenz des gesamten Alten Reiches gefährdet. Auch der Sturm auf das amerikanische Kapitol am 6. Januar 2021 hing mit der Weigerung des abgewählten US-Präsidenten Donald Trump zusammen, seine Wahlniederlage anzuerkennen. Wer über die Ausweitung des Mehrheitsprinzips in der Europäischen Union redet, muss daher zugleich über die Bereiche, in denen eine solche Ausweitung denkbar erscheint und damit über die konkrete Kompetenzordnung reden – was Fischer hingegen nur bezüglich seiner Zukunftsvision tun wollte – oder wenigstens erläutern, wie die Minderheitsbefolgungspflicht sichergestellt werden kann.[19] Das Mehrheitsprinzip ist eben nicht per se positiv und handlungserweiternd, nicht automatisch ein Schritt nach vorn für eine komplexe Herrschaftsorganisation wie die Europäische Union. Nur am Rande sei erwähnt, dass die Außen- und Sicherheitspolitik, für die zuletzt lautstark die Abschaffung des Einstimmigkeitsprinzips gefordert wurde, der Bereich sein dürfte, wo das in absehbarer Zeit nicht wird gelingen können. Kein Mitgliedstaat ist ernsthaft bereit, sich außenpolitisch überstimmen zu lassen,[20] weil das, wie Carlo Masala treffend festhält, mit der Inkaufnahme von Machtverlusten einherginge.[21] Das gilt für Deutschland ebenso wie für Frankreich, Polen oder Griechenland. Wer hier pauschal das Mehrheitsprinzip fordert, ist also entweder naiv oder weiß, dass es dazu angesichts der Heterogenität der außenpolitischen Interessen ohnehin nicht kommen wird.

Fischer hat mit der von ihm favorisierten Föderation immerhin eine klare Vorstellung von der (fernen) Zukunft der Europäischen Union. Auch diese Vision erweist sich bei näherem Hinsehen allerdings als problematisch. Schon der Umstand, dass Fischer von der »Vollendung« der Integration spricht, offenbart eine merkwürdige Vorstellung von komplexen Herrschaftsorganisationen, die sich dauerhaft im Wandel befinden, auf veränderte Umstände und Erwartungen reagieren und damit nie wirklich abgeschlossen sein können: »Ein ›Endziel‹ der Integration kann es daher nicht geben.«[22] Schon deshalb ist es nicht sonderlich sinnvoll, Herrschaftsstrukturen für eine weit entfernte Zukunft zu entwerfen, wie es sich Fischer ausdrücklich vornimmt.[23] Jürgen Habermas spricht im Hinblick auf ein späteres Interview Fischers denn auch von »Schwärmereien«.[24] Wer weiß schon, was sich die spätere Generation in dieser Hinsicht wünscht, welche Herausforderungen sie wird meistern müssen? Auch die amerikanische Verfassungsordnung hat sich seit dem Jahr 1789 erheblich gewandelt – demokratische Verfassungsstaaten sind nie »vollendet«, sie befinden sich immer in Bewegung. Warum sollte das für die Europäische Union anders sein? Während Stillstand laut Fischer gegenwärtig zu verheerenden Folgen führen soll, ist mit der angestrebten »Vollendung«, so scheint es, jedes Problem gelöst. Das »Ende der Integrationsgeschichte« dürfte sich hingegen als nicht minder illusorisch erweisen, als das allgemeine nach dem Fall des Eisernen Vorhangs erhoffte.

Selbst wenn man diese allgemeinen Bedenken beiseiteschiebt, wird man aus der von Fischer anvisierten »Föderation« nicht wirklich schlau. Zentral scheint für Fischer vor allem der formale arendtsche Neugründungsakt durch einen Verfassungsvertrag. Vermutlich dürfte damit auch die Kompetenz-Kompetenz auf die europäische Ebene wandern, explizit äußert sich Fischer dazu nicht, auch wenn er die Mitgliedstaaten jedenfalls erhalten will. Maßgeblich dürfte demgegenüber vornehmlich der Inhalt des zu beschließenden Verfassungsvertrages sein – und genau hier bleibt er vage. Er verlangt eine klare Zuständigkeitsregelung zwischen Föderation und Mitgliedstaaten, ohne sich aber dazu zu verhalten, welche Kompetenzen warum auf welcher Ebene angesiedelt sein sollten. Die europäische Ebene soll auf »Kernsouveränitäten« (welche das sind, bleibt offen) und das »unbedingt notwendig europäisch zu regelnde« begrenzt sein. Was aber heißt das? Soll die Europäische Union Zuständigkeiten an die Mitgliedstaaten zurückgeben? Soll sie andere erhalten? Einen Vergleich zum Status quo zieht Fischer an dieser Stelle nicht.

Beinahe beliebig bleibt Fischer in institutioneller Hinsicht. In Bezug auf die zweite Kammer will er sich nicht festlegen, obwohl es einen erheblichen Unterschied macht, ob ein Senats- oder ein Bundesratsmodell gewählt wird. Auch die Ausgestaltung der Exekutive ist Fischer weniger wichtig – Direktwahl eines Europäischen Präsidenten oder die Entwicklung des Europäischen Rates zu einer aus den nationalen Regierungen zusammengesetzten europäischen Exekutive. Das eine könnte vom anderen kaum weiter entfernt sein. An dieser Stelle wird deutlich, dass es Fischer an einer normativen Leitidee fehlt, aus der sich institutionelle Folgerungen ableiten ließen. Entscheidend scheint für Fischer nur zu sein, dass es irgendeine Form von staatsanaloger Exekutive gibt – er selbst hält sogar fest, dass er sich auch Zwischenformen vorstellen könnte. Angesichts des weitgehend unklaren Begriffs der Exekutive stellt sich dann aber die Frage, was am bestehenden institutionellen System auszusetzen ist. Könnte nicht einfach alles so bleiben, wie es ist? Und wenn nein: Warum nicht?

Innovativ scheint hingegen sein Vorschlag, die erste Kammer mit direkt gewählten Abgeordneten zu besetzen, die zugleich Mitglieder der nationalen Parlamente sind. Fischer will dadurch sicherstellen, dass es keinen inhaltlichen Gegensatz zwischen nationalen Parlamenten und europäischem Parlament gibt. Allerdings widerspricht dieser Vorschlag fundamentalen Überlegungen zur Gewaltenteilung und Zuweisung von Verantwortlichkeiten in föderalen Systemen und würde zusätzlich zu den erheblichen praktischen Fragen, die damit verbunden wären, eine Art »Zweiklassengesellschaft« der Parlamentarierinnen und Parlamentarier mit sich bringen. Dass Fischer angesichts dieser vagen institutionellen Vorstellungen behauptet, dass seine Föderation ihr Demokratiedefizit überwunden hätte, muss dann doch verwundern – gerade unter Berücksichtigung der Rechtsprechung des Bundesverfassungsgerichts.

Folgerichtig ist hingegen, dass Fischer auch im Hinblick auf die Umsetzung seiner Vision nur scheinbar einen klaren Weg vorgibt. Er träumt den funktionellen Traum einer verstärkten Zusammenarbeit einiger Mitgliedstaaten, die den anderen den Weg weisen – eine Idee, die bereits seit den 1980er Jahren diskutiert wird.[25] Das Problem ist nur: Auf welchen Gebieten sollte das in welcher Form geschehen? Fischer nennt zwar einige Bereiche, es bleibt aber unklar, wie das zu seiner Forderung passt, dass die spätere Föderation nur solche Zuständigkeiten erhalten soll, die unbedingt notwendig sind. Ist das in den genannten Bereichen der Fall? Und wenn ja: In welchem Umfang?

Die Vision Fischers erscheint damit in dreifacher Hinsicht defizitär:

- Sie ist von konkreten Integrationsproblemen entkoppelt und bezieht sich auf eine ferne Zukunft, in der diese Probleme vorgeblich überwunden sein werden. Warum das der Fall ist und wie diese gelöst wurden, bleibt jedoch offen. Reformen sollten sich aber im Kern darauf beschränken, aktuelle und mittelfristige Herausforderungen zu meistern.[26]
- Fischers Vision liegt kein normativer Maßstab zugrunde, aus dem sich die spätere Form in institutioneller, verfahrensrechtlicher oder kompetenzieller Sicht herleiten oder begründen ließe. Die Frage nach dem »Warum« bleibt unbeantwortet. Die Vision ist an den entscheidenden Stellen vage, bisweilen – etwa im Hinblick auf die Exekutive – beliebig. Die Entkopplung von konkreten Problemen führt dazu, dass der Vision die Struktur fehlt und sich diese bisweilen auf Nebensächlichkeiten fokussiert, die für den Alltag der Unionsbürgerinnen und -bürger keine Rolle spielen. Warum es in institutioneller Hinsicht überhaupt Änderungen bedarf, bleibt unklar.
- Es mangelt an eindeutigen transformativen Vorgaben für die aktuelle politische Generation. Fischer strebt eine verstärkte Zusammenarbeit an, bei der es aber unerheblich zu sein scheint, welche Bereiche diese in welchem Umfang betrifft. Dadurch werden Pfadabhängigkeiten begründet, die einer späteren Visionsrealisierung im Wege stehen. Erneut schimmert hier die funktionelle Integrationsmethode durch, bei der jede Europäisierung als prinzipiell erstrebenswert angesehen wird. Diese Vorstellung hat zahlreiche der aktuellen Integrationsprobleme jedoch erst begründet.

Emmanuel Macron: Die europäische Souveränität

Am 26. September 2017, wenige Monate nach seiner Wahl zum Staatspräsidenten der Französischen Republik, erläuterte Emmanuel Macron an der Pariser Universität Sorbonne seine Vision zur Zukunft Europas.[27] Fundamentale Reformen waren in den rund 17 Jahren seit der »Humboldt-Rede« Joschka Fischers ausgeblieben, die Föderation war nicht in Sicht. Stattdessen hatte sich die Europäische Union wie bisher Stück für Stück, aber eher unsystematisch entwickelt. Der unter dem ehemaligen französischen Präsidenten Valéry Gisdard d'Estaing erarbeitete Verfassungsvertrag war 2005 ausgerechnet an einem Referendum in Frankreich (und tags darauf auch den Niederlanden) gescheitert – ein Schock für die Beteiligten, die sich einen wesentlichen Integrationsschritt erhofft hatten. Gefolgt war eine rund zweijährige Reflexionsphase, die schließlich unter deutscher Ratspräsidentschaft zum späteren Vertrag von Lissabon führte. Dieser enthielt allerdings keine grundsätzlichen Veränderungen der Organisation der Europäischen Union und trat (nach erneuten Schwierigkeiten im Ratifikationsprozess)[28] am 1.12.2009 in Kraft. Die Kommission wurde darin – zumindest formal – nicht verkleinert; bis heute stellt jeder Mitgliedstaat eine Kommissarin oder einen Kommissar, auch das komplexe Zusammenspiel zwischen Europäischem Rat, Rat, Kommission und Parlament blieb im Kern unverändert. Eine gewisse Ausweitung der Mehrheitsentscheidungen fand zwar statt, allerdings praktisch nicht in den immer wieder angemahnten hochpolitischen Bereichen, wie der Außen- und Sicherheitspolitik. Auch eine systematische Neujustierung der abermals erweiterten EU-Kompetenzen erfolgte nicht. Die Europäische Union wurde arbeitsfähig gehalten, ohne dass ein übergreifender normativer Maßstab für die Änderungen erkennbar gewesen wäre – funktionales Integrationsbusiness as usual. Vor dem Hintergrund zweier weiterer Krisen – der Euro- und der Migrationskrise – wurden die Ausführungen des neuen, jung, dynamisch und »europäisch« wirkenden Staatspräsidenten Macron auch deshalb mit Spannung erwartet. Schon unmittelbar nach seiner Wahl hatte er seine Verbundenheit zum europäischen Projekt zum Ausdruck gebracht, als er beim Einzug in den Élysée-Palast die Europahymne erklingen ließ.

In das Zentrum seiner Rede stellte Macron die europäische Souveränität: »Es gilt, eine europäische Souveränität aufzubauen und es besteht eine Notwendigkeit sie aufzubauen. Warum? Weil das, was unsere Identität ausmacht, was unsere tiefe Identität prägt, dieses Wertegleichgewicht, dieses Verhältnis zur Freiheit, zu den Menschenrechten, zur Gerechtigkeit ist etwas nie Dagewesenes auf diesem Planeten.« Das waren große, allerdings vergleichsweise nebulöse Worte. Mit »Souveränität« hatte sich Macron ausgerechnet einen der staatstheoretisch am meisten umstrittenen Begriffe ausgesucht, an dem sich Rechts-, Sozial- und Politikwissenschaftlerinnen und -wissenschaftler die Zähne ausbeißen, seit ihn Jean Bodin im 17. Jahrhundert in die Debatte eingeführt hatte. Kaum weniger umstritten waren seine weiteren Leitbegriffe: Einheit und Demokratie. Verborgen blieb ohnehin Macrons Motiv für die vorgeschlagenen Veränderungen. Er sprach von den Herausforderungen der Globalisierung und der Gefahr für die europäische Integration, die von bestimmten Ideen ausgingen, die sich als bessere Lösungen präsentierten: »Diese Ideen haben einen Namen: Nationalismus, Identitarismus, Protektionismus, Souveränismus durch Abschottung.« Für Macron war die Europäische Integration eine Art Gegenmodell zu diesen fehlgeleiteten Ideen: »Alle Herausforderungen, die uns bevorstehen – von der Klimaerwärmung bis zum digitalen Wandel über die Migration, den Terrorismus – all das sind globale Herausforderungen, auf die eine Nation, die sich in sich selbst zurückzieht, nur ungefähr und insgesamt wenig reagieren kann.« Widersprechen wird man dem nicht, nur was folgt daraus für die Organisation der Europäischen Union? Arbeiten die Staaten nicht seit jeher völkerrechtlich zusammen? Welcher Staat zieht sich völlig in sich selbst zurück?[29]

Für Macron lag die Lösung in der Europäischen Integration, die »tatsächliche Souveränität« gewährleisten könne, »das heißt die Fähigkeit, in der heutigen Welt zu bestehen, um unsere Werte und unsere Interessen zu verteidigen.« Für ihn stand fest, dass das aktuelle »Europa« – Macron machte in seiner Rede keinen Unterschied zwischen Europa und der Europäischen Union – für diese Aufgabe schlecht gerüstet sei: »Das Europa, wie wir es kennen, ist zu schwach, zu langsam, zu ineffizient.« Eine detailliertere Analyse vermeintlicher Defizite suchte man vergeblich. Stattdessen fokussierte sich Macron darauf, Europa stärker zu machen und die internen Streitigkeiten zu beenden, für deren Beschreibung er ein ebenso drastisches wie verfehltes Bild nutzte: »(A)nstatt unsere Debatten in einem europäischen Bürgerkrieg zu verlieren – denn darum handelt es sich bei den Haushalts-, Finanz- und Politikdebatten – müssen wir eher darüber nachdenken, wie wir Europa stärker machen, in der Welt, wie sie ist [...].« Im ersten Teil seiner Rede entfaltete der französische Präsident dazu die aus seiner Sicht erforderlichen »sechs Schlüssel der Souveränität«:

1. Sicherheit.
2. Sicherung der Grenzen und Werte.
3. Partnerschaft mit Afrika.

4. Meisterung des ökologischen Wandels.
5. Digitalisierung.
6. Wirtschafts-, Industrie- und Währungsmacht.

Im Anschluss leitete Macron mit der Forderung nach »Einheit« den zweiten Teil der Rede ein: »Neben diesen sechs Schlüsseln für die Souveränität will ich den Kampf für die Einheit führen. Wir werden kein starkes und souveränes Europa haben, wenn es nicht vereint ist, zusammenhält, kohärent ist. Verlieren wir diese Einheit, gehen wir das Risiko ein, zu unseren todbringenden Brüchen und unserer zerstörerischen Hegemonie zurückzukommen. Einheit gewährleisten ohne Einförmigkeit zu suchen, das ist unsere Herausforderung.« Ins Zentrum stellte der Präsident »ein wahrhaftiges Projekt der Steuer- und Sozialkonvergenz«, bestehend aus konkreten Vorgaben für die Körperschaftsteuer und eine Annäherung der Sozialmodelle, um dann auf die Kultur zu sprechen zu kommen: »Was Europa am stärksten zusammenhält, werden immer die Kultur und das Wissen sein.« Macron plädierte für die Errichtung europäischer Universitäten, Vereinfachungen bei der gegenseitigen Anerkennung von Schulabschlüssen und eine Förderung der Mehrsprachigkeit.

Schließlich ging Macron auf die Demokratie ein, »die Essenz des europäischen Projekts«, »seine größte Stärke, sein Grundnahrungsmittel« und seiner Ansicht nach untrennbar mit der Souveränität und Einheit verknüpft. In einem Voranschreiten der europäischen Integration ohne die Völker sah Macron einen zentralen Fehler: »Es gab einen Moment, in dem wir dachten, man müsste unsere Demokratie gewissermaßen umstoßen und Europa trotz allem voranbringen.« Und später: »Wir müssen das europäische Projekt neu begründen durch und mit den Völkern, mit einem politischen Anspruch, der viel stärker ist als eine einfache Entscheidungsfrage« – hier zeigen sich gewisse Parallelen zu Fischers Wunsch nach einem Verfassungsvertrag. Macron sprach sich für demokratische Konvente und eine umfassende öffentliche Debatte aus:[30] »Mit 28 Mitgliedstaaten brauchen wir ein einfacheres, transparenteres und weniger bürokratisches Europa!« Er präferierte transnationale Listen, stand der Idee eines Spitzenkandidaten oder einer Spitzenkandidatin für das Amt des Kommissionspräsidenten oder der -präsidentin aber skeptisch gegenüber und plädierte für eine Verkleinerung der Kommission auf 15 Mitglieder.[31] Schließlich sprach er sich, ähnlich wie Fischer, für eine verstärkte Zusammenarbeit voranschreitender Mitgliedstaaten aus: »Gehen wir also in Richtung dieser Differenzierungen, dieser Avantgarde, dieses europäischen Kerns, von dem ich eben gesprochen hatte.«

Eine Einordnung der Macronschen Rede bereitet aufgrund ihres Umfangs und der Vielzahl der behandelten Themen und Vorschlägen gewisse Schwierigkeiten. Im Gegensatz zum deutschen Außenminister ging es Macron weniger um eine Vision für eine weit entfernte Zukunft, als um ein vergleichsweise zeitnah zu verwirklichendes Reformprojekt, weshalb einige seiner Vorschläge – etwa zur europäischen Entsenderichtlinie oder zur Körperschaftsteuer – sehr konkret ausfallen.

Gleichwohl zeigen sich ähnliche Probleme wie bei Fischer, die ihre Ursache wiederum im fehlenden normativen Integrationsmaßstab haben. Es wird nicht klar, *warum* Macron diese Vorschläge und nicht irgendwelche anderen macht. Auffallend ist zunächst, dass *Macron*, ähnlich wie Fischer, zwischen seiner Vision und den täglichen, von ihm missbilligten Auseinandersetzungen innerhalb der Europäischen Union differenziert. Macron vergleicht die sich wiederholenden Haushalts-, Finanz- und Politikdebatten gar mit einem »Bürgerkrieg« und zeichnet damit das populistische Bild einer aufgrund ständiger Querelen beinahe funktionslos gewordenen Europäischen Union. Richtig ist hingegen das Gegenteil: Es sind gerade diese politischen Debatten, die an die Stelle grausamer kriegerischer Auseinandersetzungen der europäischen Staaten getreten sind – ähnlich dem »Ewigen Landfrieden« des Jahres 1495 im Alten Reich.[32] Solche politischen Debatten mit einem Bürgerkrieg gleichzusetzen ist schlicht verfehlt. Macron bezweckt damit vermutlich zweierlei: Zum einen wendet er sich in traditioneller Manier gegen das Politische der Europäischen Union, das er als zu überwindende Fehlentwicklung brandmarkt. Die Europäische Union soll (endlich) zu der rational-technokratischen Institution werden, als die sie ursprünglich gedacht war und anstehende Probleme eben einfach »lösen«. Zu dieser Entpolitisierungsstrategie passt, dass Macron an verschiedenen Stellen für die Errichtung unabhängiger (vermeintlich unpolitischer) Agenturen plädiert (einer Asylbehörde, einer Agentur für radikal neuartige Innovationen (!), eines Amt eines Staatsanwalts für den Handel). Dass hingegen selbst die »unabhängigste« Behörde des bestehenden Systems[33] – die Europäische Zentralbank – alles andere als unpolitisch oder technokratisch ist, ist oben bereits erwähnt worden. Zum anderen soll der Eindruck erweckt werden, dass seine Vorschläge keine politischen sind, sondern gewissermaßen über dem politischen Alltag schweben. Sie sind der Vernunft, nicht der Politik entnommen.[34] Damit wird potentieller Kritik von vornherein der Wind aus den Segeln genommen. Überzeugend ist das kaum: Wenn man eine europäische Armee fordert, über die Entsenderichtlinie spricht, sich zur Körperschaftsteuer äußert oder als französischer Präsident eine Partnerschaft mit Afrika anmahnt, ist das alles andere als technisch oder neutral, sondern hochgradig politisch, umstritten und interessengeleitet. Bei seiner Ablehnung der Idee eines Spitzenkandidaten oder einer Spitzenkandidatin wird das besonders deutlich: Das hängt eher mit einem befürchteten Machtverlust der Staats- und Regierungschefs als einer ernsthaften Sorge um die Funktionsfähigkeit der Europäischen Union zusammen – eine Begründung sucht man jedenfalls vergeblich.

Der vornehmlich politische Charakter – gegen den an sich wenig zu sagen ist – zeigt sich auch in der fehlenden Analyse bestehender Defizite. Macron spricht von Ideen wie Nationalismus und Protektionismus, aus denen er eine Unzufriedenheit über den Status quo der Europäischen Union herauslesen will – obwohl diese Entwicklungen auch innerstaatliche Ursachen haben könnten und zudem auch die Mitgliedstaaten betreffen. Immer wieder hält er fest, dass das bestehende System »zu schwach, zu langsam, zu ineffizient« sei, weshalb er sich für ein »einfacheres, transparenteres und weniger bürokratisches Europa« einsetzt. Weshalb ausgerechnet seine Vorschläge diese Probleme lösen, ist nicht erkennbar. Wo kommt es zu Vereinfachungen? Inwiefern ist Schnelligkeit erstrebenswert, wenn sich Demokratien gerade durch ein retardierendes aber integrierendes Entscheidungsverfahren auszeichnen?[35] Was ist ausgerechnet an unabhängigen Agenturen demokratisch und transparent? Zudem bleibt offen, warum es bei einer Umsetzung seiner Vorschläge keine »bürgerkriegsähnlichen« Politikdebatten mehr geben sollte. Sind Macrons Vorschläge nicht gerade Ausgangspunkt solcher Debatten? Sind diese nicht Ausdruck einer lebendigen demokratischen Ordnung?

In institutioneller Hinsicht wird der Präsident lediglich hinsichtlich der Größe der Kommission konkret und fordert deren Verkleinerung auf 15 Mitglieder. Welche Kompetenzen diese haben soll, wie die Zuständigkeiten zwischen Mitgliedstaaten und Europäischer Union zu verteilen sind und ob es sonstiger institutioneller Veränderungen bedarf, erfährt man nicht. Am Binnenmarktkonzept und dessen Verankerung im europäischen Primärrecht will er festhalten, ansonsten bleibt vieles unklar. Aus den Großbegriffen Souveränität, Einheit und Demokratie lässt sich wenig Konkretes herauslesen, möglicherweise soll institutionell auch alles so bleiben wie es ist – die von ihm genannten politischen Forderungen ließen sich im Kern auch unter dem Vertrag von Lissabon realisieren. Dafür spricht der Umstand, dass die Errichtung einer föderalen Union oder eines Bundesstaates von Macron an keiner Stelle erwähnt wird. Dass die Mitgliedstaaten weiterhin eine zentrale Rolle spielen, dürfte für Macron, der durch den zentralistischen Aufbau der Französischen Republik geprägt wurde, wohl auch kaum zur Debatte stehen.

Herr und Speer: Europäisches Potpourri

Im Jahr 2021 veröffentlichten Vincent-Immanuel Herr und Martin Speer (»Herr & Speer«) unter dem Titel »Europe for Future« 95 Thesen zur »Rettung Europas«. Beide Autoren setzen sich seit Jahren prominent für die europäische Integration ein, haben mit dem Vorschlag eines kostenlosen Interrailtickets für junge Europäerinnen und Europäer (zu Recht) internationale Bekanntheit erlangt[36] und seitdem fast alle Mitgliedstaaten der Europäischen Union bereist. Ihr Buch zieht das Fazit aus diesen Reisen und Begegnungen. Es geht von fünf Betrachtungen aus:

- Die Welt braucht Europa.
- Europa braucht die EU.
- Die EU braucht eine Revolution.
- Revolution braucht Evolution.
- Evolution braucht Ideen.

Bei ihren Thesen handelt es sich um solche Ideen, »die die politische Union aber auch die gesellschaftliche, kulturelle, soziale, ökonomische wie ethische Dimension des europäischen Projektes in den Blick nehmen.«[37] Ausgehend von der Prämisse, dass die »EU kein stabiles Haus mehr ist,«[38] da sie von nationalistischen und populistischen Bewegungen untergraben werde, die Freiheitsrechte und die Rechtsstaatlichkeit in Gefahr seien, die Abstiegsängste und Zukunftssorgen vieler Bürgerinnen und Bürger real seien und über allem zudem die Klimakrise als Damoklesschwert schwebe, folgt ein wahres Feuerwerk an Vorschlägen, die, in zehn Unterkapitel gegliedert, sämtliche Integrationsbereiche umfassen. Es beginnt mit institutionellen und Demokratisierungsfragen, um in den folgenden Kapiteln die Außenpolitik, soziale Aspekte, Vernetzungs- und

Ökologiefragen, die Zivilgesellschaft und Zusammenhalt und schließlich Wohlstandsmehrung sowie Innovationsfreudigkeit zu behandeln. Ein die Thesen vereinendes Integrationsziel liegt den Vorschlägen nicht zugrunde. Getragen werden sie von der bereits bei Joschka Fischer erwähnten Prämisse, dass die Europäische Union von der konstanten Weiterentwicklung und Bewegung nach vorne lebt, ein Innehalten hingegen das Ende der Integration einläutet. Um zu große, möglicherweise kontraproduktive Sprünge zu vermeiden, müsse es um realisierbare Vorschläge gehen: »Die Vereinigten Staaten von Europa, die Europäische Föderation oder die Europäische Republik mögen inspirierende Ziele sein, der Weg dahin führt aber über konkrete, mutige und machbare Schritte, die direkt und positiv das Leben in der EU verbessern.«[39]

Einen Mangel an Fantasie und Innovationsfreude wird man den Autoren nicht vorwerfen können. Zwar finden sich in den Thesen gerade in institutioneller und demokratischer Hinsicht zahlreiche bereits diskutierte Vorschläge (Verfassung, Mehrheitsprinzip, Zweikammersystem, Etablierung einer europäischen Regierung, Möglichkeit der engeren Zusammenarbeit, transnationale Listen, SpitzenkandidatInnensystem). Daneben wird aber eine Vielzahl neuer Ideen präsentiert, die überraschen und zum Nachdenken anregen (kostenloser Nahverkehr, ein Baum für jede neugeborene Europäerin, EU-Rundfunkplattform, Englisch als zweite Amtssprache in allen Mitgliedstaaten, ein EU-Team für Olympia, Abschaffung der Kleinstmünzen, Innovations-Startguthaben für alle jungen Menschen, europäische Ratingagentur usw.). Das Buch endet vergleichsweise abrupt nach der Präsentation der 95. These. Ein verklammerndes Fazit findet sich nicht, stattdessen wird noch einmal auf die Bedeutung konkreter Ideen für Veränderung verwiesen: »Europa und die EU werden die Kraft und Ideen von uns allen brauchen.«[40]

»Herr & Speer« haben mit ihren 95 Thesen ein Buch nachgerade bedingungsloser Europa-Euphorie vorgelegt. Diese erfrischende Positivität nimmt man den Autoren ohne weiteres ab – man spürt die Begeisterung für das europäische Projekt auf jeder Buchseite. In dieser unkritischen Leidenschaft liegt allerdings zugleich das zentrale Defizit des Buches, dem wohl deshalb eine umfassende Analyse der anzugehenden Probleme fehlt. Erforderlich ist eine solche nicht, weil die Lösung feststehen dürfte: mehr »Europa« bzw. mehr europäische Integration. Das zeigt sich gerade im ersten Teil dieses Buches, der sich mit institutionellen Fragen beschäftigt und die weitreichendsten Vorschläge enthält. Schon aus diesem

Grund hätte man eine ausführlichere Begründung derselben erwartet. Stattdessen läuft alles gradlinig auf die Errichtung eines europäischen Superstaates hinaus, der im Übrigen stark an die USA erinnert – unter anderem soll das europäische Viertel in Brüssel in Anlehnung an die amerikanische Hauptstadt Washington in einen extraterritorialen EU-Distrikt umgewandelt werden. Ob damit auch die US-amerikanischen Probleme im Hinblick auf das Wahlrecht der dort lebenden Unionsbürgerinnen und -bürger übernommen werden sollen, erfährt man nicht. Auch die Fragen, welches konkrete Problem dadurch gelöst werden soll oder was das Königreich Belgien dazu sagen würde, im dem Brüssel ja liegt, bleiben unbeantwortet.

Als unglücklich erweist sich schon die erste These, die sich für den Erlass einer Verfassung ausspricht – eine ähnliche Forderung hatte schon Joschka Fischer formuliert. Für Herr & Speer handelt es sich um ihre Urforderung, aus der sich der Rest des Buches ableitet, und die sie mit einer gewagten These einleiten: »Solange der Europäischen Union eine solche Verfassung fehlt, ist es nicht verwunderlich, dass die EU – gefühlt und auch tatsächlich – an allen Seiten knarrt und rumort, während sich Unzufriedenheit, Polarisierung und Renationalisierung in die Hauptstädte europäischer Länder gefressen haben. Die EU leidet womöglich weniger an großen Ideen und Vorschlägen, sondern vielmehr am Fehlen einer gemeinsamen Grundlage.« Als bemerkenswert erweist sich diese Behauptung nicht nur aufgrund der jüngeren Geschichte der EU – im Jahr 2005 wurde der Verfassungsvertrag bekanntlich in Referenden in Frankreich und den Niederlanden explizit abgelehnt –, sondern auch wegen des zugrunde gelegten Verfassungsbegriffs, der theoretisch und historisch verfehlt ein Junktim zwischen Verfassung und der Gewährleistung von Grundrechten postuliert.[41] Überraschend ist das vor allem deshalb, weil die Charta der Grundrechte mittlerweile ausdrücklich zum europäischen Primärrecht zählt – dass sie nicht in einem eigenen Abschnitt der Unionsverträge zu finden ist, dürfte die Unionsbürgerinnern und -bürger nicht ernsthaft stören.[42] Vertretbar stellen die Autoren anschließend zwar fest, dass eine Verfassung neben organisatorischen Regeln »auch einen Diskurs zum Selbstverständnis, zu den Grundlagen und gemeinsamen Werten«[43] enthalte: »Eine Verfassung legt damit nicht nur Regeln fest, sondern gibt dem Handeln einen tieferen Sinn.«[44] Wer die Präambeln der Unionsverträge und ihre ersten Artikel gelesen hat (insbesondere die Werteklausel des Art. 2 EUV), wird indes nur schwer nachvollziehen können, warum es sich bei diesen nicht um eine solche Sinn- und Wertestiftung handeln soll, wenn es dort unter anderem heißt, dass die Staats- und Regierungschefs bei der Gestaltung der Integration »aus dem kulturellen, religiösen und humanistischen Erbe Europas, aus dem sich die unverletzlichen und unveräußerlichen Rechte des Menschen sowie Freiheit, Demokratie, Gleichheit und Rechtsstaatlichkeit als universelle Werte entwickelt haben« schöpfen wollen. Einen Mangel an Pathos wird man den Verträgen insoweit kaum unterstellen können. Nicht wenige Europarechtlerinnen und -rechtler gehen denn auch davon aus, dass die Unionsverträge auch deshalb bereits als Verfassung anzusehen sind. Vor allem aber überschätzen die Autoren ähnlich wie bereits Fischer die Leistungsfähigkeit einer formalen Verfassung und legen den Fokus dadurch erneut auf staatstheoretische Begrifflichkeiten, die aus sich heraus keinerlei Funktionsfähigkeit einer politischen Herrschaftsorganisation zu garantieren vermögen. Entscheidend ist gerade nicht die formale Kategorisierung, sondern der konkrete Inhalt der Herrschaftsorganisationsregeln, wie der Blick auf die USA, Polen und Ungarn bestätigt, die alle (natürlich) eine formale Verfassung haben.

Darüber hinaus erweisen sich die Autoren auch im Hinblick auf die Organisation der Europäischen Union als wenig kreativ. Gefordert wird all das, was man für die Errichtung eines gewöhnlichen Staatswesens zu brauchen scheint – die europäische Integration endet beim Superstaat Europa, die Einzigartigkeiten und Ambiguitäten der Integration, die besondere Verflechtung der Mitgliedstaaten und der europäischen Ebene werden nicht erwähnt. Wie bei Fischer finden wir daher erneut die Forderung nach der allgemeinen Einführung des Mehrheitsprinzips: »Die Vetomacht einzelner Staaten muss aufgebrochen werden, damit Raum für das Gemeinsame und die Zukunft entsteht.« Ob die überstimmten Staaten diese rousseausche Gemeinsamkeit erkennen werden? Sind es nicht unter Umständen berechtigte Interessen, die diese von einer Zustimmung abhalten? Lautet das Motto der EU nicht »in Vielfalt geeint«?[45] Auch im Übrigen klingt vieles allzu bekannt: Errichtung eines Senats als zweite Kammer, Ausbau einer verkleinerten Kommission zu einer europäischen Regierung, eigene EU-Steuern zur Finanzierung und verstärkte Zusammenarbeit. Auffällig ist aber vor allem, wer in dem Buch allenfalls eine Nebenrolle (wenn überhaupt) zu spielen scheint: die Mitgliedstaaten. Welche Funktion diesen zukommen soll, welche Kompetenzen bei ihnen verbleiben, welche sie möglicherweise zurückerhalten sollten, wird nicht thematisiert. Dabei dürfte dieses Ebenen übergreifende Zusammenspiel eine der größten integrationspolitischen Herausforderungen der nächsten Jahrzehnte darstellen. Für die Autoren erscheint diese Vernachlässigung der mitgliedstaatlichen Perspektive vermutlich konsequent – die Lösung liegt ohnehin in Europa. Dass die Zukunftsängste der Bürgerinnen und Bürger einiger (jüngerer) Mitgliedstaaten gerade in einer solchermaßen entgrenzten Europaidee wurzeln könnten, scheint bestenfalls nebensächlich. Anders lassen sich Vorschläge wie ein »EU-Team für Olympia« oder »Englisch als zweite Amtssprache« kaum erklären. Man kann sich ausmalen, was ein solches EU-Team für kleinere Mitgliedstaaten bedeuten und wie sich die sprachliche Vielfalt entwickeln würde, wenn die mitgliedstaatlichen Verwaltungen künftig auf Englisch miteinander kommunizieren könnten und müssten. Zahlreiche Vorschläge sind insofern anregend, einige erweisen sich aber als hoch problematisch. Der Umfang der europäischen Verträge würde weiter zunehmen, von Subsidiarität und Bürgernähe bliebe kaum etwas übrig.

Der Grund liegt auch hier im fehlenden normativen Maßstab, der die Thesen sinnvoll miteinander verklammert. Es handelt sich um eine Zusammenfassung einzelner politischer Forderungen, die zwar in der Vorstellung der Autoren über ein (bzw. ihr) gutes europäisches Leben wurzeln, bei denen aber ein Zusammenhang zur angestrebten Funktionsfähigkeit der gesamten Europäischen Union als vielschichtiger Staatenverbund nicht erkennbar ist. Weder die Heterogenität noch die Komplexität der Europäischen Union werden dadurch ansprechend erfasst. Vorgelegt wird stattdessen ein »Friede, Freude, Eierkuchen-Europa«, das sich in Harmonie auflöst und gesellschaftliche und kulturelle Unterschiede negiert. Anders gewendet: Wenn die 95 Thesen konsensfähig wären, hätte die Europäische Union vermutlich schon heute kein Problem. Da das aber nicht der Fall ist, nutzen sie für die Finalitätsdebatte im Ergebnis eher wenig. Eine Lösung wie gesellschaftlich-kulturelle und mitgliedstaatliche Vielfalt unter dem Dach der Europäischen Union zusammengebracht werden kann, findet sich darin nicht.

Die Konferenz zur Zukunft Europas: Europäisches Allerlei

Am 9. Mai 2021 – exakt 70 Jahre nach der Schuman-Erklärung – begann mit der Konferenz zur Zukunft Europas[46] ein im Jahr 2019 von französischer Seite (Emmanuel Macron) angeregtes und von der Kommissionspräsidentin Ursula von der Leyen aufgenommenes[47] Projekt zur Neugestaltung der Europäischen Union. In der Gemeinsamen Erklärung zur Errichtung der Konferenz hielten die Präsidentinnen und Präsidenten des Europäischen Parlaments, des Rates und der Kommission fest, dass es darum gehen müsse, Lehren aus den vorangehenden Krisen zu ziehen und die »Bürgerinnen und Bürger und die Gemeinschaften unmittelbar miteinzubeziehen.«[48] Die Europäische Union müsse beweisen, dass sie Antworten für die Sorgen und Wünsche der Bürgerinnen und Bürger habe. Dazu solle die Konferenz zur Zukunft Europas einen neuen Raum für die Debatte eröffnen, »um sich mit den Herausforderungen und Prioritäten Europas auseinanderzusetzen. Die europäischen Bürgerinnen und Bürger aus allen Gesellschaftsschichten und aus allen Ecken der Union werden daran teilnehmen können, wobei junge Europäerinnen und Europäer eine zentrale Rolle bei der Gestaltung der Zukunft des europäischen Projekts spielen.«[49] Wie bei Joschka Fischer ging es nicht um die Überwindung konkreter Krisenphänomene, sondern um strukturelle Reformen und Veränderungen, mit dem Ziel, die Europäische Union zukunftsfest zu gestalten.[50] Eine Festlegung auf konkret zu behandelnde Themen fand sich in der Gemeinsamen Erklärung allerdings nicht, vielmehr wurde kein theoretisch zu behandelnder Bereich formal ausgenommen. Explizit erwähnt wurde unter anderem: Aufbau eines gesunden Kontinents, Bekämpfung des Klimawandels und Bewältigung der ökologischen Herausforderungen, eine Wirtschaft im Dienste der Menschen, soziale Gerechtigkeit, Gleichheit und Solidarität zwischen den Generationen, der digitale Wandel Europas usw. Erlaubt sollte es darüber hinaus aber zudem sein, »Querschnittsthemen« zu erörtern, »die die Fähigkeit der EU betreffen, ihre politischen Prioritäten umzusetzen [...].«[51] Es folgte ein halbherziger Hinweis auf die Zuständigkeitsordnung der Union, zugleich wurde aber angeregt, über Bereiche zu sprechen, »in denen das Handeln der Europäischen Union für die Bürgerinnen und Bürger von Nutzen wäre.«[52] Schließlich wurden die Bürgerinnen und Bürger aufgefordert, auch sonstige Themen anzusprechen, »die ihnen am Herzen liegen«. Auf ein klares Mandat und damit auf jeglichen »strategischen Fokus« wurde von vornherein verzichtet.[53]

Das zentrale Entscheidungsgremium der Konferenz zur Zukunft Europas, das Plenum, setzte sich aus gut 400 Mitgliedern zusammen, bestehend aus Abgeordneten des Europäischen und der nationalen Parlamente, Bürgerinnen und Bürgern, Vertreterinnen und Vertretern des Rates und der Europäischen Kommission, des Ausschusses der Regionen[54] und des Wirtschafts- und Sozialausschusses sowie der Sozialpartner und der Zivilgesellschaft.[55] Ihm kam die Aufgabe zu, die Empfehlungen der nationalen und europäischen Bürgerforen und der mehrsprachigen digitalen Plattform »nach Themen geordnet, ergebnisoffen und ohne Beschränkung auf vorab festgelegte Politikbereiche zu erörtern.«[56] Angesichts einer Zahl von 17.671 Ideen, die in diesen Plattformen an die Konferenz herangetragen wurden, keine leichte Aufgabe, zumal die Dauer der Konferenz auf ein Jahr angesetzt war. Nach insgesamt nur sieben Plenarsitzungen gelang es gleichwohl, am 9. Mai 2022 einen Abschlussbericht vorzulegen, der 49 Vorschläge zu folgenden neun Themen enthielt: Klimawandel und Umwelt; Gesundheit; stärkere Wirtschaft, soziale Gerechtigkeit und Arbeitsplätze; die EU in der Welt; Werte und Rechte, Rechtsstaatlichkeit, Sicherheit; digitaler Wandel; europäische Demokratie; Migration; Bildung, Kultur, Jugend und Sport. Das offene Mandat hatte seine Wirkung nicht verfehlt, in den Vorschlägen wurde kein politisch relevanter Bereich ausgespart.

Jeder der Vorschläge wurde mit einem konkreten Ziel versehen, dem ein Bündel an Maßnahmen folgte, mit denen dieses Ziel erreicht werden sollte. So lautete die erste Zielsetzung zum ersten Vorschlag, der dem Oberkapitel »Klimawandel und Umwelt« zugeordnet war: »sichere, nachhaltige, gerechte, klimaverträgliche und erschwingliche Produktion von Lebensmitteln unter Beachtung der Grundsätze der Nachhaltigkeit, der Umwelt, des Schutzes der biologischen Vielfalt und der Ökosysteme bei gleichzeitiger Sicherstellung der Ernährungssicherheit.« Zu den vorgeschlagenen Maßnahmen gehörten unter anderem: In den Vordergrundstellen des Konzepts der grünen und blauen Wirtschaft durch die Förderung einer wirksamen umwelt- und klimafreundlichen Landwirtschaft und Fischerei in der EU; Umlenkung der Subventionen und Verstärkung der Anreize für den ökologischen Landbau und eine nachhaltige Landwirtschaft; Anwendung der Grundsätze der Kreislaufwirtschaft in der Landwirtschaft und Förderung von Maßnahmen gegen Lebensmittelverschwendung.

Der 14. Vorschlag aus dem Kapitel »Eine stärkere Wirtschaft, soziale Gerechtigkeit und Arbeitsplätze« wurde mit einer längeren Zielvorgabe eingeleitet:

»Wir schlagen vor, Ungleichheiten zu verringern und soziale Ausgrenzung und Armut zu bekämpfen. Wir müssen eine umfassende Strategie zur Bekämpfung der Armut einführen, die unter anderem eine verstärkte Kinder- und Jugendgarantie, die Einführung von Mindestlöhnen, einen gemeinsamen EU-Rahmen für Mindesteinkommensregelungen und menschwürdige Sozialwohnungen umfassen könnte. Wir müssen die vollständige Umsetzung der Europäischen Säule sozialer Rechte, einschließlich der entsprechenden Kernziele für 2030, auf EU-, nationaler, regionaler und lokaler Ebene im Bereich ›Sozialschutz und soziale Eingliederung‹ unter Berücksichtigung der jeweiligen Zuständigkeiten und der Grundsätze der Subsidiarität und Verhältnismäßigkeit sicherstellen und ein Protokoll über den sozialen Fortschritt in die Verträge aufnehmen.«

Es folgten fünf denkbare Umsetzungsmaßnahmen, namentlich:

- Stärkung der Kompetenzen der EU in der Sozialpolitik und Vorschlag von Rechtsvorschriften zur Förderung der Sozialpolitik und zur Sicherstellung der Gleichberechtigung, einschließlich der Gesundheit, die für die gesamte EU harmonisiert sind und die vereinbarten Regelungen und Mindestanforderungen im gesamten Gebiet berücksichtigen [...];
- keine Abstriche bei den sozialen Rechten [...];
- Förderung der Forschung in den Bereichen Soziales und Gesundheit in der EU [...];
- Gewährung des Zugangs zu medizinischen Leistungen für alle Personen unter 16 Jahren in der gesamten EU, falls diese Leistungen im nationalen Kontext nicht verfügbar sind;
- Sicherstellen, dass die EU gemeinsam mit den Sozialpartnern und den nationalen Regierungen den gezielten Zugang zu angemessenen Sozialwohnungen für die Bürger entsprechend ihren spezifischen Bedürfnissen unterstützt [...].

In institutioneller Hinsicht fanden sich in dem Abschlussbericht praktisch keine Reformvorschläge. Allerdings wurde eine Namensänderung der EU-Organe erwogen, »damit für die Bürger klarer aus den Namen hervorgeht, welche Aufgaben und welche Rolle im Beschlussfassungsprozess der EU die Organe haben.« Der Rat der Europäischen Union sollte in »Senat«, die Kommission in »Exekutivkommission« umbenannt werden. Angestrebt wurde darüber hinaus eine Verbesserung von Bürgerinformation, Partizipation und Jugend, eine Harmonisierung des EU-Wahlrechts einschließlich transnationaler Listen und die Einführung eines unionsweiten Referendums in Ausnahmefällen, sowie – selbstverständlich – eine Überprüfung der Beschlussfassungs- und Abstimmungsregeln in den EU-Organen, »unter besonderer Berücksichtigung der Frage der Einstimmigkeit, die eine Einigung (sic!) sehr schwierig macht.« Selbst der Bereich des Sports wurde nicht ausgespart, da »Sport für unsere Gesellschaften von entscheidender Bedeutung« sei, »um unsere Werte zu verteidigen, eine gesunde Lebensweise und ein gesundes Altern sicherzustellen, eine Kultur des Austauschs zu fördern und auch die Vielfalt des europäischen Erbes zu feiern.«

Ob diese Vorschläge eine signifikante Wirkung entfalten, wird man bezweifeln müssen.[57] Einen bedeutenden Einfluss auf die weitere Finalitätsdebatte dürften sie nicht haben, da ein normativer Orientierungsmaßstab erneut fehlt – es handelt sich letztlich um europäisches Allerlei, wo jede Europaenthusiastin und jeder -enthusiast problemlos fündig werden kann. Eine ernsthafte Auseinandersetzung mit bestehenden Integrationsproblemen lag diesen nicht zugrunde, stattdessen wurden Tausende individueller Vorschläge mehr oder weniger konzeptionslos zusammengeführt.

Schon die Anregung zur Änderung der Bezeichnung der EU-Organe bringt die Hilflosigkeit im Hinblick auf ein normatives Reform-Leitbild symptomatisch zum Ausdruck. Niemand wird ernsthaft glauben, dass die Integrationsprobleme oder die Unkenntnis der Bevölkerung über die Aufgaben der Unionsorgane mit deren Bezeichnung zusammenhängen, zumal die anvisierten Begriffe Senat und Exekutivkommission eher zur Verunklarung beitragen – es ist gerade der Clou der Kommission, dass diese nicht nur klassisch exekutiv tätig wird und mit dem amerikanischen oder französischen Senat hat der Rat der EU herzlich wenig zu tun. Auch im Übrigen scheint es eher darum zu gehen, bisherige Integrationslogiken in neuem Gewand zu präsentieren. Eindeutig ist also vor allem die allgemeine Richtung, die, wie bei Herr & Speer, stets auf mehr Integration hinausläuft – und zwar in allen Bereichen. Das überwölbende Motto des Berichts gleicht damit dem bemerkenswerten Wahlslogan der SPD zur Europawahl 2019: »Europa ist die Antwort.«[58] Die mitgliedstaatliche Ebene kommt hingegen allenfalls am Rande vor. Die konkreten Maßnahmen sprechen stattdessen von einer Erweiterung der EU-Kompetenzen, wollen der EU eine Unterstützung nationaler Bemühungen erlauben oder streben eine EU-weite Harmonisierung an. Dass die Einführung des Mehrheitsprinzips die überstimmte Minderheit übersieht ist beinahe schon konsequent. Anstatt Überlegungen anzustellen, wo konkrete Probleme der bestehenden (institutionellen) Ausgestaltung der Europäischen Union liegen und worin diese unter Beachtung der mitgliedstaatlichen Vielfalt ihre Ursache finden, verliert sich der Bericht in einer Fülle von Einzelvorschlägen, die inhaltlich bis auf wenige Ausnahmen vage bleiben und die Frage der Transformation offenlassen. Viele der Vorschläge dürften zwar auf allgemeine Zustimmung stoßen – nur liegt das Problem eben im Detail. Das gilt schon für die einleitenden Ziele, die nicht selten politische Selbstverständlichkeiten einer heilen und friedlichen Welt mit einer Prise Pathos vortragen. Wer sollte ernsthaft etwas gegen eine »sichere, nachhaltige, gerechte, klimaverträgliche und erschwingliche Produktion von Lebensmitteln unter Beachtung der Grundsätze der Nachhaltigkeit, der Umwelt, des Schutzes der biologischen Vielfalt bei gleichzeitiger Sicherstellung der Ernährungssicherheit« haben? Oder gegen die Begrenzung der Armut? Das dürfte selbst im ausgetretenen Großbritannien goutiert werden. Bei der Frage wie diese Ziele erreicht werden können, finden sich naheliegende Anregungen wie die Förderung der grünen und blauen Wirtschaft oder die Beseitigung von Sozialdumping und die Verbesserung der Arbeitsplätze im Agrarsektor. Dass die Probleme auch hier bei der konkreten Zuständigkeitsverteilung und der Umsetzung im Einzelnen liegen, wird nicht erwähnt. Warum aber die Mitgliedstaaten bei diesen Fragen keine Rolle spielen sollten, obwohl es in besonderer Weise auch um regionale Aspekte geht, bleibt völlig im Dunkeln.

In dieser Form lesen sich die Vorschläge damit eher wie ein allgemeines Rechtfertigungspapier, dass es der Europäischen Union künftig gestattet, in praktisch allen Bereichen für die gute Sache (Klimawandel!, Ernährungssicherheit!, Sport!) mitzuwirken – mit dem vermeintlichen Segen der an der Konferenz beteiligten Unionsbürgerinnen und -bürger. Damit dürften die Integrationsprobleme kaum gelöst sein, im Gegenteil. Was integrationsskeptische Mitgliedstaaten von den Vorschlägen halten, lässt sich leicht ausmalen. Zu einer systematischen Umsetzung der Vorschläge wird es schon deshalb nicht kommen können. Sie teilen damit das Schicksal der anderen Visionen: Sie werden größtenteils in den Brüsseler Schubladen verschwinden, um allenfalls zu Festtagsreden wieder hervorgeholt zu werden.

Die Prag-Rede des Bundeskanzlers Olaf Scholz: Wenig Neues

Gerade einmal fünf Jahre und einen Regierungswechsel sollte es dauern, bis die deutsche Bundesregierung offiziell auf die Integrationsvision des französischen Präsidenten Emmanuel Macron antwortete – schon die von Angela Merkel geführte Bundesregierung sowie die Bundeskanzlerin selbst waren diesbezüglich für ihr beredtes Schweigen kritisiert worden. Unter der Überschrift »Europa ist unsere Zukunft« präsentierte Bundeskanzler Olaf Scholz (SPD) nun aber am 29. August 2022 an der Karls-Universität zu Prag die deutschen Vorstellungen zur Entwicklung der Europäischen Union. Die Rede war nicht nur in der Einleitung geprägt von den geopolitischen Herausforderungen, die sich durch den völkerrechtswidrigen Angriffskrieg der Russischen Föderation gegen die Ukraine ergeben hatten. Scholz forderte als Antwort auf die berüchtigte »Zeitenwende« ein »geopolitisches Europa« und nahm dabei auf Macrons Rede Bezug (allerdings ohne ihn namentlich zu erwähnen): »Zu Recht haben viele in den vergangenen Jahren nach einer stärkeren, souveräneren, geopolitischen Union gerufen. Nach einer Union, die ihren Platz in der Geschichte und Geographie des Kontinents kennt und stark und geschlossen in der Welt handelt.«[59] Um diesem Anspruch zu genügen, führten abstrakte Diskussionen nicht weiter: »Wichtig ist vielmehr, dass wir uns angucken, was geändert werden muss und dann konkret entscheiden, wie wir das angehen: ›Form follows function‹ – dieser Anspruch moderner Architektur gehört als Grundsatz dringend auch in die europäische Politik.«[60] Scholz präsentierte im Anschluss vier Überlegungen zur Zukunft »unserer Union«,[61] die er als Angebote und Denkanstöße, nicht aber als fertige deutsche Lösungen verstanden wissen wollte: »Deutschlands Verantwortung für Europa liegt für mich darin, dass wir zusammen mit unseren Nachbarn Lösungen erarbeiten und gemeinsam entscheiden [...]. Deutschland, als Land in der Mitte des Kontinents, wird alles dafür tun, Ost, West, Nord und Süd in Europa zusammenzuführen.«[62]

Die erste Überlegung stand unter der Überschrift »Erweiterung vorantreiben, institutionelle Reformen anpacken«. Scholz sprach sich für die baldige Erweiterung der Europäischen Union aus,[63] was allerdings ihre organisatorische Aufnahmefähigkeit voraussetze. Es folgten knapp zwei Seiten mit Vorschlägen für institutionelle Reformen, beginnend mit der Forderung nach einer Ausweitung der Mehrheitsentscheidungen im Rat, die Scholz in einen Zusammenhang zur Erweiterung setzte: »Dort, wo heute Einstimmigkeit erforderlich ist, wächst aber mit jedem weiteren Mitgliedstaat auch das Risiko, dass ein einzelnes Land mit seinem Veto alle anderen am Vorankommen hindert. Wer anderes glaubt, der verleugnet die europäische Realität.«[64] Scholz schlug vor, »in der Gemeinsamen Außenpolitik, aber auch in anderen Bereichen, wie der Steuerpolitik, schrittweise zu Mehrheitsentscheidungen überzugehen.«[65] Um Sorgen einzelner Mitgliedstaaten zu begegnen sollte man in den Bereichen mit Mehrheitsentscheidungen beginnen, »in denen es ganz besonders darauf ankommt, dass wir mit einer Stimme sprechen (sic!).[66] In der Sanktionspolitik, zum Beispiel, oder in Fragen der Menschenrechte.«[67] Im Hinblick auf das Europäische Parlament betonte Scholz das Erfordernis, die Zusammensetzung zu reformieren, formulierte aber keine konkreten Vorschläge. Er hielt immerhin fest, dass es einer neuen Balance unter Beachtung des demokratischen Prinzips bedürfe, wonach jede Wählerstimme in etwa das gleiche Gewicht haben sollte. Entgegen den Vorstellungen Macrons sprach sich Scholz aber gegen eine Verkleinerung der Kommission aus, jeder Mitgliedstaat sollte seinen eigenen Kommissar oder seine eigene Kommissarin behalten. Bestehende Generaldirektionen könnten aber mit mehreren Personen an der Spitze besetzt werden: »Aber was spricht dagegen, dass zwei Kommissionsmitglieder gemeinsam für eine Generaldirektion zuständig sind? Das funktioniert nicht nur in den Entscheidungsgremien von Unternehmen weltweit, Tag für Tag. Auch in den Regierungen einiger Mitgliedstaaten gibt es solche Lösungen – sowohl in der Vertretung nach außen als auch bei der internen Zuständigkeitsverteilung.«[68]

Im Anschluss wandte sich Scholz unter der Überschrift »Europäische Souveränität stärken« der Frage zu, wie Europa eigenständiger werden und mehr Verantwortung für die eigene Sicherheit übernehmen und wie eine engere Zusammenarbeit aussehen könnte, um die eigenen Werte und Interessen weltweit durchzusetzen. Scholz ging es nicht nur um eine Beseitigung energiepolitischer Abhängigkeiten, sondern auch um ein »strategisches Update unseres Binnenmarktes,«[69] um Europa zu einem Vorreiter bei wichtigen Schlüsseltechnologien zu machen und bis 2050 klimaneutral werden zu lassen. Schließlich kam Scholz auf die Notwendigkeit einer engeren sicherheits- und verteidigungspolitischen Kooperation zu sprechen und nahm damit einen weiteren Punkt auf, den Macron bereits adressiert hatte. Er schlug nicht nur die Etablierung eines eigenständigen Rates der Verteidigungsministerinnen und -minister vor, sondern wollte die Zusammenarbeit der Streitkräfte auch praktisch verbessern. Neben konkreten Kooperationen im Beschaffungswesen sollte dazu ein echtes EU-Hauptquartier gehören, das finanziell, personell und technisch mit allem Notwendigen ausgestattet werden müsste. Zudem sprach sich Scholz für ein gemeinsames europäisches Luftverteidigungssystem aus, das in die NATO-Strukturen integriert werden sollte.

Seine dritte Überlegung fasste Scholz folgendermaßen zusammen: »Wir müssen die Reihen schließen, alte Konflikte überwinden und neue Lösungen finden. Das klingt nach einer Selbstverständlichkeit. Doch dahinter verbirgt sich viel Arbeit.«[70] Exemplarisch ging er auf zwei Bereiche ein: Die Migrations- und die Finanzpolitik. In der Migrationspolitik waren ihm vier Punkte wichtig: Es bedürfe erstens mehr Partnerschaften mit Herkunfts- und Transitstaaten, zweitens sprach er sich für einen wirksamen und rechtsstaatlich eingehegten Außengrenzschutz aus, drittens brauche Europa ein Asylsystem, das solidarisch und krisenfest sei und schließlich sollte es viertens für sich legal im EU-Raum aufhaltende Schutzberechtigte schneller die Möglichkeit geben, eine legale Arbeit aufzunehmen. In der Finanzpolitik betonte er nicht nur die Bedeutung der Kapitalmarkt- und Bankenunion, sondern setzte sich auch für eine behutsame Reform der europäischen Fiskalregelungen ein, die sich nicht an ideologischen, sondern pragmatischen Erwägungen orientieren sollte – wenige Wochen zuvor hatte die Bundesregierung ihre Vorstellungen in dieser Hinsicht öffentlich präsentiert, über die man nun »unvoreingenommen, ohne Belehrungen und Schuldzuweisungen«[71] sprechen wolle.

Scholz' letzte Überlegung stand unter der Überschrift »Europas Werte verteidigen, den Rechtsstaat achten«. Er stellte fest, dass aus dem vor allem über wirtschaftliche Kooperation wirkenden Friedensprojekt ein europaweites Freiheits- und Gerechtigkeitsprojekt geworden sei: »Frieden und Freiheit, Demokratie und Rechtsstaatlichkeit, Menschenrechte und Menschenwürde – diese Werte der Europäischen Union sind unser gemeinsam erworbenes Erbe.«[72] Es bereite daher Sorgen, wenn mitten in Europa von einer illiberalen Demokratie geredet werde – »so als wäre das nicht ein Widerspruch in sich.«[73] Die Bundesregierung unterstütze daher die Kommission in ihrem Einsatz für Rechtsstaatlichkeit. Insoweit müsse man bei Rechtsstaatsverfahren von den Blockademöglichkeiten wegkommen. Zudem sollten Zahlungen konsequent an die Einhaltung rechtsstaatlicher Standards geknüpft werden.

Was bleibt nach dieser ersten größeren europapolitischen Positionierung einer Bundesregierung seit der »Humboldt-Rede« Joschka Fischers? Legt man die beiden Reden nebeneinander, zeigen sich Parallelen, die aufzeigen, dass die EU in den zwei Jahrzehnten kaum vorangekommen ist: War es bei Fischer die Osterweiterung, aus der die Notwendigkeit einer grundlegenden institutionellen Reform folgte, ist es für Scholz die Ausdehnung der Europäischen Union in den westlichen Balkan und Georgien. Erneut geht es institutionell um die Ausweitung der Mehrheitsentscheidungen gerade in hochpolitischen Bereichen und erneut wird man sagen müssen: Das wird vermutlich nicht von Erfolg gekrönt sein.[74] Wenn Scholz vorschlägt, ausgerechnet im Bereich der Sanktionen und der Grundrechte voranzugehen, lässt sich das zwar vor dem Hintergrund der jüngsten Erfahrungen nachvollziehen, wirkt aber gerade deshalb besonders unrealistisch.[75] Polen und Ungarn dürften sich darauf in nächster Zeit nicht einlassen, vermutlich wäre aber auch eine Reihe anderer Mitgliedstaaten skeptisch. Gleiches gilt (erst Recht) für das Steuerrecht.[76] Die Vorschläge für die Gestaltung der europäischen Kommission, die den Status quo festschreiben, sind nicht nur eine Absage an die vorsichtigen Versuche Macrons, die Kommission zu einer vollwertigen europäischen Institution reifen zu lassen, sondern dürften deren Funktionsfähigkeit sogar eher schwächen. In institutioneller Hinsicht erweist sich die Rede des Bundeskanzlers ohnehin als zurückhaltend, Ausführungen zur Zusammensetzung des Parlaments oder zur Einführung transnationaler Listen sucht man vergeblich. Wiederum lässt sich aber vor allem keine normative Leitidee erkennen, die die Vorschläge trägt, zu einem nachvollziehbaren Gesamtkonzept zusammenführt und erkennen lässt, wo die zentralen zu behebenden Defizite im heutigen System liegen. Offenkundig wird niemand die Bemühungen um eine engere sicherheits- und verteidigungspolitische Koordinierung in Frage stellen wollen. Hier dürfte es in den nächsten Jahren vorangehen – die Mitgliedstaaten ziehen an einem Strang. Dabei handelt es sich aber – wie schon bei Macron – um politische Vorstellungen, die sich auch im bestehenden System (zumindest in ihrem Kern) realisieren lassen. Wie sich die Bundesregierung die Struktur der zukünftigen Europäischen Union im Zusammenspiel mit ihren Mitgliedstaaten vorstellt, lässt sich der Rede hingegen nicht entnehmen – weder die mittel- bis langfristige Rolle der Mitgliedstaaten noch die Kompetenzverteilung werden adressiert. Wie soll etwa das »strategische Update des Binnenmarktes« im Einzelnen aussehen? Niemand wird insoweit im Grundsatz etwas dagegen haben, die Digitalisierung voranzubringen und die europäische Energieabhängigkeit zu reduzieren. Aber auch hier muss vor einer Reform beantwortet werden, welche Ebene welche Rolle übernehmen soll. Wenn *Scholz* bei der Aufgabe der Digitalisierung allerdings sogleich »groß denken« und den Weltraum einbeziehen will, wirkt das angesichts der überaus »weltlichen« Defizite im Bereich des Breitbandausbaus nicht nur in Deutschland eher wie Realsatire. Am Nachhaltigsten werden vermutlich die Vorschläge zur Reform der europäischen Fiskalregeln sein. Welche Aufgaben eine reformierte Europäische Union in Zusammenarbeit mit den Mitgliedstaaten zukünftig wahrnehmen soll, lässt sich allerdings auch daraus nicht ermitteln.

2. Gute Herrschaft als anerkannte Herrschaft

Die skizzierten Visionen unterscheiden sich in ihren Details, sind sich aber in einem Punkt unausgesprochen einig: in der grundsätzlichen Reformbedürftigkeit der Europäischen Union. Der je nach Perspektive in institutioneller, verfahrensrechtlicher oder kompetenzieller Hinsicht defizitäre Umstand wird als so selbstverständlich vorausgesetzt, dass er keiner, zumindest keiner ausführlichen Begründung (mehr) zu bedürfen scheint. Meist wird denn auch eher allgemein von den Herausforderungen gesprochen, denen sich die Europäische Union ausgesetzt sehe. So heißt es bei Joschka Fischer: »Man kann es gegenwärtig fast mit Händen greifen, dass zehn Jahre nach dem Ende des kalten Krieges und mitten im Beginn des Zeitalters der Globalisierung die europäischen Probleme und Herausforderungen sich zu einem Knoten geschürt haben, der innerhalb der bestehenden Vorgaben nur noch schwer aufzulösen sein wird [...]. Quo vadis Europa? Fragt uns daher ein weiteres Mal die Geschichte unseres Kontinents.«[1] Ähnlich führt Emmanuel Macron 17 Jahre später aus: »Angesichts jeder einzelnen dieser Herausforderungen müssen wir nunmehr konkrete Maßnahmen ergreifen.«[2] Vor dem Hintergrund der Zeitenwende verzichtet schließlich auch Olaf Scholz auf eine tiefergehende Analyse des Status quo und hält lediglich fest, dass Deutschland nunmehr Vorschläge zur Zukunft »unserer Union« liefern und sich bewegen müsse.

Die zahlreichen und komplexen Herausforderungen für die Europäische Union, die mit dem völkerrechtswidrigen Angriffskrieg Wladimir Putins gegen die Ukraine noch einmal größer geworden sind,[3] wird niemand bestreiten[4] – sie bilden insofern auch zu Recht den Ausgangspunkt der Prager Rede des deutschen Bundeskanzlers. Die Frage ist lediglich, was daraus für die Organisation der Europäischen Union und die heutige Finalitätsdebatte folgt. Denn: Auch die Mitgliedstaaten sehen sich diesen Herausforderungen gegenübergestellt – die »Zeitenwende« betrifft (natürlich) nicht nur die Europäische Union. Dort werden gleichwohl nur selten grundlegende Diskussionen über die Ausgestaltung der Verfassungsordnungen geführt[5] oder im Jahresabstand fundamentale Reformen und Veränderungen der Abstimmungsmodalitäten angemahnt.

Dieser Befund passt durchaus zur bisherigen Integrationslogik, nach der die Europäische Union stets als unfertiges und damit dauerhaft zu gestaltendes Projekt angesehen wird. Als »ever closer union« kommt die europäische Integration zu keinem (vorläufigen) Abschluss und kann daher auch die Europäische Union als Organisation nie länger zur Ruhe kommen – die ständige Infragestellung führt zu ihrer latenten institutionell-organisatorischen Destabilisierung.[6] Jedes politische Problem, jeder politische Streit, jedes nicht enden wollende Gipfeltreffen der Staats- und Regierungschefs wird nicht als gewöhnliche, vielleicht sogar wünschenswerte (weil jedenfalls nicht mehr kriegerische) politische (agonale)[7] Auseinandersetzung interpretiert, sondern mit der defizitären Institutionen- und vertraglichen Ordnung verknüpft, die das Politische noch nicht endgültig hat überwinden können: Mal sind es die fehlenden Kompetenzen, mal die institutionelle Struktur, mal die verfehlten Abstimmungsmodalitäten und manchmal einfach der Status quo per se, die eine »gute«, »schnelle« oder »einfache«, jedenfalls pragmatisch-unpolitisch rationale Lösung verhindert haben. Die vertraglichen Regelungen stehen ständig zur Disposition, stets geht es darum, diese anzupassen, neu auszurichten und in der Regel zu erweitern. Die Integration[8] hat ihren Endpunkt nicht erreicht, da man ansonsten keine politischen Probleme mehr haben dürfte. Dass weder Joschka Fischer noch Emmanuel Macron oder Olaf Scholz größere Mühen darauf verwenden, die Notwendigkeit grundlegender Reformen darzulegen, erweist sich vor diesem Hintergrund damit als ebenso folgerichtig wie aus einer theoretischen Perspektive unbefriedigend: Erwartbare politische Auseinandersetzungen werden einfach in grundlegende institutionell-organisatorische Defizite umgedeutet.[9]

Auf mitgliedstaatlicher Ebene ist das anders. Auch dort gehören politische Auseinandersetzungen, Verzögerungen, Blockaden oder Krisensituationen zum Alltag[10] – man denke beispielhaft an die (europaweite) Migrationskrise, die bereits erwähnte Zeitenwende oder an die Ereignisse, die im Jahr 2005 zur Auflösung des Bundestags, zu Neuwahlen und zum Ende der Regierungszeit Gerhard Schröders führten. Das semipräsidentielle Regierungssystem[11] Frankreichs ist – wie Adam Przeworski unlängst erneut gezeigt hat[12] – ohnehin erstaunlich krisenanfällig,[13] erst recht in Zeiten der Cohabitation,[14] wenn also der Präsident und die Fraktionen mit den meisten Abgeordneten in der Nationalversammlung unterschiedlichen politischen Lagern angehören, sich der Präsident mithin nicht auf eine eigene Mehrheit im Parlament stützen kann. Gleichwohl wird weder in Deutschland noch in Frankreich in diesen Situationen die verfassungsrechtliche Ordnung als solche in Frage gestellt, obwohl Änderungen denkbar wären, die entsprechende Krisensituationen verhindern, deren Wahrscheinlichkeit verringern oder ihre Überwindung erleichtern könnten. Das beträfe in Frankreich – wenn man das semipräsidentielle Regierungssystem an sich beibehalten will – möglicherweise das Wahlrecht. In Deutschland erweist sich unter anderem die Abstimmungsregelung im Bundesrat immer wieder als dysfunktional[15] – sie war letztlich auch der Grund, warum Gerhard Schröder 2005 die (negative) Vertrauensfrage[16] im Bundestag stellte. Anders gewendet: Auch die Verfassungsordnungen der Mitgliedstaaten ließen sich »optimieren«, jedenfalls »verbessern« und dennoch werden solche Reformen dort nicht ständig diskutiert.[17]

Eine Voraussetzung für diese unterschiedliche Wahrnehmung ist, dass die Bürgerinnen und Bürger die konkreten mitgliedstaatlichen Verfassungsordnungen als prinzipiell gerecht akzeptieren – und zwar als politische Systeme, die der Politik einen Rahmen setzen, diese also in angemessener Form wirksam werden lassen und zugleich hinreichend begrenzen. Natürlich hängt der Ausgang politischer Debatten auch dort von der Ausgestaltung der Institutionenordnung, den formellen und informellen Abstimmungsregelungen und sonstigen verfassungsrechtlichen Vorgaben und Routinen ab. Im Kern werden diese aber trotz bestehender Eigenheiten und Dysfunktionalitäten akzeptiert und als selbstverständlich hingenommen. Soziologisch gesprochen: Das Verfassungssystem gehört mit all seinen Besonderheiten gewissermaßen zur natürlichen und daher prinzipiell unhinterfragten politischen Lebenswelt.[18] Kritisiert werden bei unerwünschten Ergebnissen die Politik an sich, das Verhalten der Politikerinnen und Politiker, der Inhalt der verabschiedeten Gesetze usw., aber nur selten (wenn überhaupt) der Umstand, dass es die historisch gewachsene und änderbare Ausgestaltung der Verfassungsordnung war, die Einfluss auf das politische Geschehen genommen und andere (erwünschtere?) Ergebnisse trotz entsprechender Mehrheiten verhindert hat.[19]

In der Europäischen Union ist die Infragestellung der institutionellen, verfahrensrechtlichen und kompetenziellen Ausgestaltung hingegen die Regel; es fehlt, mit Max Weber gesprochen, der notwendige »Legitimitätsglauben« der Unionsbürgerinnen und -bürger, den es für die verstetigte Akzeptanz einer Herrschaftsordnung braucht.[20] Auch insoweit wirkt die Idee der apolitischen Rechtsgemeinschaft bis heute fort. Wenn es auf europäischer Ebene zu politischen Auseinandersetzungen kommt, hat diese ihre endgültige Form noch nicht erreicht – die von Macron verabscheuten »Bürgerkriege« könnte es sonst nicht (mehr) geben. Richtigerweise ist es aber schon im Ansatz verfehlt, solche politischen Dispute überwinden zu wollen. Es kann allein darum gehen, sie durch das Recht ansprechend einzuhegen und damit für die Unionsbürgerinnen und -bürger akzeptabel auszugestalten.

Damit ist das Ziel der europäischen Finalitätsdebatte formuliert: Mit Jürgen Habermas muss es wie beim demokratischen Verfassungsstaat darum gehen, den normativen Kern der Verfassung »gerade im Hinblick auf die Stabilität des politischen Systems, im staatsbürgerlichen Bewusstsein, das heißt in den impliziten Überzeugungen der Bürger selbst« zu verankern.[21] Das wird nur gelingen, wenn dieser normative Kern – also die europäische politische Herrschaftsordnung – in ihrer theoretischen Ausgestaltung und ihrer täglichen Praxis den grundsätzlichen Erwartungen der Unionsbürgerinnen und -bürger entspricht und von diesen damit als prinzipiell gerecht akzeptiert und in ihre Lebenswelt aufgenommen werden kann.[22] Ähnlich formuliert Martin Nettesheim: »Wenn Integration nicht vom Willen einer hinreichend großen Zahl der Bürgerinnen und Bürger getragen wird, wird sie scheitern.«[23]

Wo entweder die theoretische Ausgestaltung der Europäischen Union oder ihre politische Praxis – aus welchen Gründen auch immer – diese Erwartungen mit einer gewissen Regelmäßigkeit enttäuscht, kann eine Herrschaftsordnung keinen lebensweltlichen Rahmen für gestaltende Politik bieten, kann sich keine geteilte politische Identität herausbilden.[24] Auf der europäischen Ebene sollte mithin ein organisatorisch-institutioneller Zustand angestrebt werden, der dazu führt, dass erzielte Ergebnisse in der Sache kritisiert werden, ohne die institutionellen Strukturen in Frage zu stellen. Die Integration käme also nicht an ihr (vorläufiges) Ende, wenn sie sich vollständig entpolitisiert hätte, sondern wenn der Zustand der prinzipiellen Anerkennung ihrer politischen Herrschaftsstrukturen (im Sinne von prinzipieller Nichthinterfragung) erreicht wäre. Das heißt nicht, dass im Anschluss keinerlei (institutionelle) Veränderungen zu erwarten wären. Wie bei jeder politischen Herrschaftsordnung ist der Zustand der faktischen Anerkennung – der Legitimität[25] – nur ein vorläufiger, da er sich aus den veränderlichen Erwartungen der jeweiligen Gesellschaft speist. Solange die institutionelle Ausgestaltung den Erwartungen an eine gerechte Ordnung aber entspricht, Politik in akzeptierter Form gerahmt und ermöglicht wird, besteht die Chance, dass die politische Herrschaftsordnung diese (vorläufige) Anerkennung generiert und in die Lebenswelt überführt wird.[26]

Die Frage, unter welchen Voraussetzungen eine Herrschaftsordnung eine solche Legitimität, verstanden als grundsätzliche Anerkennung,[27] generieren kann, ist bedeutsam, harrt jedoch einer abschließenden und konsentierten Antwort. Auch Max Weber hat sie in seiner Herrschaftssoziologie nicht gegeben.[28] Das dürfte damit zusammenhängen, dass herrschaftliche Legitimität in besonderer Weise wertefundiert ist. Jede Gesellschaft bedarf, abhängig von den vorherrschenden normativen Wert- und Gerechtigkeitsvorstellungen, die zu ihr passende Herrschaftsordnung; Herrschaftserwartungen sind nicht universell gültig, sondern regional verschieden: »Wie sich legitime Herrschaft etabliert und stabilisiert – welche Bedingungen also für die Akzeptanz von Herrschaft bestehen – wird wiederum entscheidend bestimmt durch die politischen, kulturellen und historischen Verhältnisse eines Gemeinwesens.«[29] Theoretisch kann danach jede Herrschaftsordnung als legitim angesehen werden, wenn sie diesen spezifischen gesellschaftlichen Herrschaftserwartungen entspricht; solange das der Fall ist, gibt es keinen Grund, die Herrschaftsordnung grundlegend zu verändern.

Auch in demokratischen Ordnungen weichen die konkreten Herrschaftserwartungen angesichts partiell differierender Wertvorstellungen und Präferenzen voneinander ab, werden andere Schwerpunkte gesetzt. Sie sind also aufgrund unterschiedlicher Entwicklungen und Rahmenbedingungen ähnlich, aber nicht identisch. Das wird nicht nur durch die Existenz unterschiedlicher demokratischer Regierungssysteme bestätigt,[30] die jeweils versuchen, diese unterschiedlichen Erwartungen durch abweichende Schwerpunktsetzungen zu spiegeln; sie können daher auch nicht einfach von anderen Staaten übernommen werden.[31] Darüber hinaus bewirken auch divergierende politische Kulturen unter Umständen eine zusätzliche Verengung des gesellschaftlichen Akzeptanzraums, die über das verfassungsrechtlich Zulässige hinausgeht. Das zeigt sich etwa beim Wahlrecht: Art. 38 Abs. 1 GG schreibt insoweit lediglich die Beachtung der klassischen fünf Wahlgrundsätze vor. Gleichwohl ist es doch sehr fraglich, ob es möglich wäre, das aktuelle Verhältniswahlrecht[32] durch ein relatives Mehrheitswahlrecht zu ersetzen, wie es etwa in Großbritannien seit jeher existiert.

Auch die Mitgliedstaaten der Europäischen Union weisen in dieser Hinsicht zwangsläufig Unterschiede auf, was zugleich erklärt, warum die Legitimitätsfrage in der Europäischen Union so komplex ist: In diesem einzigartigen Verbund demokratischer Staaten müssen die Herrschaftserwartungen von aktuell 27 Mitgliedstaaten und ihren historisch gewachsenen (und geprägten) Gesellschaften in einer gemeinsamen politischen Organisation abgebildet und befriedigt werden – keine einfache Aufgabe, die aber erklärt, warum die fortwährende Existenz der Mitgliedstaaten innerhalb der Europäischen Union nicht in Frage gestellt werden sollte.[33] Dass sie gleichwohl lösbar ist folgt letztlich daraus, dass sich die Europäische Union und die Mitgliedstaaten bei allen Unterschieden jedenfalls als demokratische Ordnungen verstehen. Damit setzen sie zumindest bestimmte gesellschaftliche »Grundwertvorstellungen« und Herrschaftserwartungen voraus, ohne die eine demokratische Ordnung von vornherein keinen dauerhaften Bestand haben könnte. Diese in der Europäischen Union geteilte Grundwertebasis bestand seit jeher, wurde mit dem Vertrag von Maastricht (1992) aber explizit in die europäischen Verträge – das Primärrecht – aufgenommen und findet sich mittlerweile in Art. 2 EUV. Dort heißt es:

> »Die Werte, auf die sich die Union gründet, sind die Achtung der Menschenwürde, Freiheit, Demokratie, Gleichheit, Rechtsstaatlichkeit und die Wahrung der Menschenrechte einschließlich der Rechte der Personen, die Minderheiten angehören. Diese Werte sind allen Mitgliedstaaten in einer Gesellschaft gemeinsam, die sich durch Pluralismus, Nichtdiskriminierung, Toleranz, Gerechtigkeit, Solidarität und die Gleichheit von Frauen und Männern auszeichnet.«

Aus diesem Anspruch, eine demokratische (und rechtsstaatliche) Herrschaftsordnung sein zu wollen, der zusätzlich in der Präambel zum Ausdruck kommt,[34] lassen sich abstrakte Legitimitätskriterien ableiten, an denen sich die Europäische Union in ihrer Organisation normativ orientieren muss, um ihre Legitimitätschance zu maximieren. Sie wurzeln im zentralen demokratischen Versprechen der gleichen politischen Freiheit aller Unionsbürgerinnen und -bürger – ein Versprechen, das für jede demokratische Ordnung so fundamental ist, dass es selbst auf demokratischem Wege nicht abgeschafft werden könnte, ohne dass diese ihren demokratischen Charakter verlöre.[35] Daraus ergeben sich drei universell geteilte Mindesterwartungen an eine demokratisch-legitime Herrschaftsorganisation wie der Europäischen Union, deren Ausgestaltung im Einzelnen ebenso wie ihr Mischungsverhältnis gesellschaftsspezifisch zu ermitteln ist und daher auch auf die Besonderheiten der Unionsrechtsordnung und Unionsgesellschaftsordnung angepasst werden muss:[36]

- ausreichende Teilhabe an der Herrschaft;
- ausreichende Begrenzung der Herrschaft;
- ausreichende Leistungsfähigkeit der Herrschaft.[37]

Ausreichende Teilhabe an der Herrschaft

Zentrales Merkmal einer demokratischen Ordnung[38] ist der Ausgang der Staatsgewalt vom Volk, das mit dem Gefühl der Bürgerinnen und Bürger einhergeht beziehungsweise einhergehen muss, ausreichenden Einfluss auf diese zu haben und damit als politisch gleichberechtigte Subjekte ernstgenommen zu werden: »Die Ergebnisse des Regierungshandelns müssen derart in einem erkennbaren Zusammenhang mit dem Input der Entscheidungen der Wähler stehen, dass die Bürger darin die rationalisierende Kraft ihrer eigenen demokratischen Meinungs- und Willensbildung bestätigt sehen können. Die Bürger müssen ihren Meinungsstreit sowohl als folgenreich wie auch als einen Streit um die besseren Gründe wahrnehmen können.«[39] Dieses meist unpräzise als Volkssouveränität[40] bezeichnete Prinzip wird in den Unionsverträgen zwar – anders als im Grundgesetz[41] – nicht explizit aufgeführt. Gleichwohl besteht Einigkeit, dass die unionale Staatsgewalt auch hier auf die Unionsbürgerinnen und -bürger als Legitimationsendsubjekt rückführbar sein muss, da das demokratische Versprechen politischer Gleichheit andernfalls von vornherein nicht einlösbar wäre. Aus dem Begriff »angemessen« ergibt sich – und das gilt auch für die weiteren Legitimitätsvoraussetzungen –, dass weder die theoretische Konstruktion dieser Rückführbarkeit noch das konkrete Ausmaß der erforderlichen Teilhabe universell vorgegeben sind. Es kommt auch insoweit damit auf die *konkreten* Erwartungen der *konkreten* Bevölkerung an, wie sich diese also die Beteiligung an den zu treffenden Entscheidungen im Einzelnen vorstellen. Diese muss so ausgestaltet sein, dass auch die jeweilige Minderheit gerade aufgrund ihrer verfahrensmäßigen Beteiligung bereit ist, das gefundene Ergebnis zu akzeptieren: Es kommt in einer demokratischen Ordnung also nicht nur darauf an, dass Entscheidungen getroffen werden, sondern auch *wie* diese getroffen werden.

In föderalen Organisationen kommt hinzu, dass diese oftmals (erhebliche) Einschränkungen der gleichen Teilhabe zulassen, die sich aus der erwarteten Beteiligung der gliedstaatlichen Ebene an der föderalen Willensbildung ergeben.[42] Das gilt in Deutschland mit dem Bundesrat ebenso wie in den USA mit den Senat.[43] Demokratische Verfassungsstaaten weisen in Bezug auf ihre Teilhabeorganisation denn auch sowohl in theoretischer als auch in tatsächlicher Hinsicht Unterschiede auf, ohne dass eines dieser Modelle als prinzipiell besser (»demokratischer«) angesehen werden könnte – es handelt sich schlicht um Umsetzungen gesellschaftsspezifischer Erwartungen.

Schon aus diesem Befund lassen sich zwei Folgerungen für die europäische Integration formulieren: Erstens erscheint es nicht sinnvoll, mitgliedstaatliche (theoretische) Teilhabeerfordernisse umfassend zum Maßstab für die Europäische Union zu erheben.[44] Bei 27 unterschiedlichen Mitgliedstaaten wird sich die Frage nach der angemessenen Teilhabe nur aus einem Zusammenspiel der unterschiedlichen mitgliedstaatlichen Erwartungen sinnvoll beantworten lassen. Da das Ausmaß der Teilhabe zudem Auswirkungen auf die weiteren Legitimitätsvoraussetzungen hat, kann auch nicht das mitgliedstaatliche Modell mit den umfangreichsten Teilhabeerwartungen auf die Europäische Union übertragen werden. Ziel muss es vielmehr sein, ein eigenständiges Modell zu entwickeln, das die Besonderheiten dieses einzigartigen Staatenverbundes und die divergierenden Erwartungen in 27 Mitgliedstaaten angemessen verarbeitet. Ohnehin ist zu berücksichtigen, dass bestimmte (mitgliedstaatliche) Teilhabeanforderungen in einem Staatenverbund von vornherein (schon theoretisch) nicht umfassend umgesetzt werden können:[45] Die Europäische Union ist kein Nationalstaat. Bei sämtlichen Legitimitätsvoraussetzungen wird es darauf ankommen, dass die Mitgliedstaaten[46] und die Unionsbürgerinnen und -bürger zu theoretischen wie tatsächlichen Kompromissen bereit sind – eine Schlussfolgerung, die vor allem das Bundesverfassungsgericht bisher nur bedingt zu teilen scheint.[47] Zweitens (und insoweit ist dem Bundesverfassungsgericht zuzustimmen) ergibt sich im Hinblick auf tradierte (mitgliedstaatliche) Legitimitätserwartungen eine gewisse Bestandsgarantie solcher Zuständigkeits- und Organisationsstrukturen, bei denen eine entsprechende Kompromissbereitschaft prinzipiell (aus welchen Gründen auch immer) nicht besteht und auch in Zukunft voraussichtlich nicht bestehen wird. Erfolgte hier gleichwohl eine Kompetenzübertragung auf die Europäische Union (ohne mitgliedstaatliche Vetoposition) könnte dies in dem entsprechenden Mitgliedstaat zu erheblichen Legitimitätsdefiziten führen, weil fundamentale und aktuell nicht aufgebbare gesellschaftliche Erwartungen enttäuscht würden.

Ausreichende Teilhabe verlangt nicht, dass die Bürgerinnen und Bürger sämtliche Entscheidungen selbst treffen, sondern dass sie angemessen im politischen System repräsentiert werden. In einer repräsentativen demokratischen Ordnung – das gilt sowohl für die Mitgliedstaaten als auch für die Europäische Union – heißt das: Möglichst alle in der Gesellschaft vertretenen politischen Ansichten müssen vom politischen Raum aufgenommen und im Rahmen der Entscheidungsfindung in hinreichender Form verarbeitet werden.[48] Die Bürgerinnen und Bürger müssen das Gefühl haben, auf der politischen Ebene mit ihrer Ansicht stattzufinden und einen effektiven Einfluss auf die getroffenen Entscheidungen zu haben[49] – und zwar unabhängig davon, wie diese Entscheidungen ausfallen und ob man letztlich zur Mehrheit oder zur überstimmen Minderheit gehört. Das wird formell vornehmlich durch regelmäßige Wahlen des Parlaments sichergestellt. Diese müssen so organisiert sein, dass die grundsätzliche politische Gleichheit aller Bürgerinnen und Bürger zum Ausdruck kommt, so dass die gesellschaftlichen Debatten im Parlament gespiegelt werden (können). Sachentscheidungen durch die Bürgerinnen und Bürger selbst können als Elemente direkter Demokratie ebenso wie andere Teilhabeelemente ergänzend hinzutreten[50] und dadurch in einem gewissen Rahmen Legitimitätsdefizite des bestehenden Wahlsystems kompensieren.[51]

Zwingend erforderlich ist jedoch, dass das politische System auch außerhalb formeller Teilhabeinstrumente eine adäquate *informelle Responsivität* entwickeln kann. Der politische Raum muss zwischen den Wahlen öffentliche Stimmungen und Meinungen aufnehmen und in die parlamentarischen und sonstigen Debatten implementieren. Eine solche

Kultur der Responsivität lässt sich normativ nur bedingt sicherstellen, hängt auch, worauf Jürgen Habermas immer wieder hinweist, von einer inklusiven Struktur der (medialen) Öffentlichkeit ab,[52] ist aber für die Funktionsfähigkeit einer repräsentativen Demokratie essentiell. Wo es – mit den Worten der deutschen Rechtswissenschaftlerin Pascale Cancik – zu »Repräsentativitätsdefiziten«[53] kommt, die zu einem Gefühl der Bedeutungslosigkeit im politischen Entscheidungsprozess führen, können auf Seiten der betroffenen Bürgerinnen und Bürger Frustrationen anwachsen, die mittel- bis langfristig die offene Ablehnung des gesamten politischen Systems mit sich bringen können (ein Aspekt, der 2021 beim Sturm auf das amerikanische Kapitol eine bedeutende Rolle gespielt haben dürfte).[54] Auch Armin Schäfer und Michael Zürn führen das Aufkommen autoritär-populistischer Strömungen unter anderem auf eine »Entfremdung der politischen Prozesse vom demokratischen Ideal«, zurück.[55] Entscheidend ist folglich, dass sich die Bürgerinnen und Bürger, wie Thomas Christiano es ausdrückt, zu jeder Zeit »in der Gesellschaft zuhause« fühlen können.[56] Das ist durchaus möglich, Repräsentation und hinreichende Partizipation sind »keine Gegensätze«,[57] allerdings auch keine natürlichen Verbündeten. Die politische Ordnung kann zu einer entsprechenden Repräsentativitätskultur vornehmlich durch die Gewährleistung der Meinungs- und Versammlungsfreiheit beitragen, die das Bundesverfassungsgericht daher zu Recht als »schlechthin konstituierend für die demokratische Grundordnung«[58] bezeichnet hat, muss in Social-Media-Zeiten aber auch die sonstige »Struktur der Öffentlichkeit« im Blick behalten. Das Aufkommen erheblichen außerparlamentarischen Protests oder – im Extremfall – die Abwendung vom politischen System ist zwar immer ein Zeichen dafür, dass die formell-institutionellen Entscheidungs- und Konfliktbearbeitungsprogramme – die Responsivität – des politischen Raumes punktuell gestört sind.[59] Wenn und soweit der politische Raum darauf aber mit der erforderlichen Responsivitätssensibilität reagiert, kann eine vollständige Infragestellung des politischen Systems verhindert und damit dessen Legitimität im Hinblick auf die notwendige Teilhabe gesichert werden.

Die durch das institutionelle Arrangement in dieser Form gesicherte Teilhabe der Bürgerinnen und Bürger setzt eine adäquate Entscheidungsmacht der politischen Institutionen, insbesondere des Parlaments, voraus. Man könnte vom Erfordernis *materieller* Teilhabe sprechen. Eine Legitimität sichernde Teilhabe hängt mithin nicht nur davon ab, dass die gesellschaftlichen Ansichten im politischen Raum stattfinden, sondern dass diese zugleich – zumindest theoretisch – die Chance haben, in praktische Politik, in konkrete Entscheidungen umgesetzt zu werden: Es muss im politischen Raum um etwas gehen. Die Verfassungsordnung muss den politischen Instanzen einen ausreichenden Aktionsraum zuweisen und darf diesen nicht durch allzu konkrete materielle Vorgaben zu stark verengen.[60] Je mehr materiell vorgegeben ist, desto weniger kann der politische Raum entscheiden und desto weniger politische Ansichten haben eine theoretische Realisierungschance.[61] Politik verkommt zum Verfassungsvollzug, die Diskussion abweichender politischer Auffassungen zu einem Schauspiel ohne Konsequenzen. Selbstverständlich ist es sinnvoll, den politischen Raum nicht für jede noch so radikale Ansicht zu öffnen; eine Verfassung kann und muss auf einem (geteilten) Wertefundament ruhen, das zugleich die Grenze für politischen Diskurs markiert. Diese Funktion übernehmen im Kern die Grundrechte. Problematisch wird es für eine politische Ordnung aber dann, wenn die materielle Aufladung Bereiche betrifft, in denen eine abweichende Ansicht mit diesem Wertefundament ohne Weiteres vereinbar wäre, die Verfassungsordnung also weniger fundamentale Werte, sondern eher politische Ideologien perpetuiert: »In einer pluralistischen Welt tut eine moderne Verfassung aber gut daran, ausreichend politischen Diskursraum zu belassen, um allen politischen Strömungen die Chance zu geben, sich hinter ihr zu versammeln.«[62] Gerade bei der Gründung einer politischen Organisation wie der Europäischen Union erweist es sich zwar als verlockend, zu diesem Zeitpunkt geteilte politische Vorstellungen auf der Vertragsebene zu verankern und dadurch (scheinbar) für die Ewigkeit festzuschreiben – das gilt umso mehr dann, wenn mit der Gründung ausdrücklich angestrebt wird, grundlegende politische Dispute dauerhaft zu überwinden. Das Problem einer solchen Strategie ist evident: Sie muss darauf hoffen, dass die politischen Vorstellungen auch zukünftig von der Mehrheit der Bürgerinnen und Bürger geteilt und nicht – aufgrund veränderter Umstände, Herausforderungen oder neuer Mitglieder – grundsätzlich in Frage gestellt werden. Andernfalls sind Legitimitätsprobleme programmiert: Opposition kann zwar im politischen Raum aufgenommen und diskutiert werden, wird sich aber nicht in einer grundsätzlichen Änderung der politischen Realitäten manifestieren können, da sie in Opposition zu den Verträgen selbst stünde – und zwar selbst dann nicht, wenn sich eine (große) Mehrheit für diese aussprechen sollte.

Die mit politischen Prozessen einhergehende (unter Umständen erhebliche) Ungewissheit über ihren Ausgang lässt sich in einer legitimen demokratischen Ordnung daher nicht nur nicht vermeiden oder überwinden, sie bildet nachgerade ihr prägendes Element.[63] Das bedeutet zugleich, dass eine legitime demokratische Ordnung aushalten muss, dass schlechte oder jedenfalls weniger gute Entscheidungen getroffen werden (wobei diese Kategorien demokratietheoretisch nicht wirklich sinnvoll erscheinen): Demokratische Ordnungen garantieren keine guten, sondern sanktionierbare Entscheidungen. Mehr politische Sicherheit im Sinne von Ergebnisvorhersehbarkeit durch normative Einhegung ist mittelfristig nur durch den Verlust an Legitimität zu haben.

Es erweist sich daher als problematisch, wenn Verfassungsgerichte die bewusst offen gehaltenen Verfassungsnormen zunehmend materiell aufladen und dadurch den Raum für politischen Diskurs verengen – in der Bundesrepublik wird dies unter dem Begriff der »Konstitutionalisierung der Rechtsordnung« bereits länger diskutiert. Mittlerweile lässt sich hier praktisch jeder politische Disput in einen rechtlichen Disput umcodieren, der berüchtigte »Gang nach Karlsruhe«[64] ist zum geflügelten Wort geworden. Das wirkt sich auf die gesellschaftliche Debatte schon deshalb aus, weil sich die rechtliche Rationalität mit ihrer binären Struktur (erlaubt/nicht erlaubt) von der politischen Realität signifikant unterscheidet.[65] Überspitzt formuliert: Recht kennt keine Kompromisse, Politik schon.[66] Die im Rahmen der Coronapandemie ergangene Entscheidung zur »Bundesnotbremse«, in der das Bundesverfassungsgericht den politischen Entscheidungsträgerinnen und -trägern einen weiten politischen Gestaltungsspielraum zugesprochen hat,[67] erscheint vor diesem Hintergrund legitimitätstheoretisch tendenziell richtig.[68]

Das Erfordernis einer materiellen Teilhabe in diesem Sinne hat im Übrigen auch das Bundesverfassungsgericht in seinem Maastricht-Urteil betont. Im Zusammenhang mit dem in Art. 38 Abs. 1 GG gewährleisteten Wahlrecht führte es aus:

»Art. 38 GG schließt es im Anwendungsbereich des Art. 23 GG aus, die durch die Wahl bewirkte Legitimation von Staatsgewalt und Einflußnahme auf deren Ausübung durch die Verlagerung von Aufgaben und Befugnissen des Bundestages so zu entleeren, daß das demokratische Prinzip, soweit es Art. 79 Abs. 3 i.V.m. Art. 20 Abs. 1 und 2 GG für unantastbar erklärt, verletzt wird. Das Recht des Beschwerdeführers aus Art. 38 GG kann demnach verletzt sein, wenn die Wahrnehmung der Kompetenzen des Deutschen Bundestages so weitgehend auf ein von den Regierungen gebildetes Organ der Europäischen Union oder der Europäischen Gemeinschaften übergeht, daß die nach Art. 20 Abs. 1 und 2 i.V.m. Art. 79 Abs. 3 GG unverzichtbaren Mindestanforderungen demokratischer Legitimation der dem Bürger gegenübertretenden Hoheitsgewalt nicht mehr erfüllt werden.«[69]

Damit soll nicht die Maastricht-Rechtsprechung des Bundesverfassungsgerichts verteidigt werden – die Zahl der Kritikerinnen und Kritiker an dieser ist Legion.[70] Löst man sich jedoch von der im Fokus stehenden prozessualen Perspektive, ist der dahinterstehende Gedanke legitimitätstheoretisch durchaus fruchtbar: Die zu gewährleistende Teilhabe muss an etwas Substantiellem erfolgen. Die aufwendige Wahl eines Parlaments, das dann nichts (oder wenig) zu entscheiden hat, reduziert das Wahlrecht zu einem symbolischen Akt ohne Wert, der die Legitimität der politischen Ordnung mittelfristig nicht zu gewährleisten vermag. Je »entleerter« eine gewählte Institution in diesem Sinne ist, je weniger substantielle Zuständigkeiten sie nach Außen effektiv wahrnehmen kann, desto weniger handelt es sich um eine Legitimität stiftende politische Institution. Formelle und materielle Teilhabe stehen naturgemäß nicht berührungslos nebeneinander: Je mehr eine Institution zu entscheiden hat, je wesentlicher die von ihr getroffenen Entscheidungen sind, desto stärker wird man sie im Grundsatz auch formell legitimieren müssen. Es wäre aber jedenfalls verfehlt, bei der legitimitätstheoretischen Analyse eines politischen Systems die materielle Teilhabekomponente gänzlich zu vernachlässigen. Anders gewendet: Was das Bundesverfassungsgericht für den Bundestag festgehalten hat, gilt nicht weniger für das Europäische Parlament. In diesem Sinne interpretiert, steht das Maastricht-Urteil nicht nur einer kompetenziellen Entleerung des Bundestages entgegen, sondern verlangt zugleich, das Europäische Parlament innerhalb des europäischen institutionellen Gefüges mit ausreichenden Kompetenzen auszustatten.[71] Es geht bei der europäischen Integration also nicht nur darum *welche* Kompetenzen auf die europäische Ebene übertragen werden, sondern auch *wer* diese in welcher Form wahrnimmt.

Ausreichende Begrenzung der Herrschaft

Nicht zuletzt die mit der Geltung des Mehrheitsprinzips einhergehenden Zumutungen für die überstimmte Minderheit verlangen nach einem privaten Rückzugsraum, in dem der oder die Einzelne autonom entscheiden und sich frei entfalten kann, von der Herrschaftsgewalt also sprichwörtlich in Ruhe gelassen wird. Dieser »Raum der Dunkelheit«, der herrschaftlicher Ausleuchtung verschlossen bleibt, umfasst vornehmlich die höchstpersönlichen Lebensbereiche, in denen Mehrheitsentscheidungen von vornherein mit keiner Akzeptanz rechnen können – man denke an Fragen der sexuellen Orientierung, der Familienplanung oder ähnlich sensible Bereiche. Je nach gesellschaftlichen Erwartungen kann (und wird) dieser Raum allerdings über diesen Minimalbereich hinausgehen. In der Verfassungspraxis zeigen sich an dieser Stelle deutliche Unterschiede, die mit historischen Erfahrungen und daraus folgenden Pfadabhängigkeiten zusammenhängen.[72]

Die Gewährleistung eines solchen privaten Rückzugsraums steigert die allgemeine Bereitschaft der Minderheit, die vom politischen System in anderen Bereichen mit Mehrheit getroffenen Entscheidungen zu akzeptieren. Umgekehrt kann ein ungerechtfertigtes Übergreifen des politischen Systems in diesen Raum dazu führen, dass dieses von der überstimmten Minderheit generell nicht mehr als gerecht angesehen wird. Das kann zur Folge haben, dass nicht nur die übergriffige Entscheidung, sondern auch alle anderen nicht mehr auf die erforderliche Anerkennung treffen: Wie sollte man ein System als prinzipiell gerecht anerkennen, wenn es eklatant ungerechte Einzelentscheidungen ermöglicht?

Verfassungstheoretisch sind es vornehmlich die Grundrechte,[73] die diesen »Raum der Dunkelheit« gewährleisten und in ihrer Funktion als Abwehrrechte sicherstellen, dass die hoheitliche Gewalt in diesen nicht unverhältnismäßig eingreift, also »halt macht.«[74] Wo die rechtliche Grenze im Einzelnen verläuft, hängt wiederum von den gesellschaftlichen Erwartungen ab. Die Grundrechtsdogmatik hat sich in Kontinentaleuropa auch aufgrund der Europäischen Menschenrechtskonvention und der darauf aufbauenden Rechtsprechung des Europäischen Gerichtshofs für Menschenrechte zwar angeglichen, unterscheidet sich aber weiterhin von derjenigen des angelsächsischen Raums, wo der Grundsatz der Verhältnismäßigkeit nicht die Rolle spielt, die ihm in Europa zukommt.[75] Aus legitimitätstheoretischer Sicht sind diese dogmatischen Details indes weniger entscheidend, die wenigsten Bürgerinnen und Bürger dürften mit ihnen vertraut sein. Maßgeblich ist, dass die Grundrechte im durch die Rechtsprechung garantierten Ergebnis den »Raum der Dunkelheit«

so ausgestalten, dass er den gesellschaftlichen Erwartungen im Wesentlichen entspricht.[76]

Dabei ist zu berücksichtigen, dass diese Erwartungen in der Zeit veränderlich und kontextabhängig sind. Gesellschaftliche Wertesysteme können sich verschieben; hinzu kommen neuartige Herausforderungen und Entwicklungen, die auf diese Erwartungen einwirken. Das politische System muss diese veränderten Erwartungen aufnehmen und sicherstellen, dass der normativ und faktisch gewährleistete Raum der Dunkelheit ihnen zu jeder Zeit entspricht. Das kann bedeuten, bestehende Grundrechte neu zu interpretieren,[77] ihren Schutzbereich zu erweitern oder zu begrenzen oder neue Grundrechte in den Katalog aufzunehmen bzw. im Wege der Rechtsfortbildung zu entwickeln. In Deutschland ist das in den zurückliegenden Jahren mehrfach geschehen – das Recht auf informationelle Selbstbestimmung[78] oder das Recht auf Vertraulichkeit und Integrität informationstechnischer Systeme[79] gehen auf die Rechtsprechung des Bundesverfassungsgerichts zurück,[80] das damit auf neuartige, bei Inkrafttreten des Grundgesetzes im Jahr 1949 noch unbekannte Freiheitsbedrohungen reagierte.

Wo angesichts neuer Herausforderungen oder sonstiger veränderter Umstände und Erwartungen angedacht wird, politische Kompetenzen auf eine höhere Einheit zu übertragen – also etwa von der kommunalen auf die regionale oder von der nationalen auf die supranationale Ebene –, bezieht sich die Legitimitätsfrage auch auf die damit einhergehenden Abstimmungsmodalitäten. Da in solchen Fällen die Zahl der von einer Entscheidung betroffenen Personen und damit zugleich deren Inhomogenität zunehmen wird, sind der Einführung des Mehrheitsprinzips Grenzen gesetzt. Es bedarf einer ausführlichen Prüfung, ob und in welchem Umfang das Mehrheitsprinzips angesichts zunehmender Heterogenität von einer möglicherweise betroffenen (neuen) Minderheit akzeptiert werden wird. Wo das nicht der Fall ist, wäre es aus legitimitätstheoretischer Perspektive mit erheblichen Risiken behaftet, das Mehrheitsprinzip mit Verweis auf die Funktionsfähigkeit des neuen politischen Raumes gleichwohl einzuführen. Zwar trifft es zu, dass das Mehrheitsprinzip die Leistungsfähigkeit der Herrschaft erhöht und in demokratischen Verfassungsstaaten als Grundentscheidungsregel alternativlos ist.[81] Dabei darf aber nicht in Vergessenheit geraten, das die Einführung des Mehrheitsprinzips an Voraussetzungen geknüpft ist, deren Nichtvorliegen die Funktionsfähigkeit der Herrschaftsorganisation massiv beeinträchtigen kann.[82] Hier lag der Grund dafür, dass im Westfälischen Frieden (1648) die Geltung des Mehrheitsprinzips in Religionsangelegenheiten ausgeschlossen und im Alten Reich stattdessen getrennt nach Gruppen unterschiedlicher Konfessionen abgestimmt wurde.[83] Auch heute müssen demokratische Verfassungsstaaten darauf achten, strukturelle Minderheiten nicht zu übergehen, wenn sie sichergehen wollen, dass sich diese nicht mittelfristig gegen die politische Ordnung wenden.[84] Denkbar sind Modifikationen des Wahlrechts, um entsprechenden Gruppen eine Mindestrepräsentation im Parlament zu sichern,[85] was angesichts der Idee der Gesamtrepräsentation jedoch an (verfassungsrechtliche) Grenzen stößt und bei strukturellen Minderheiten zudem nur begrenzt Abhilfe leisten kann – die strukturelle Minderheit wird in Abstimmungen weiterhin unterlegen sein. Dann kann es geboten sein, solchen begründeten Vorbehalten durch die Einräumung kollektiver Gruppenrechte zu begegnen.[86] Bestimmte Belange werden dann der jeweiligen Gruppe zur eigenständigen Wahrnehmung zugewiesen und der allgemeinen Mehrheitsentscheidung entzogen – die Kirchen etwa genießen vor diesem Hintergrund in Deutschland weitreichende Selbstbestimmungsrechte,[87] bis hin zu besonderen (allerdings umstrittenen) Regelungen des innerkirchlichen Arbeitsrechts. Wo entsprechende Schritte nicht möglich oder politisch nicht gewollt sind, bleiben nur zwei Alternativen: Geltung des Einstimmigkeitsprinzips (Etablierung einer Vetoposition) oder Nichtübertragung des betroffenen Bereichs auf die höhere politisch inhomogenere Ebene. Tertium non datur, zumindest aus legitimitätstheoretischer Perspektive.

In einem komplexen Herrschaftssystem mit mehreren Ebenen (kommunal, regional, national, supranational) setzt eine ausreichende Begrenzung der Herrschaft zudem die Erkennbarkeit der politischen Verantwortlichkeiten voraus, damit für die Bürgerinnen und Bürger ersichtlich ist, inwieweit sich die handelnden Akteure an den sie begrenzenden normativen Rahmen halten. Die Bürgerinnen und Bürger müssen ohne größeren Aufwand ermitteln können, welcher Ebene eine bestimmte Maßnahme zuzuordnen ist, wer – anders ausgedrückt – für einen bestimmten Zustand die politische Verantwortung trägt.[88] Diffuse Verantwortlichkeiten sind problematisch, weil die Bürgerinnen und Bürger dadurch die Möglichkeit verlieren, unerwünschte politische Maßnahmen an der Wahlurne effektiv zu sanktionieren: Begrenzte Herrschaft setzt Abwählbarkeit voraus. Neben dem nicht zu vernachlässigenden Aspekt der Festigung der Gewaltenteilung ist dies der Grund, warum das Grundgesetz – anders als die Weimarer Verfassung[89] – eine Mischverwaltung von Bund und Ländern im Grundsatz nicht zulässt. Die Zuständigkeiten für den Verwaltungsvollzug sind im Grundgesetz abschließend geregelt, das Bundesrecht wird prinzipiell von Landesbehörden und nur in seltenen Ausnahmefällen von Bundesbehörden vollzogen. Eine freiwillige Übernahme von Verwaltungskompetenzen durch den Bund ist ohne explizite grundgesetzliche Gestattung ebenso ausgeschlossen wie eine unterstützende (meist finanzielle) Kooperation der beiden Ebenen. Auch sonstige Aufgaben sind unter dem Grundgesetz im Grundsatz entweder dem Bund oder den Ländern zugewiesen.

Diese strikte Aufgabentrennung zwischen Bund und Ländern ermöglicht eine eindeutige Verantwortungszuweisung. Die Bürgerinnen und Bürger wissen, gegenüber welcher Ebene sie Kritik äußern oder offen protestieren müssen, wenn sie mit bestimmten Entscheidungen nicht einverstanden sein sollten. Das sichert aus legitimitätstheoretischer Sicht, dass solche Unzufriedenheiten nicht auf die jeweils andere (unzuständige) Ebene übergreifen. Bis vor kurzem wäre es daher wenig sinnvoll gewesen, sich über defizitäre schulische Infrastruktur beim Bund(estag) zu beschweren. Die Schulpolitik bildete den vielleicht am meisten »klassischen« Bereich einer Länderzuständigkeit, in der dem Bund keine Kompetenzen zukamen. In den zurückliegenden Jahren ist dieses Aufgabenverteilungskonzept jedoch durchbrochen worden,[90] indem explizite Regelungen in das Grundgesetz aufgenommen wurden, die eine Kooperation zwischen Bund und Ländern im Bereich der Schulfinanzierung ermöglichen.[91] Während diese Möglichkeit von politischer Seite – sowohl auf Bundes- als auch auf Landesebene – begrüßt wurde, stieß sie in der staatsrechtlichen Literatur auf erhebliche Kritik,[92] da sie zu exakt der Verantwortungsdiffusion führte, die es verunmöglicht, die konkrete Verantwortung für den Zustand der Schulen einer der Ebenen eindeutig zuzuweisen.[93] Beide Seiten können seitdem mit dem Finger auf die jeweils andere zeigen und die Verantwortung abschieben.[94] Wenn aber jeder für alles verantwortlich ist, ist letztlich keiner mehr effektiv verantwortlich: »Tatsächlich verliert jede Form von Verantwortung dort ihren Wert, wo sie im Hinblick auf ihren Gegenstand nicht genau umrissen und bezogen auf das Subjekt nicht eindeutig zugewiesen ist. Verantwortung wird dann undurchsichtig und diffus und resultiert nicht selten in kollektiver, weil nicht mehr zurechenbarer Unverantwortlichkeit.«[95] Ähnlich formuliert

Dieter Grimm in seiner Bewertung der Föderalismusreform der 1960er Jahre, bei der diese bundesstaatliche Verflechtung ihren Ausgang nahm: »Die Verantwortlichkeit für das Verhandlungsergebnis bleibt also unklar. Jede Partei konnte unüberprüfbar Erfolge für sich reklamieren und Misserfolge auf die andere Seite abschieben, während der Wähler nicht wusste, wen er in der nächsten Wahl belohnen oder bestrafen sollte.«[96] Er spricht von Kosten »demokratischer Art«,[97] die diese Reform nach sich zog. Die Bürgerinnen und Bürger sehen sich einer solchen diffusen Hoheitsmacht mehr oder weniger hilflos ausgesetzt. Ihr Ausgangspunkt ist nicht mehr erkennbar, eine effektive Einhegung durch Wahlen oder gerichtlichen Rechtsschutz wird signifikant erschwert oder verunmöglicht, der Glaube an die prinzipielle Gerechtigkeit des Systems erodiert. Die Parallelen zur komplexen Situation in der Europäischen Union werden bereits an dieser Stelle sichtbar.

Die Sicherung eines angemessenen und effektiven Rechtsschutzes ist das letzte Element, das es für eine angemessene Begrenzung der Herrschaft in einer demokratischen Ordnung bedarf.[98] Die Frage der Legitimität – das gilt für die Mitgliedstaaten ebenso wie für die Europäische Union – bezieht sich stets auf das politische System in seiner umfassenden gewaltenteilenden Ausprägung. Es ist für das Legitimitätsniveau prinzipiell nicht schädlich, wenn die Hoheitsgewalt (Legislative, Exekutive) in Einzelfällen ungerechtfertigt in den Raum der Dunkelheit eingreift – das wird sich nie gänzlich vermeiden lassen. Entscheidend ist, dass die dritte Gewalt von Seiten der Bürgerinnen und Bürger als unabhängiger und effektiver Kontrolleur des politischen Raumes wahrgenommen wird und solche Übergriffe zügig korrigiert. Wo dieses Vertrauen in die dritte Gewalt schwindet, kommen politische Ordnungen schnell in raues Fahrwasser, wie die Vorgänge in Polen und Ungarn bestätigen.

Gleichwohl zeigt sich auch hier das erwähnte Spannungsverhältnis zu den anderen Legitimitätskriterien, der ausreichenden Teilhabe und der Leistungsfähigkeit der Herrschaft. Die Lösung kann daher nicht in der Etablierung einer möglichst engen und allumfassenden gerichtlichen Kontrolle gesehen werden. Der gerichtlichen Kontrolle entzogene Beurteilungs- und Prognosespielräume ermöglichen den politischen Instanzen, Teilhabe und Leistungsfähigkeit durch politisches (und rechtlich nicht im Einzelnen determiniertes) Handeln zu realisieren. Wir sind in Deutschland zwar gewohnt, jede politische Frage in eine rechtliche umcodieren zu können. Es wäre aber legitimitätstheoretisch fatal, wenn der Eindruck entstünde, dass sich die Antwort auf die drängenden politischen Fragen stets aus der Rechtsordnung oder der Verfassung eindeutig ableiten ließen. Politik ist nicht Verwaltung, nicht schlichter Vollzug des Grundgesetzes, braucht vielmehr Raum zur inhaltlichen Gestaltung, schon weil Wahlen andernfalls ihren Sinn verlören – die Richterinnen und Richter am Bundesverfassungsgericht können jedenfalls nicht abgewählt werden.[99]

Ausreichende Leistungsfähigkeit der Herrschaft

Herrschaft, auch demokratische Herrschaft, ist kein Selbstzweck, geht vielmehr mit Zumutungen einher, die nicht ohne weiteres akzeptabel erscheinen. Sie ist daher rechtfertigungsbedürftig. Wie der Blick auf die im 19. Jahrhundert einsetzende Anarchismus-Debatte zeigt, hat die Idee der Herrschaftslosigkeit durchaus etwas für sich, kann jedenfalls als Kritikfolie für die bestehenden (demokratischen) Herrschaftsverhältnisse herhalten und Impulse für deren Verbesserung geben.[100] Aus ihr ergibt sich aber auch, dass Herrschaft ihre Rechtfertigung vor allem in der Ermöglichung kollektiver und zugleich verbindlich-durchsetzbarer Entscheidungen findet. Jedes Gemeinwesen ist auf das Treffen solcher Entscheidungen angewiesen, die wiederum nur da ermöglicht werden, wo das Erfordernis einer expliziten Zustimmung aller überwunden wird. Damit einher geht zumindest in demokratischen Herrschaftsordnungen die Erwartung, dass diese Herrschaft nicht nur ausreichend Teilhabe sicherstellt und begrenzt ist, sondern dass sie aufgrund ihrer Ausgestaltung auch in der Lage ist, das Gemeinwesen effektiv nach den allgemeinen gesellschaftlichen Vorstellungen zu gestalten. Die Herrschaft muss den Bürgerinnen und Bürgern im Vergleich zu einem wie auch immer vorgestellten herrschaftsfreien Ursprungszustand als prinzipiell vorteilhaft erscheinen.

Traditionell steht die staatliche Gewährleistung von Frieden und Sicherheit im Zentrum, die allerdings in etablierten demokratischen Ordnungen vorausgesetzt und um die Aspekte Freiheit und Selbstbestimmung sowie Wohlfahrt und soziale Gerechtigkeit (bzw. Verhinderung zu großer sozialer Ungleichheit)[101] erweitert wird. Schon aus dieser klassischen Aufgabentrias wird deutlich, dass der prominente Verweis auf die friedenssichernde Funktion der Europäischen Union die weiteren Aufgaben vernachlässigt, die von einer modernen demokratischen Herrschaftsordnung erwartet werden. Anders gewendet: Wie in anderen etablierten Demokratien – die Mitgliedstaaten sind das beste Beispiel – genügt dieser Verweis zur Rechtfertigung weder der *konkreten aktuellen* europäischen Herrschaftsordnung noch ihrer *zukünftigen* Gestalt. Erwartet werden sowohl im Jetzt als auch in der Zukunft darüberhinausgehende Herrschaftsleistungen, nicht zuletzt materieller Wohlstand. Das gilt sogar in besonderem Maße (ausgerechnet) für die Europäische Union. Denn Frieden lässt sich in Europa auch auf anderem Wege als durch eine Mitgliedschaft in dieser supranationalen Organisation sicherstellen; die NATO dürfte, wie wir in Zeiten des völkerrechtswidrigen Angriffskrieges Russlands auf die Ukraine gerade erleben, eine bedeutendere Rolle spielen – Schweden und Finnland traten 2023 als EU-Mitgliedstaaten sicherheitshalber zusätzlich der NATO bei. Niemand wird im Übrigen ernsthaft annehmen, dass Großbritannien allein aufgrund des EU-Austritts nunmehr auf unfriedliche (im Sinne von kriegerischen) Zeiten zustrebt.[102] Der »Brexit« erweist sich vielmehr gerade deshalb als so bedrohlich für die Europäische Union, weil diese in Bezug auf ihre bisher nur behauptete über die Friedenssicherung hinausgehende Leistungsfähigkeit nunmehr konkret »liefern« muss. Die Europäische Union muss den Mehrwert einer freiwilligen (!) Mitgliedschaft anhand echter (ökonomischer und anderer) Zahlen belegen[103] – der Rekurs auf das Friedensnarrativ dürfte zukünftig daher immer weniger zu ihrer Legitimität beitragen,[104] das Friedensversprechen ist, wie Daniela Schwarzer formuliert, »verbraucht.«[105] Die Bürgerinnen und Bürger stellen zunehmend die Sinnfrage: Welcher Zweck wird mit einer Mitgliedschaft in der Europäischen Union angestrebt und ist die Europäische Union in ihrer gegenwärtigen Struktur in der Lage, diese über die Friedenssicherung hinausgehenden (ökonomischen) Erwartungen zu erfüllen? Warum sollte ein europäischer Nationalstaat eine Mitgliedschaft in der Europäischen Union anstreben? Der »Brexit« stellt damit in mehrfacher Hinsicht eine Zäsur für die europäische Integration dar: Er belegt nicht nur deren praktische Umkehrbarkeit, sondern nötigt die europäischen Institutionen zugleich, diese Sinnfrage erstmals praktisch überzeugend zu beantworten.

Legitimitätstheoretisch ist gerade in einer komplexen mehrstufigen Herrschaftsordnung essentiell, dass jeder Ebene dabei diejenigen Aufgaben und Zuständigkeiten zugewiesen werden, zu deren effektiver Erfüllung sie tatsächlich in der Lage ist.[106] Wo die Bürgerinnen und Bürger das Gefühl entwickeln, dass eine andere Ebene für die Wahrnehmung einer Aufgabe besser geeignet wäre, sind Legitimitätsprobleme programmiert: Innerhalb der Europäischen Union käme niemand auf die Idee, dieser die Zuständigkeit für die Errichtung und den Betrieb von Kindergärten zuzuweisen. Umgekehrt wäre es wenig sinnvoll, der kommunalen Ebene die Aufgabe der Landesverteidigung oder der gemeinsamen Außenpolitik zu übertragen. Zwischen solchen – unumstrittenen – Extrembeispielen ist jedoch vieles weniger eindeutig und kann sich zudem mit den gesellschaftlichen Erwartungen verändern. Als problematisch erweist es sich aber, pauschal und in jedem Bereich eine Involvierung der höchsten Ebene (also der Europäischen Union) als vorteilhaft und erstrebenswert anzusehen – eine Philosophie, die die europäische Integration lange prägte und mit der allgemeinen Entpolitisierungsstrategie zusammenhing. Dabei ist auch zu berücksichtigen, dass es für die Legitimität einer Ebene in der Regel wenig hilfreich sein wird, wenn es zu einer allzu komplexen Aufgabenteilung kommt, da dann zugleich eine Verknüpfung etwaiger Aufgabenerfolge mit einer der Ebenen erschwert wird bzw. jede Ebene diesen Erfolg für sich verbuchen kann. Dass die Europäische Union mittlerweile fast überall durch ausschließliche, geteilte oder unterstützende Kompetenzen mitwirkt, bildet den Ausgangspunkt dafür, dass es mitgliedstaatlichen Politikerinnen und Politikern möglich ist, politische Misserfolge der europäischen Ebene anzulasten und Erfolge jedweder Art den eigenen politischen Handlungen zuzuschreiben: Wer mitwirkt, trägt einen Teil der Verantwortung. Ob diese positiv oder negativ wahrgenommen wird, hängt dann eher von der Kommunikation als von realen Einflussmöglichkeiten ab. Das aber ist ein Bereich, in dem die Europäische Union gegenüber den mitgliedstaatlichen Akteuren tendenziell im Nachteil ist.

Eng mit der Leistungsfähigkeit einer politischen Ordnung verknüpft ist das konkrete Entscheidungsverfahren, das stärker auf Begrenzung oder stärker auf Effektivität im Sinne von Entscheidungsfreudigkeit ausgerichtet sein kann. An dieser Stelle zeigen sich in demokratischen Verfassungsstaaten konzeptionell große Unterschiede bei den Regierungssystemen. Aus der Sicht der Leistungsfähigkeit spricht viel für die Übernahme des einfachen Mehrheitsprinzips ohne Vetopositionen einzelner Akteure oder Mitgliedstaaten – das Mehrheitsprinzip ist daher in allen demokratischen Verfassungsstaaten das dominierende Entscheidungsverfahren. Das gilt auch für komplexe Mehrebenensysteme und bildet den Hintergrund für die vielfach geäußerten Wünsche nach einer Ausweitung der Mehrheitsentscheidungen auf europäischer Ebene. Wie dargelegt, dürfen dabei jedoch potenzielle Akzeptanzprobleme nicht unberücksichtigt bleiben. Dieses Spannungsverhältnis zwischen Leistungsfähigkeit und Akzeptanz darf also bei einer möglichen Aufgabenübertragung nicht übersehen werden. So kann die Art der Aufgabe zwar dafür sprechen, diese auf die höhere, europäische Ebene zu übertragen. Wenn die Einführung des Mehrheitsprinzips aufgrund zu großer inhaltlicher Differenzen zwischen den Mitgliedstaaten in diesem Gebiet jedoch (noch) nicht möglich ist, auf der höheren Ebene also nur das Einstimmigkeitsprinzip in Betracht kommt, kann das zu Einbußen bei der Leistungsfähigkeit führen, die am Ende die Legitimität der europäischen Ebene insgesamt beeinträchtigen. Sofern man die europäische Ebene gleichwohl involvieren will, kann es sich entgegen dem zuvor Gesagten dann ausnahmsweise als sinnvoll darstellen, für einen gewissen Zeitraum beide Ebenen mit der Aufgabe zu betrauen, sie jedenfalls nicht exklusiv nur der europäischen zuzuweisen. Das bildet gegenwärtig den Hintergrund für die doppelte Zuständigkeit der Europäischen Union und der Mitgliedstaaten im Bereich der Außenpolitik. Dass damit Legitimitätseinbußen im Hinblick auf die Verantwortungszuweisung einhergehen, muss dann jedoch in Kauf genommen werden.

3. Zur Legitimität der Europäischen Union

Dieses Kapitel beginnt mit einer ebenso optimistischen wie möglicherweise überraschenden Nachricht: Schaut man genauer auf die tatsächlichen Anerkennungswerte der Europäischen Union in den einzelnen Mitgliedstaaten, sind diese in den zurückliegenden Jahren eher gestiegen und befinden sich auf einem vergleichsweise hohen Niveau – zumindest höher als man nach der Lektüre der hier skizzierten »defekten Visionen« womöglich vermuten würde.[1] So lag der Anteil der Bürgerinnen und Bürger, die im September 2022 in einer in Deutschland durchgeführten Umfrage der Europäischen Kommission[2] mit der Art und Weise, wie die Demokratie in der Europäischen Union funktioniert, »ziemlich zufrieden« sind, immerhin bei 53 Prozent. Ganze 5 Prozent waren sogar »sehr zufrieden«. »Nicht sehr zufrieden« waren 30 Prozent, lediglich 8 Prozent waren »überhaupt nicht zufrieden«. Damit ergibt sich ein Zustimmungswert zur Europäischen Union von knapp 60 Prozent. Aber auch die 30 Prozent der »nicht sehr Zufriedenen« dürften die Europäische Union zumindest nicht prinzipiell ablehnen. Erfreulich aus Sicht der Europäischen Union ist vor allem der relativ geringe Anteil an Personen, die sich mit ihrer Funktionsweise offenkundig nicht oder jedenfalls kaum arrangieren können. Allerdings zeigen sich deutliche Unterschiede in den einzelnen Mitgliedstaaten. So bejahten im Herbst 2021 nach einer weiteren Eurobarometer-Umfrage der Kommission 89 Prozent der Befragten in Luxemburg, dass die Mitgliedschaft in der Europäischen Union eine gute Sache ist, 9 Prozent hatten dazu keine wirkliche Meinung und lediglich 1 Prozent präferierte den Austritt. Sowohl in Griechenland als auch in der Slowakei sahen hingegen lediglich 39 Prozent der Bevölkerung die Mitgliedschaft positiv, während 50 Prozent (Slowakei) bzw. 47 Prozent (Griechenland) weder Vor- noch Nachteile erkennen konnten. Interessanterweise lag der Anteil der EU-Befürworterinnen und Befürworter sowohl in Ungarn als auch in Polen trotz der andauernden Auseinandersetzungen mit der Kommission bei 59 Prozent und damit nur leicht unter dem EU-Durchschnitt aller 27 Mitgliedstaaten (62 Prozent). Die größte Ablehnung erfuhr die Europäische Union hingegen in Rumänien und Österreich, wo 25 Prozent bzw. 18 Prozent die Mitgliedschaft für eine schlechte Sache hielten – von einer mehrheitlichen Ablehnung sind wir aber auch da noch weit entfernt. Insgesamt lag dieser Wert meist um die 10 Prozent, was auch dem EU-Durchschnitt entsprach. Im Frühjahr 2022 waren zudem etwa 62 Prozent der Befragten generell optimistisch im Hinblick auf die Zukunft der Europäischen Union – auch in den einzelnen Mitgliedstaaten waren die Optimisten in der Mehrheit.[3] Die einzigen Ausnahmen bildeten Griechenland und Zypern, wo sich 56 Prozent bzw. 49 Prozent pessimistisch zeigten. Im EU-Durchschnitt lag dieser Wert mit 34 Prozent bei einem guten Drittel. Mit dem völkerrechtswidrigen Angriffskrieg Russlands gegen die Ukraine zeigte sich zudem ein deutlicher Anstieg der wahrgenommenen Bedeutung der Europäischen Union: Hier stieg der Wert in fast allen Mitgliedstaaten gegenüber der Vorjahresumfrage aus dem Jahr 2021 meist zweistellig an, am stärksten in Litauen (plus 20 Prozent), in Malta (plus 16 Prozent), in Ungarn (plus 15 Prozent) und in Italien und Luxemburg (jeweils plus 14 Prozent).

Die Zustimmungswerte zu den nationalen Demokratien unterscheiden sich von diesen EU-Werten zumindest nicht fundamental. Für Deutschland ermittelte eine Studie der Universität Hohenheim im Jahr 2023, dass sogar lediglich 47 Prozent der Befragten mit der deutschen Demokratie umfänglich zufrieden sind. Unzufrieden sind 25 Prozent, der Rest ist (immerhin) unentschieden.[4] Eine Studie der Bertelsmann-Stiftung aus dem Jahr 2021 zeigte sogar, dass die durchschnittliche Zustimmung zur eigenen demokratischen Ordnung in den Mitgliedstaaten der Europäischen Union mit einer Zufriedenheitsquote von 54 Prozent unter derjenigen der Europäischen Union mit 60 Prozent lag.[5] Erneut zeigten sich allerdings erhebliche Unterschiede in den einzelnen Mitgliedstaaten: »Die Zufriedenheit mit dem Zustand der Demokratie in ihrem eigenen Land ist in den Niederlanden (74 Prozent) und Deutschland (70 Prozent) am höchsten, am geringsten dagegen in Spanien (46 Prozent), Italien (40 Prozent) und Polen (35 Prozent).«[6] Dabei lässt sich ein gewisser Zusammenhang zwischen der Zufriedenheit mit der nationalen und der »europäischen Demokratie« erkennen, teilweise allerdings in negativer Hinsicht: Je kleiner das Vertrauen in die eigene Demokratie, desto größer ist dann dort das Vertrauen in die Europäische Union. So sind in Polen 70 Prozent mit der Europäischen Union zufrieden, mithin doppelt so viele wie mit der nationalen Demokratie. Ähnlich sieht es in Spanien aus (67 Prozent zu 46 Prozent). Lediglich in Italien stehen beide Herrschaftssysteme ähnlich schlecht dar (41 Prozent zu 40 Prozent). Zumindest in Polen und in Spanien dürfte die Europäische Union damit als eine Art demokratischer Hoffnungsanker fungieren. Das bedeutet freilich nicht, dass beide Systeme nicht gleichzeitig auch auf einem hohen oder eher niedrigen Niveau sein könnten. Angesichts der vielfältigen Verflechtungen wird man beide aber nicht (mehr) gänzlich losgelöst voneinander betrachten können: Wie man die Europäische Union sieht hängt auch davon ab, wie gut oder wie schlecht die mitgliedstaatliche demokratische Ordnung eingeschätzt wird.

Bereits dieser kursorische Überblick über die Anerkennungswerte der Europäischen Union zeigt, dass fatalistische Untergangsszenarien nicht angezeigt sind. Legitimitätstheoretisch steht es um die Europäische Union besser als der mediale Eindruck bisweilen vermittelt. Schon aus diesem Grund sollte man grundsätzlichen Reformen – wie sie Joschka Fischer vorschwebten – eher mit einer gewissen Skepsis begegnen. Es geht weniger um den einen großen Wurf, der alles verändert, um grundlegende institutionelle Neuerungen und Neugründungen, um die völlige Umgestaltung des Bestehenden, als um kleine (institutionelle und sonstige) Schritte, die zu einer (noch) größeren Akzeptanz führen,[7] indem konkrete Legitimitätsprobleme unter Beachtung des Status quo Stück für Stück adressiert und gelöst werden. Das Risiko einer (institutionell) völlig neuartigen Europäischen Union einzugehen erscheint angesichts der bestehenden Akzeptanzwerte als schlicht zu groß – dass tiefgreifende Verfassungsprojekte auch schiefgehen können, hat sich historisch immer wieder gezeigt. Hier offenbart sich im Übrigen eine weitere Parallele zu den mitgliedstaatlichen Demokratien: Auch dort geht es nicht um fundamentale Reformen, sondern um die kontinuierliche Aufnahme veränderter gesellschaftlicher Herrschaftserwartungen vor dem Hintergrund spezifischer Herausforderungen.[8]

Im Folgenden sollen für die drei Teilbereiche der Legitimität – Teilhabe, Begrenzung und Leistungsfähigkeit – erste Gedanken präsentiert werden, die dazu beitragen können, die Anerkennungswerte der Europäischen Union im Verbund mit den Mitgliedstaaten[9] behutsam zu erhöhen bzw. zu stabilisieren. Die Vorschläge verstehen sich als Diskussionsgrundlage für eine rationalere Finalitätsdebatte, nicht als abschließendes und umfassendes Reformprogramm.

Ausreichende Teilhabe an der Unionsgewalt

Wenn über die demokratische Legitimation der Europäischen Union und damit der Sache nach über die Teilhabe der Unionsbürgerinnen und -bürger an der Unionsgewalt gesprochen wird, liegt der Fokus meist auf dem auch vom Bundesverfassungsgericht betonten *formellen* Demokratiedefizit. Der für die Zusammensetzung des Parlaments gefundene Kompromiss »zwischen dem völkerrechtlichen Prinzip der Staatengleichheit und dem staatlichen Prinzip der Wahlrechtsgleichheit«[10], nach dem jedem Mitgliedstaat mindestens sechs höchstens jedoch 96 Sitze zukommen (sog. degressive Proportionalität),[11] beeinträchtigt das Gebot demokratischer Gleichheit als zentralem Grundsatz demokratischer Ordnungen. Das Erfordernis der Gleichheit wird bei den in Art. 14 Abs. 3 EUV aufgeführten Wahlgrundsätzen für die Wahlen zum Europäischen Parlament (anders als in Art. 38 Abs. 1 S. 1 GG für den Bundestag) dementsprechend nicht aufgeführt. Zwar sei es beim gegenwärtigen Integrationsstand »nicht geboten, das europäische Institutionensystem demokratisch in einer staatsanalogen Weise auszugestalten.«[12] Gleichwohl bleibe die Organisation der Hoheitsgewalt gemessen an staatlichen Demokratieanforderungen defizitär.[13]

Dass die Europäische Union im Vergleich zu den Mitgliedstaaten Defizite im Hinblick auf die Verwirklichung der Wahlrechtsgleichheit aufweist, wird heute von keiner Seite ernsthaft bestritten – in jeder Europarechtsvorlesung wird dieser Aspekt ausführlich behandelt. Für einen supranationalen Verbund ist das allerdings ebenso erwartbar wie unvermeidlich;[14] die Europäische Union ist ein föderales System aber eben noch kein formaler Bundesstaat.[15] Solange das der Fall ist, wird sich das Gebot demokratischer Gleichheit nicht in der gleichen Weise verwirklichen lassen wie in den historisch gewachsenen und vergleichsweise homogenen Mitgliedstaaten.[16] Ob man diesen Zustand dann für sich genommen als defizitär ansehen will, hängt davon ab, welchen Demokratiemaßstab man für einen solchen Staatenverbund theoretisch anlegen will.[17] Es überrascht vor diesem Hintergrund aber nicht, dass die oben skizzierten (defekten) Visionen dieses Problem nicht ernsthaft adressieren, da sie es ohnehin allenfalls partiell lösen könnten.

Legitimitätstheoretisch aber bedeutet das: Solange die Erwartungshaltungen der Unionsbürgerinnen und -bürger im Hinblick auf das formelle Teilhabeniveau an der Unionsgewalt nicht über das tatsächlich gewährleistete hinausgehen, besteht in dieser Hinsicht kein dringender Handlungsbedarf.[18] Gegenwärtig dürfte dieses Erfordernis erfüllt sein: Das Bundesverfassungsgericht hat den aktuellen Lissabon-Vertrag passieren lassen und bei den Unionsbürgerinnen und -bürgern dürfte das institutionelle System im Kern ebenfalls als ausreichend Teilhabe generierend angesehen werden. Ohnehin dürfte das Ausmaß des formellen Demokratiedefizits der Europäischen Union gerade in deutschen (rechtswissenschaftlichen) Debatten meist überzeichnet sein. Die Europäische Union weist mit ihren beiden formalen Legitimationssträngen[19] – dem direkt gewählten Europäischen Parlament[20] einerseits und dem indirekt demokratisch legitimierten Rat andererseits –, die mittlerweile durch direktdemokratische Elemente ergänzt werden,[21] ein beachtliches Legitimationsniveau auf, das für eine internationale Organisation als einzigartig anzusehen sein dürfte.[22] Das gilt umso mehr, wenn man berücksichtigt, dass auch nationale bundesstaatliche Systeme mit ihren Zwei-Kammer-Systemen signifikante Beeinträchtigungen der Wahlrechtsgleichheit in Kauf nehmen. In Deutschland ist mit dem Bundesrat etwa ein Organ an der Gesetzgebung beteiligt, das in dieser Hinsicht beachtliche Ungleichheiten aufweist, die in der Rechtsprechung des Bundesverfassungsgerichts mehr oder weniger ignoriert werden.[23]

Über punktuelle Verbesserungen der formellen Teilhabe zur Anhebung des Legitimitätsniveaus muss gleichwohl nachgedacht werden. Dabei sollte es aber nicht um eine fundamentale Reform des bestehenden institutionellen Systems gehen. Vielmehr dürfte das Zusammenspiel zwischen Europäischem Parlament, Rat und Kommission sowie dem die Leitlinien formulierenden Europäischen Rat die historisch gewachsenen Besonderheiten der Europäischen Union prinzipiell adäquat abbilden. Signifikante Änderungen – etwa das von *Fischer* angedachte Senatsmodell oder die von *Macron* favorisierte Einführung transnationaler Listen[24] – könnten das Demokratieproblem eher noch verschärfen und damit neuerliche Legitimitätsprobleme hervorrufen. Entsprechende Vorschläge sind vornehmlich von dem unausgesprochenen und wenig überzeugenden Wunsch geleitet, die Europäische Union möglichst staatsanalog auszugestalten;[25] es geht um die Erzielung tradierter staatstheoretischer Eindeutigkeit, ohne jedoch eine darüberhinausgehende Notwendigkeit für einen solchen Schritt überzeugend darlegen zu können. Das erweist sich weder als sonderlich innovativ, noch wird es den Besonderheiten des europäischen Projekts gerecht. Auch hier täte Ambiguitätstoleranz gut.[26]

Richtigerweise geht es mithin eher um minimalinvasive Modifikationen des bestehenden institutionellen Arrangements, durch die die Rückbindung der europäischen Institutionen an die Unionsbürgerinnen und -bürger gestärkt aber nicht grundsätzlich umgestaltet würde. Das wäre nicht zuletzt bei einer Etablierung von Spitzenkandidatinnen und Spitzenkandidaten der Fall, die daher entgegen den Vorstellungen Emmanuel Macrons aus legitimitätstheoretischer Sicht zu befürworten ist.[27] Sie würde das personelle Element der Europawahlen schärfen und eine engere Verknüpfung von Parlament und Kommission bewirken sowie nach außen sichtbar kommunizieren. Die Spitze der Kommission würde dadurch zumindest mittelbar von den Unionsbürgerinnen und -bürgern mitbestimmt – das Ausmaß der Teilhabe an der Besetzung der »europäischen Exekutive«[28] würde signifikant erhöht. Ein solcher Schritt ist – das haben die Europawahlen im Jahr 2014 und 2019 gezeigt – bereits im bestehenden System möglich,[29] setzt allerdings voraus, dass sich der Europäische Rat (mithin die Staats- und Regierungschefs) in dieser Frage freiwillig zurücknimmt.[30] Hier liegt der eigentliche Grund, warum Emmanuel Macron von diesem Vorschlag in seiner Vision nichts wissen will. Auch die Ausstattung des Europäischen Parlaments mit einem Initiativrecht im Gesetzgebungsverfahren könnte im Übrigen einen gewissen Legitimitätsschub bewirken, indem dessen Gestaltungsoptionen sichtbar gestärkt würden, ohne dass es dazu der Übertragung weiterer Kompetenzen auf die europäische Ebene bedürfte.[31]

Eine weitere »Teilhabe-Dauerbaustelle« ist die Förderung einer genuin europäischen Öffentlichkeit, die es ermöglicht, europäische Themen in einem grenzüberschreitenden europäischen Diskursraum zu verhandeln und die Responsivität der politischen Sphäre zu stärken. Die politische Öffentlichkeit, die außerhalb des institutionellen Systems konkurrierende Meinungen hervorbringt und sie über das jeweilige Mediensystem in die institutionalisierten Verhandlungsarenen überführt, spielt für die Funktionsfähigkeit demokratischer Ordnungen eine fundamentale Rolle.[32] Dass die Europäische Union in diesem Bereich schon aufgrund der Sprachenvielfalt seit jeher gewisse Defizite aufweist, ist keine neue Erkenntnis;[33] dennoch wird dieser bedeutende Aspekt in den skizzierten Visionen allenfalls am Rande (wenn überhaupt) thematisiert.

Nicht unterschlagen werden sollte allerdings, dass in diesem Bereich in den zurückliegenden Jahren bereits einiges geschehen ist: Mitgliedstaatliche Wahlen, Regierungswechsel und andere bedeutende Ereignisse werden in den nationalen Medien nicht nur zur Kenntnis genommen, sondern teilweise breit behandelt und diskutiert. Das Wissen über die politischen Vorgänge in den einzelnen Mitgliedstaaten ist dadurch – auch dank der sozialen Medien – zweifellos höher, als noch vor zwei oder drei Jahrzehnten. Gleichwohl führen die Sprachenvielfalt und die Pfadabhängigkeit nationaler Medien(konsum)strukturen dazu, dass ein europaweiter integrierender Debattenraum nur begrenzt entstehen kann.[34] Es handelt sich in vielerlei Hinsicht weiterhin um 27 nationale Öffentlichkeiten, bei denen allerdings (und immerhin) im Hinblick auf die behandelten Gegenstände eine partielle Annäherung erfolgt ist: »In der Sphäre der Medien ist immer noch jedem Land das Hemd näher als der Rock.«[35] Damit kommt es innerhalb der Europäischen Union weiterhin nicht zu der mit dem Medienkonsum verknüpften und für die Entstehung des solidarischen Nationalstaates bedeutenden »imaginierten Gleichzeitigkeit«:[36] Niemand geht beim Lesen der FAZ oder der Süddeutschen Zeitung in Deutschland ernsthaft davon aus, dass diese Zeitungen zur selben Zeit auch in Spanien, Lettland oder Rumänien gelesen und diskutiert werden.[37] Die nationalen Arenen sind füreinander noch nicht so geöffnet, »dass sich über nationale Grenzen hinweg die Eigendynamik einer gemeinsamen politischen Meinungs- und Willensbildung über europäische Themen entfalten kann.«[38] Treffend hält Jürgen Habermas insoweit fest:

> »Für eine solche Transnationalisierung der bestehenden nationalen Öffentlichkeiten brauchen wir keine anderen Medien, sondern eine andere Praxis der bestehenden Medien. Sie müssten die (vorhandenen) europäischen Themen nicht nur als solche präsent machen und behandeln, sondern gleichzeitig über die politischen Stellungnahmen und Kontroversen berichten, die dieselben Themen in anderen Mitgliedstaaten auslösen.«[39]

Ein erster Schritt zur Verbesserung dieser Situation könnte daher die mit öffentlichen Mitteln finanzierte Gründung einer europäischen Zeitung bzw. Wochenzeitschrift sein, die Themen aus sämtlichen Mitgliedstaaten behandelt und in diesen zur gleichen Zeit in der jeweiligen Landessprache erscheint – eine Art »europäischer SPIEGEL« (wobei natürlich wie beim öffentlich-rechtlichen Rundfunk die notwendige »staatsferne« institutionell sichergestellt werden müsste).[40] Denkbar wäre es, dieses Projekt zunächst in rein digitaler Form anzubieten; langfristig wäre es aber sinnvoll, auch die haptische Erfahrung einer echten europäischen Zeitung oder Zeitschrift zu etablieren. Auch wenn damit ein erheblicher Übersetzungs- und Koordinierungsaufwand einherginge – der künftig allerdings durch die Nutzung von KI reduziert werden könnte – wäre davon abzuraten, ein solches Projekt nur in wenigen Landessprachen anzubieten:[41] Eine umfassend integrative und Teilhabe vermittelnde Kraft wird eine solche Zeitung nur entwickeln können, wenn sie potenziell alle Unionsbürgerinnen und -bürger adressiert und »mitnimmt«. In Betracht käme darüber hinaus eine europäische Fernseh-Talkshow mit (politischen) Gästen aus wechselnden Mitgliedstaaten und einer zeitgleichen Übertragung in allen Mitgliedstaaten in den jeweils führenden TV-Anstalten sowie in einer »EU-Mediathek« – insoweit erweist sich der von Herr & Speer präsentierte Vorschlag zur Errichtung einer EU-Rundfunkplattform als gut begründet.

Generell wäre es in diesem Zusammenhang sinnvoll, Vorschläge zu realisieren, die das gegenseitige Verständnis für die mitgliedstaatlichen politischen, kulturellen, sprachlichen und ökonomischen Besonderheiten schärfen. Dazu zählt die Idee Emmanuel Macrons einer gemeinsamen europäischen Universität ebenso wie das von Herr & Speer propagierte kostenlose Interrail-Ticket für alle 18-jährigen Unionsbürgerinnen und -bürger. Dass die Kommission diesen Vorschlag nicht aufgenommen und stattdessen bis zur Unkenntlichkeit verwässert hat, ist eine wahrlich vertane Chance für die Steigerung des europäischen Legitimitätsniveaus. Auch an kostenlose Sprachkurse für junge Europäerinnen und Europäer könnte man denken.

Dennoch: Vollständig wird sich das Problem des *formellen* Teilhabedefizits auf der europäischen Ebene nicht lösen lassen, solange die Europäische Union den Schritt zum Bundesstaat nicht gegangen ist – und dieser Schritt wird derzeit nicht ernsthaft erwogen (und wäre nach hier vertretener Ansicht auch nicht anzustreben). Gerade vor diesem Hintergrund erweist es sich als bemerkenswert, dass weder die skizzierten Visionen noch das Bundesverfassungsgericht das Problem der defizitären *materiellen* Teilhabe (bzw. Repräsentation) diskutieren. Auch in der öffentlichen Debatte spielt dieser Aspekt so gut wie keine Rolle, obwohl sich die materielle Aufladung der Verträge und damit die Einengung der politischen Institutionen gerade bei der Europäischen Union als besonders ausgeprägt darstellt.[42] Überraschend ist dieser Befund nicht, Entpolitisierung war in der Idee der Rechtgemeinschaft angelegt. Die Dicke der Verträge ist kein Zufall, sondern Methode. Prominent sind dieser Umstand und die mit der voranschreitenden »Konstitutionalisierung der Verträge« zusammenhängenden Probleme zunächst von Fritz W. Scharpf[43] und unlängst von Dieter Grimm beschrieben worden:

»Es ist die Konstitutionalisierung der Verträge, die dies[44] verhindert. Verfassungen entziehen bestimmte Fragen der politischen Entscheidung. Was in der Verfassung steht, ist nicht mehr Thema, sondern Prämisse politischer Entscheidungen. Was in der Verfassung geregelt ist, ist auch vom Wahlausgang unabhängig. Es kann, wo es Verfassungsgerichte gibt, gegen den Willen der aktuellen Mehrheit durchgesetzt werden.«[45]

Schon der flüchtige Blick in die Unionsverträge offenbart, dass sich dort etliche Regelungen finden, die auf der Ebene der Mitgliedstaaten im einfachen Recht, das heißt unterhalb des Verfassungsrechts geregelt sind und damit zur alltäglichen politischen Verhandlungsmasse gehören.[46] Beispielhaft sei die im europäischen Primärrecht – also den Unionsverträgen – normierte wirtschaftspolitische Konzeption angeführt. Während das Grundgesetz in einer prominenten Entscheidung des Bundesverfassungsgerichts als »wirtschaftspolitisch neutral« angesehen wurde,[47] finden sich die zentralen Bestimmungen des Binnenmarkt-, Wettbewerbs-, Kartell- und des Beihilfenrechts unmittelbar in den Verträgen.[48] »Man muss sich einmal vorstellen,« hält der Journalist Heribert Prantl denn auch fest, »was aus Deutschland, Frankreich, aus Italien, was aus den rechtsstaatlichen Demokratien geworden wäre, wenn nicht ihre republikanischen Verfassungen das staatliche und gesellschaftliche Leben geprägt hätten, sondern wenn an deren Stelle das Handelsgesetzbuch und das Gesetz gegen Wettbewerbsbeschränkungen stehen würden.«[49] Auch die Ausgestaltung der Währungsunion, einschließlich vergleichsweise strenger fiskalpolitischer Vorgaben für die Mitgliedstaaten sind im Primärrecht verankert. Grundsätzliche Veränderungen der an »neoliberalen«[50] Konzeptionen ausgerichteten Wirtschaftsordnung[51] sind dadurch – unabhängig davon, ob man solche als notwendig ansieht oder nicht – sowohl für die europäischen Organe als auch für die Mitgliedstaaten praktisch ausgeschlossen. Bojan Bugaric spricht treffend vom »neoliberal bias« der Unionsrechtsordnung,[52] was sich zwangsläufig auf die Möglichkeit progressiver Politik auswirkt: »In other words, progressives are confronted with a distinct EU constitutional order, which, because of its neoliberal bias, radically limits the possibility of achieving the progressive political agenda.«[53] Theoretisch denkbare Vertragsänderungen sind aufgrund des Einstimmigkeits- und Ratifikationserfordernisses – natürlich – keine tagespolitischen Optionen. Politische Debatten über diese Fragen und das Verfolgen einer anderen (progressiven) Agenda sind damit zwar möglich, bleiben insgesamt aber folgenlos: »Unlike other constitutions, the European constitutional system emerges as a policy-making template rather than an orderly space for legislative politics to play out.«[54] Teilweise wird daher durch europäische Institutionen versucht sich diesen Raum etwa für einen effektiven Klimaschutz durch eine extensive Auslegung der relevanten Bestimmungen wenigstens partiell zu schaffen. Mit tradierter juristischer Methodik lässt sich das zwangsläufig nicht immer überzeugend vereinbaren, es erweist sich aber jedenfalls als legitimationstheoretisch problematisch[55] (und wird daher nicht zuletzt in Deutschland immer wieder heftig kritisiert).[56]

Verschärft wurde diese Situation durch die Rechtsprechung des Gerichtshofs, der die zentralen Bestimmungen der Verträge zusätzlich materiell aufgeladen und damit den politischen Spielraum jedenfalls für die Mitgliedstaaten noch einmal verkleinert hat. Symptomatisch dafür steht die Rechtsprechung zu den vier europäischen Grundfreiheiten,[57] die danach nicht mehr als bloße Diskriminierungs-, sondern als umfassende (subjektiv-rechtlich einklagbare) Beschränkungsverbote anzusehen sind.[58] Weder die europäischen noch die mitgliedstaatlichen politischen Instanzen haben die Möglichkeit, diese Rechtsprechung (außerhalb formaler Vertragsänderungen) zu korrigieren.[59] Negative Integration statt positiver Integration prägt seitdem die europäische (wirtschaftliche) Integrationsgeschichte:[60]

> »Die Nutznießer dieser Rechtsprechung waren die vier wirtschaftlichen Grundfreiheiten (freier Verkehr von Gütern, Arbeitskräften, Dienstleistungen und Kapitalien) und ihre Konkretisierung in den Verträgen. Diese Freiheit wurde von objektiven Prinzipien für die Gesetzgebung in subjektive Rechte der Marktteilnehmer umgedeutet, die diese nun vor den nationalen Gerichten gegen die Mitgliedstaaten einklagen konnten. Die Verwirklichung der Integration wurde so zu einer Sache der Rechtsprechung statt der Gesetzgebung.«[61]

Damit soll nicht unterstellt werden, dass diese und andere Urteile des EuGH pauschal als (juristisch) verfehlt anzusehen wären. Die europäische Integration ist durch dessen progressive Rechtsprechung gerade zu

Anfang wesentlich vorangebracht worden, verdankt ihr zu großen Teilen ihren unzweifelhaften Erfolg.[62] Mit der (umstrittenen) Regelung des Art. 1 Abs. 2 EUV, die von einer »immer engeren Union« spricht, findet sie auch eine rechtsdogmatisch vertretbare Rechtsgrundlage, wenngleich sich die ihr zugrundeliegende Vorstellung eines gewissermaßen »natürlichen« (also nicht politisch zuvor gestalteten) Marktes doch als befremdlich erweist.[63] Angesichts der Ausweitung europäischer Kompetenzen und den damit einhergehenden veränderten Legitimitätsanforderungen an die europäische Herrschaftsgewalt erweist sie sich aber mittlerweile in jedem Fall als problematisch,[64] wie auch Berthold Rittberger konstatiert: »Die Überkonstitutionalisierung des Binnenmarktes reduziert politische Gestaltungsmöglichkeiten und unterläuft das Prinzip demokratischer Selbstbestimmung – sie beschreibt eine weitere Entwicklung, die Wasser auf die Mühlen von populistischen und europaskeptischen Kräften ist.«[65]

Wenngleich der EuGH inzwischen durchaus eine gewisse Sensibilität für diesen Aspekt und nicht zuletzt die Verfassungsidentität der Mitgliedstaaten[66] entwickelt hat, lässt sich die enorme materielle Aufladung – und damit die Begrenzung politischer Gestaltungsräume – nicht mehr ohne fundamentale vertragliche Änderungen rückgängig machen. Es geht dabei keineswegs zwingend um eine Reduktion des erreichten Integrationsstandes oder um eine Rückübertragung von Kompetenzen auf die Mitgliedstaaten. Anzustreben wäre vielmehr eine Politisierung des bestehenden institutionellen Arrangements durch eine Entmaterialisierung der europäischen Verträge – gerade im Hinblick auf die »Wirtschaftsverfassung« – und eine Verlagerung der Zuständigkeiten von den judikativen auf die politischen Organe der Europäischen Union.[67] Dieter Grimm schwebt diesbezüglich vor, die bisherigen Verträge auf ihren verfassungsrechtlichen Kern zu beschränken, »während alle Vorschriften nichtverfassungsrechtlicher Art auf den Status von Sekundärrecht herabgestuft werden müssen.«[68] Die europäischen Kompetenzen blieben unverändert, angepasst und ausgeweitet würde lediglich der politische Gestaltungsspielraum insbesondere für die gesetzgebenden Instanzen, so dass politische Diskussionen über den wirtschaftspolitischen Kurs und den Binnenmarkt aber auch das konkrete Mandat der Europäischen Zentralbank nicht nur möglich, sondern auch potenziell folgenreich, jedenfalls aber in ihrem Ausgang von politischen Mehrheiten abhängig und damit ungewiss wären.

Es überzeugt vor diesem Hintergrund daher nicht, wenn Carsten König ausführt, dass die vertragliche Fundierung des Wettbewerbsrechts und der Grundfreiheiten eine freiheits- und binnenmarktschützende Funktion erfülle und daher gerechtfertigt sei.[69] Denn der notwendige Freiheitsschutz wird bereits über die Grundrechte, insbesondere die Berufs- und Eigentumsfreiheit gewährleistet,[70] benötigt also keine zusätzliche und über das mitgliedstaatliche Niveau hinausgehende Absicherung. Die Entscheidung für den Binnenmarkt und die damit einhergehende Wirtschaftsordnung ist vielmehr bereits eine umstrittene politische Setzung, die gerade deshalb nicht vertraglich versteinert, sondern für politische Auseinandersetzung geöffnet werden sollte – ob sie in ihrer bestehenden Form Freiheit sichert, hängt vom politischen und sozialen Standpunkt ab.[71] Im Bereich der Wirtschaftspolitik und Wirtschaftswissenschaft hat sich in den zurückliegenden Jahren einiges getan: Lange gültige Paradigmen sind verworfen oder in Frage gestellt worden,[72] neue sind im Entstehen begriffen,[73] das richtige Mischungsverhältnis zwischen Staat und Markt wird neu diskutiert.[74] Gerade an dieser Stelle erscheint es daher aus legitimitätstheoretischer Sicht nicht sinnvoll, die in den Verträgen niedergelegten »neoliberalen« Ansichten[75] pauschal dem Erfordernis politischer Infragestellung zu entziehen – gerade weil den wirtschaftspolitischen Entscheidungen eine besondere legitimierende aber auch delegitimierende Kraft für eine demokratische Ordnung innewohnt, zumindest innewohnen kann, wenn sie mit den Erwartungen der Bevölkerung oder neuen wirtschaftswissenschaftlichen Erkenntnissen nicht mehr konform gehen. Entsprechend veränderte wirtschaftswissenschaftliche Prämissen können andernfalls selbst bei entsprechenden Mehrheiten nicht (oder nur begrenzt) in der realen Wirtschaftspolitik gespiegelt werden:[76] »Economic wisdom is what economic science in a given moment suggests as economically sound. Freezing institutional rules and substantive principles on this basis implies an obvious risk which is inherent in all dictates of economic wisdom: subsequent falsification by new empirical messages or by scenarios which have not been anticipated.«[77] Der existierende neoliberal gestaltete Markt wird dann gewissermaßen, in den Worten Wolfgang Streecks, gegen demokratische (im Sinne von politischen) Korrekturen immunisiert.[78] Sich über die Wirtschafts- und Binnenmarktpolitik einschließlich damit einhergehender Umverteilungen streiten zu müssen, mag anstrengend und bisweilen auch frustrierend sein. Diese Anstrengung, der agonale

Streit, ist aber Ausdruck einer lebendigen und Teilhabe generierenden demokratischen Ordnung, in der keine umstrittene politische Setzung den Anspruch auf dauerhafte Geltung beanspruchen kann. Hier liegt der Unterschied zu den von Carsten König[79] beispielhaft angeführten Grundrechten:[80] Deren prinzipieller und vorrangiger Geltungsanspruch wird von keiner Seite bestritten, während das bei den Grundfreiheiten, der Wettbewerbsordnung, der Währungsverfassung, dem Beihilfenrecht und den Fiskalvorgaben mittlerweile der Fall ist – es handelt sich eben um politische Setzungen. Die Grundrechte bilden demgegenüber das von allen im Grundsatz und unabhängig von umstrittenen Einzelentscheidungen geteilte Wertefundament, auf dem die demokratische Ordnung ruht: Die politische Lebenswelt. Für die Ausgestaltung der Wirtschaftsordnung gilt das in keinem modernen demokratischen Verfassungsstaat.[81] Letztere dennoch entsprechend der Grundrechte zu privilegieren und dem politischen Diskurs zu entziehen ist aus legitimitätstheoretischer Perspektive daher nicht zu rechtfertigen. Unterschwellig schwingt dabei das Misstrauen gegen politische Prozesse mit, die das europäische Projekt seit jeher begleitet – und mittlerweile gefährdet. Wer den Binnenmarkt in seiner bisherigen Ausgestaltung befürwortet, wäre fortan gezwungen, aktiv für diesen zu werben und Mehrheiten zu organisieren. Das ist unbestritten mühsam, aber Ausdruck demokratischer Entscheidungsprozesse und muss nicht mit einer Schmälerung der Handlungsfähigkeit und noch nicht einmal mit einer fundamentalen Veränderung der Organisation der Europäischen Union einhergehen.[82] Es käme ab dann lediglich auf die veränderbaren politischen Mehrheiten an.

Realistischerweise sollte man allerdings auch in diesem Bereich nicht zu radikal, sondern eher behutsam und vorsichtig agieren. Der Vorschlag Dieter Grimms, große Teile der Verträge in einem Schritt ins Sekundärrecht zu überführen erweist sich insofern zwar als theoretisch gut begründet, dürfte in der Praxis aber keine Chance auf Realisierung haben und könnte das gesamte Integrationsprojekt ernsthaft gefährden: Nach Jahrzehnten der Entpolitisierung wird man die Repolitisierung nicht auf einen Schlag umsetzen können. Kommende Vertragsänderungen sollten aber mit einem Bewusstsein für das Problem materieller Überfrachtung vorgenommen werden und anerkennen, dass es nicht nur um den Umfang der europäischen Kompetenzen, sondern auch um deren institutionellen Wahrnehmungsvoraussetzungen geht: Erforderlich wäre der stetige Aufbau »politischer Handlungskapazitäten«.[83] Ohne materiell viel zu ändern könnte durch punktuelle Modifikationen ein beachtlicher Legitimitätssprung erreicht werden, der zugleich die Weiterentwicklung einer europäischen Öffentlichkeit begünstigt: Je mehr es im Parlament um etwas geht, desto größeres (mediales) Interesse wird den dortigen Debatten entgegengebracht. Über diese Debatten könnte dann in der zu gründenden europäischen Zeitung und Talkshow europaweit integrativ diskutiert werden.[84]

Ausreichende Begrenzung der Unionsgewalt

Im Hinblick auf die ausreichende Begrenzung der europäischen Hoheitsgewalt stand ab dem zweiten Jahrzehnt der europäischen Integration ein Themenkomplex im Fokus, der auch und gerade die unionale und mitgliedstaatliche Rechtsprechung immer wieder beschäftigen sollte: die Gewährleistung eines angemessenen Grundrechtsschutzes zur Sicherung des erforderlichen »Raums der Dunkelheit«. Das war wenig verwunderlich. Errichtet als völkerrechtliche Organisationen, bestand bei den ersten Europäischen Gemeinschaften[85] – so schien es – kein gesteigerter Bedarf, individuelle Grundrechte zu gewährleisten. Die europäischen Verträge begründeten Rechte und Pflichten der Mitgliedstaaten, nicht der Bürgerinnen und Bürger, und wo das ausnahmsweise (möglicherweise) anders war, handelte es sich um eher unbedeutende Bereiche, so dass ein ausführlicher Grundrechtskatalog ebenso überdimensioniert wie unnötig erschienen wäre. Mit den »weichenstellenden Urteilen«[86] des EuGH in den Rechtssachen van Gend & Loos und Costa/ENEL[87] war dieser Zustand jedoch nicht mehr haltbar. Seitdem genoss das Gemeinschaftsrecht (wie es damals hieß) nicht nur Vorrang vor nationalem Recht, sondern war unter Umständen auch unmittelbar, also ohne völkerrechtlich übliche mitgliedstaatliche Mittlung, in den nationalen Rechtsordnungen anwendbar: Die Bürgerinnen und Bürger waren seither direkt mit dem Gemeinschaftsrecht konfrontiert. Diese Leitentscheidungen buchstabierten die Supranationalität der europäischen Gemeinschaften aus und begründeten zugleich – das dürfte heute kaum jemand ernsthaft bestreiten – die besondere Erfolgsgeschichte der europäischen Integration.[88]

Mit dieser partiellen Loslösung der Europäischen Gemeinschaften von ihren klassisch völkerrechtlichen Wurzeln gerieten aber zugleich die Freiheiten der Bürgerinnen und Bürger der Mitgliedstaaten in den direkten Zugriff der europäischen Hoheitsgewalt. Seitdem stellte sich die Frage nach deren effektiver und rechtsstaatlicher Einhegung mit einer zuvor nicht vorhandenen Dringlichkeit. Erste zaghafte Versuche des EuGH diesen aus rechtsstaatlicher Perspektive defizitären Zustand ab Anfang der 1970er Jahre durch die Entwicklung ungeschriebener Grundrechte Abhilfe zu schaffen,[89] kamen nicht zuletzt durch die prominente Intervention des Bundesverfassungsgerichts in Schwung, das in seiner »Solange I«-Entscheidung aus dem Jahr 1974 die Schaffung eines geschriebenen europäischen Grundrechtskatalogs anmahnte und ankündigte, europäisches Sekundärrecht bis zu diesem Zeitpunkt seiner eigenen (nationalen) Grundrechtskontrolle zu unterwerfen:

»Solange der Integrationsprozeß der Gemeinschaft nicht so weit fortgeschritten ist, daß das Gemeinschaftsrecht auch einen von einem Parlament und in Geltung stehenden formulierten Katalog von Grundrechen enthält, der dem Grundrechtskatalog des Grundgesetzes adäquat ist [...] ist die Vorlage eines Gerichts der Bundesrepublik Deutschland an das Bundesverfassungsgericht im Normenkontrollverfahren zulässig und geboten, wenn das Gericht die für es entscheidungserhebliche Vorschrift des Gemeinschaftsrechts in der vom Europäischen Gerichtshof gegebenen Auslegung für unanwendbar hält, weil und soweit sie mit einem Grundrecht des Grundgesetzes kollidiert.«[90]

Diese kollegiale Mahnung der Karlsruher Richterinnen und Richter verfehlte ihre Wirkung nicht. Zwar blieb die Verabschiedung eines geschriebenen Grundrechtskatalogs vorerst auch deshalb aus, weil es dazu einer förmlichen Vertragsänderung und damit der Mitwirkung der Mitgliedstaaten bedurft hätte. Der über die Rechtsprechung des EuGH intensivierte Grundrechtsschutz stand demjenigen des Grundgesetzes jedoch schon ein Jahrzehnt später in nichts mehr nach,[91] so dass das Bundesverfassungsgericht in seiner »Solange II«-Entscheidung aus dem Jahr 1986 bereit war, seine förmliche Kontrollkompetenz für europäisches Sekundärrecht vorerst wieder ruhen zu lassen:

»Solange die Europäischen Gemeinschaften, insbesondere die Rechtsprechung des Gerichtshofs der Gemeinschaften einen wirksamen Schutz der Grundrechte gegenüber der Hoheitsgewalt der Gemeinschaften generell gewährleisten, der dem vom Grundgesetz als unabdingbar gebotenen Grundrechtsschutz im wesentlichen gleichzuachten ist, zumal den Wesensgehalt der Grundrechte generell verbürgt, wird das Bundesverfassungsgericht seine Gerichtsbarkeit über die Anwendbarkeit von abgeleitetem Gemeinschaftsrecht, das als Rechtsgrundlage für ein Verhalten deutscher Gerichte oder Behörden im Hoheitsbereich der Bundesrepublik Deutschland in Anspruch genommen wird, nicht mehr ausüben und dieses Recht mithin nicht mehr am Maßstab der Grundrechte des Grundgesetzes überprüfen [...].«[92]

Seitdem ist in diesem Bereich viel geschehen, mit dem Vertrag von Lissabon hat die Europäische Union einen geschriebenen Grundrechtskatalog erhalten,[93] an dessen Ausarbeitung im Jahr 2000 mit Roman Herzog auch ein ehemaliger deutscher Bundesverfassungsrichter (und Bundespräsident) maßgeblich beteiligt war. Das Bundesverfassungsgericht hat denn auch bisher keinen Anlass gesehen, seine in der »Solange II«-Entscheidung suspendierte Kontrollkompetenz in diesem Bereich wieder zu aktivieren. Wenngleich man über einzelne EuGH-Entscheidungen immer wird diskutieren können, bestreitet auch in der Europarechtswissenschaft niemand mehr prinzipiell, dass die Europäische Union mittlerweile einen Grundrechtsschutz gewährleistet, der – wie es Art. 23 Abs. 1 GG seit dem Jahr 1993 explizit verlangt – demjenigen des Grundgesetzes im Wesentlichen vergleichbar ist. Auch legitimitätstheoretisch ist insoweit (entgegen der Ansicht von Herr & Speer) nichts (mehr) zu erinnern.

Als weniger erfreulich erweist sich zumindest aus Sicht des Bundesverfassungsgerichts und einiger (vornehmlich deutscher) Rechtswissenschaftlerinnen und Rechtswissenschaftler hingegen das Agieren des Gerichtshofs auf dem Gebiet der europäischen Kompetenzkontrolle.[94] Der EuGH, so der Vorwurf, lege die Zuständigkeiten der Europäischen Union zu weit aus und unterhöhle dadurch das fundamentale Prinzip der begrenzten Einzelermächtigung, wonach die Europäische Union nur dort zu handeln befugt ist, wo ihr explizite Zuständigkeiten von den Mitgliedstaaten übertragen worden sind.[95] Für Furore sorgte in diesem Zusammenhang ein von Roman Herzog und Lüder Gerken im Jahr 2008 veröffentlichter Zeitungsartikel, der unter der provokanten Überschrift »Stoppt den Europäischen Gerichtshof« erstaunlich undiplomatische Worte für die Auslegungspraxis des EuGH fand:

»Die beschriebenen Fälle zeigen, dass der EuGH zentrale Grundsätze der abendländischen richterlichen Rechtsauslegung bewusst und systematisch ignoriert, Entscheidungen unsauber begründet, den Willen des Gesetzgebers übergeht oder gar in sein Gegenteil verkehrt und Rechtsgrundsätze erfindet, die er dann bei späteren Entscheidungen wieder zugrunde legen kann. Sie zeigen, dass der EuGH die Kompetenzen der Mitgliedstaaten selbst im Kernbereich nationaler Zuständigkeiten aushöhlt.«[96]

Zuletzt nahm der ehemalige Bundesverfassungsrichter Peter Michael Huber diese Kritik auf und führte unter anderem aus:

»In den vergangenen 70 Jahren hat der Gerichtshof das Prinzip der begrenzten Einzelermächtigung ebenso wie die Grundsätze der Verhältnismäßigkeit und der Subsidiarität im wahrsten Sinne des Wortes stiefmütterlich behandelt bzw. ignoriert und fast jeden Kompetenzkonflikt zwischen der Europäischen Union und den Mitgliedstaaten zugunsten der Europäischen Union und ihrer Vorläuferinnen entschieden.«[97]

Schon in seinem Maastricht-Urteil aus dem Jahr 1993 hatte sich das Bundesverfassungsgericht vorbehalten, das Ausbrechen der Europäischen Union aus den ihr von den Mitgliedstaaten übertragenen Kompetenzen notfalls zu überprüfen und entsprechende Rechtsakte unter Umständen für im deutschen Rechtsraum unanwendbar zu erklären.[98] Aus legitimitätstheoretischer Perspektive ist eine solchermaßen laxe Kompetenzkontrolle durch den EuGH ein gewichtiger Vorwurf,[99] da die damit einhergehende Kompetenzausweitung der Europäischen Union stets zu Lasten der Mitgliedstaaten geht, ohne dass dies in ausreichender Form demokratisch rückgekoppelt wäre. Je nach Ausmaß entsteht dadurch für die Unionsbürgerinnen und -bürger der Eindruck einer kompetenziell nachgerade entgrenzten Europäischen Union, die sich aus der in den formalen Kompetenzen zum Ausdruck kommenden rechtsstaatlichen Umklammerung nach Belieben und eigenem Gutdünken befreien kann.

Für die Anfangszeit der europäischen Integration erscheint ein solcher Vorwurf durchaus berechtigt – die Entscheidungen zum Vorrang und zur unmittelbaren Anwendbarkeit des (primären) Unionsrechts waren methodisch nicht zwingend, eher gewagt, ähnliches gilt für die Entscheidung zur Haftung der Mitgliedstaaten.[100] Gerade letztere führte nachgerade zu einem Aufschrei in der deutschen Rechtswissenschaft.[101] Ebenso wenig wird man allerdings bestreiten können, dass diese drei Entscheidungen rückblickend als wegweisend für den Erfolg der europäischen Integration angesehen werden müssen;[102] auch mit der »europäischen Staatshaftung« hat sich die deutsche Staatsrechtslehre mittlerweile versöhnt.[103] Die überaus pauschale Herzog'sche Kritik an der Rechtsprechung des EuGH erwies sich indes schon im Jahr ihres Erscheinens nicht nur in ihrer Wortwahl, sondern auch in der Sache als überzogen. Denn die von Anfang an formulierten methodischen Einwände an einer zu weitgehenden Interpretation der europäischen Kompetenzen verhallten beim EuGH keineswegs ungehört. Im Gegenteil: In einer breit angelegten und durch die Intervention von Herzog und Gerken inspirierten Analyse konnte Rudolf Streinz bereits im Jahr 2010 zeigen, dass der EuGH zwar – wie jedes Gericht – der kritischen Begleitung durch Wissenschaft und Öffentlichkeit bedarf, sich seine Rechtsprechung aber keineswegs (mehr) so einseitig darstellt, wie behauptet: »Hinzu kommt, dass gerade in der neueren Rechtsprechung des Gerichtshofs durchaus gegenläufige Tendenzen zu erkennen sind, nämlich neben dem kritisierten ›*judicial activism*‹ auch ein ›*judicial self-restraint*‹, für den der EuGH teils Beifall, teils aber auch Kritik erfahren hat.«[104] Das betrifft mittlerweile nicht zuletzt ein gewachsenes Verständnis für die Verfassungsidentität der Mitgliedstaaten und die Einräumung erweiterter Einschätzungs- und Ermessensspielräume bei der Beschränkung der Grundfreiheiten und der Umsetzung von Richtlinien. Insofern hat der EuGH seit der erfolgreichen Etablierung und Festigung des supranationalen Charakters der Europäischen Union zunehmend eine Art Rollenwechsel vom »Motor der Integration« hin zu einem gewöhnlichen eher auf Ausgleich ausgerichteten Verfassungsgericht vollzogen,[105] was vereinzelte problematische Entscheidungen (natürlich) nicht ausschließt[106] – es handelt sich um einen kontinuierlichen Wandlungsprozess. Dem EuGH ein systematisches Unterhöhlen mitgliedstaatlicher Kompetenzen vorzuwerfen und das bewusste Verfolgen einer entsprechenden Agenda, war richtigerweise schon immer, ist aber jedenfalls heute verfehlt[107] und speist sich möglicherweise eher aus einer prinzipiellen Abneigung gegen den Fortgang der europäischen Integration, denn aus einer ernstgemeinten Auseinandersetzung mit der (jüngeren) Rechtsprechung des EuGH.[108] Auch das Bundesverfassungsgericht sah sich in der von *Herzog* und *Gerken* zum Ausgangspunkt ihrer Kritik gemachten Entscheidung letztlich nicht genötigt, einzuschreiten. Stattdessen stellte es klar, dass eine Ultra-vires-Kontrolle, also eine Kontrolle, ob die EU möglicherweise ihre Kompetenzen überschritten hat, nur in Betracht kommt, wenn das kompetenzwidrige Handeln der Unionsgewalt offensichtlich ist und der angegriffene Akt im Kompetenzgefüge zu einer strukturell bedeutsamen Verschiebung zulasten der Mitgliedstaaten führt,[109] der Kompetenzverstoß also hinreichend qualifiziert ist. In einem solchen qualifizierten Kompetenzverstoß dürfte auch aus legitimitätstheoretischer Sicht die Grenze zu ziehen sein. Ein solches Ausbrechen konnte das Bundesverfassungsgericht in diesem Fall indes nicht erkennen, zumal auch dem EuGH ein »Anspruch auf Fehlertoleranz« zuzubilligen sei.[110] Nachdem das Bundesverfassungsgericht diese überzeugenden Maßstäbe in seinem PSPP-Urteil, in dem es die Anleiheankäufe der EZB überprüfte, ohne Not wieder verlassen hatte,[111] scheint es zu diesen mittlerweile zurückgekehrt zu sein.[112]

Das eigentliche Problem dürfte aus legitimitätstheoretischer Perspektive denn auch weniger in der konkreten Rechtsanwendung durch den EuGH als vielmehr in der Struktur der europäischen Kompetenzordnung liegen, die sich in den Jahrzehnten der Integration nicht nur unsystematisch entwickelt und ausgedehnt hat, sondern in gewisser Weise auch auf eine stetige (judikative) Ausweitung,[113] zumindest aber auf eine nicht allzu scharfe Abgrenzung von mitgliedstaatlichen Kompetenzen angelegt ist.[114] Anders als erwartet umfasst dieser Kompetenzkatalog keineswegs nur Bereiche, in denen eine Zuständigkeit der Europäischen Union zwingend erscheint oder zumindest sachlogischen Erwägungen folgt.[115] In den Art. 4– 6 AEUV werden vielmehr Bereiche aufgelistet, in denen die Europäische Union entweder gemeinsam mit den Mitgliedstaaten zuständig ist oder zumindest »koordinierend« bzw. »unterstützend« tätig werden darf. Dadurch entsteht eine komplexe Verflechtung der Zuständigkeiten, die aus der Sicht der Unionsbürgerinnen und -bürger mit einer Verunklarung von Verantwortlichkeiten einhergeht: Wer für eine konkrete Maßnahme zur Rechenschaft gezogen werden kann, ist nur noch schwer erkennbar. Dieter Grimm formuliert es folgendermaßen: »Jenseits der wenigen in Art. 3 AEUV geregelten ausschließlichen Zuständigkeiten der EU ist die Gemengelage unübersichtlich und in ständiger Veränderung begriffen.«[116] Zwar wird man parallele Zuständigkeiten nicht per se als problematisch ansehen können; sie dürften in föderalen Ordnungen kaum vollständig zu vermeiden sein, auch das Grundgesetz kennt konkurrierende Kompetenzen des Bundes und der Länder.[117] In der Europäischen Union findet sich mittlerweile allerdings kaum ein Bereich, der von diesen gemeinsamen Zuständigkeiten nicht erfasst wäre. So listet Art. 4 Abs. 2 AEUV folgende Hauptbereiche der (mit den Mitgliedstaaten) geteilten Zuständigkeit auf: »Binnenmarkt, Sozialpolitik hinsichtlich der in diesem Vertrag genannten Aspekte, wirtschaftlicher, sozialer und territorialer Zusammenhalt, Landwirtschaft und Fischerei (ausgenommen die Erhaltung der biologischen Meeresschätze), Umwelt, Verbraucherschutz, transeuropäische Netze, Energie, Raum der Freiheit, der Sicherheit und des Rechts, gemeinsame Sicherheitsanliegen im Bereich der öffentlichen Gesundheit hinsichtlich der in diesem Vertrag genannten Aspekte.« Unterstützend darf die Europäische Union nach Art. 6 AEUV zudem in folgenden Bereichen tätig werden: »Schutz und Verbesserung der menschlichen Gesundheit, Industrie, Kultur, Tourismus, allgemeine und berufliche Bildung, Jugend und Sport, Katastrophenschutz, Verwaltungszusammenarbeit.« Das stetige

Anwachsen dieser Kataloge ist – wie dargelegt – kein Zufall, entsprach vielmehr der herrschenden Integrationslogik, nach der jede europäische Kompetenz eine gute Kompetenz ist. Legitimitätstheoretisch ist hingegen zentral, dass jede Herrschaftsebene prinzipiell die (und nur die) Kompetenzen wahrnimmt, für die sie am besten geeignet erscheint.[118] Es ist damit gerade nicht sinnvoll, der höheren Ebene ein pauschales Mitspracherecht in jedem Bereich zuzuweisen, da dadurch die Gefahr schlechterer und zugleich weniger demokratisch legitimierter Entscheidungen begründet wird. Eine solche ideologiefreie Überprüfung des bestehenden Kompetenzkatalogs hat bei der Europäischen Union allerdings seit ihrer Gründung zu keinem Zeitpunkt stattgefunden – auch die skizzierten Visionen scheinen sich dafür nicht oder allenfalls am Rande zu interessieren.

Verschärft wird dieses Problem durch zwei weitere Eigenschaften der europäischen Kompetenzordnung: Zum einen ist diese durch die Regelung des Art. 1 Abs. 2 EUV auch normativ tendenziell auf eine erweiternde Auslegung durch den EuGH angelegt, wenn es dort heißt, dass die Europäische Union »eine neue Stufe bei der Verwirklichung einer *immer engeren Union*« darstellt.[119] Die gesamte Unionsrechtsordnung ist in ihrer aktuellen Struktur auf stetige Integrationsverdichtung aus,[120] zu der dementsprechend auch der EuGH als Unionsorgan beitragen kann bzw. sogar beitragen muss. Die bisweilen stark kritisierte progressive Rechtsprechung findet damit einen gewichtigen normativen Anknüpfungspunkt,[121] der die Unionsverträge von tradierten nationalen Verfassungen unterscheidet, die eher darauf bedacht sind, den Status quo zu sichern.[122] Der damalige Premierminister, David Cameron, ließ sich vor dem Referendum, das zum »Brexit« führte, auch deshalb zusichern, dass Großbritannien nicht mehr an dieses Ziel gebunden sein sollte.[123] Zum anderen sind die konkreten Kompetenzen der Europäischen Union meist nicht gegenständlich, sondern final formuliert. Der Europäischen Union werden in einem bestimmten Bereich also mehr oder weniger eindeutige Ziele vorgegeben, während ihr die Wahl der Mittel überlassen wird. Das aber reduziert im Vergleich zu bereichsspezifischen Kompetenzen die begrenzende Wirkung der einzelnen Kompetenztitel – zu Lasten der Mitgliedstaaten. Auch deshalb wird man dem EuGH allerdings streng rechtsdogmatisch in den meisten umstrittenen Konstellationen keinen wirklichen Vorwurf machen können: In den überwiegenden Fällen besteht aus rechtlich-dogmatischer Sicht tatsächlich eine Kompetenz, womit aber gerade noch nicht die Frage beantwortet ist, ob es aus einer legitimitätstheoretischen Perspektive auch *sinnvoll* ist, ausgerechnet der Europäischen Union eine solche zuzuweisen. So kann die Europäische Union nach Art. 26 AEUV etwa die »erforderlichen Maßnahmen« ergreifen, um den Binnenmarkt zu verwirklichen bzw. dessen Funktionieren zu gewährleisten. Dass der Begriff »erforderliche Maßnahmen« unter Berücksichtigung notwendiger Einschätzungsspielräume der politischen Instanzen nur eine marginale begrenzende Wirkung entfaltet, leuchtet ein. Im Bereich der Kultur wird die Europäische Union zwar an sich nur unterstützend tätig. In der konkretisierenden Regelung des Art. 167 Abs. 2 AEUV ist es dann allerdings vergleichsweise schwer zu ermitteln, wo Unterstützung aufhört und eigene EU-Kulturpolitik beginnt, wenn es dort heißt:

»Die Union fördert durch ihre Tätigkeit die Zusammenarbeit zwischen den Mitgliedstaaten und unterstützt und ergänzt erforderlichenfalls deren Tätigkeit in folgenden Bereichen:

– Verbesserung der Kenntnis und Verbreitung der Kultur und Geschichte der europäischen Völker,
– Erhaltung und Schutz des kulturellen Erbes von europäischer Bedeutung,
– nichtkommerzieller Kulturaustausch,
– künstlerisches und literarisches Schaffen, einschließlich im audiovisuellen Bereich.«

In dieser Form durchziehen finale und normativ schwer eingrenzbare Kompetenzbestimmungen den gesamten Vertrag. In der Coronapandemie war es beispielsweise die eher unscheinbare Regelung des Art. 122 AEUV, die es (übrigens ohne Beteiligung des Europäischen Parlaments) ermöglichte, einen 750 Milliarden schweren Coronahilfsfonds zu errichten, einschließlich der erforderlichen europäischen Verschuldungskompetenz. Methodisch war die Annahme einer Kompetenz angesichts der Formulierung dieser Norm durchaus vertretbar. Mittlerweile hat auch das Bundesverfassungsgericht grünes Licht erteilt, zumindest (trotz Bedenken) davon abgesehen, den Ultra-vires-Vorbehalt zu aktivieren.[124] Gleichwohl: Legitimitätstheoretisch erweist sich diese historisch unsystematisch gewachsene und bisweilen »entgrenzte« Kompetenzordnung als Problem – gerade in Zeiten der Krise.

Was also tun? Langfristig erscheint es notwendig, die Kompetenzzuweisungen innerhalb der Europäischen Union unter Legitimitätsgesichtspunkten neu zu justieren. Welche konkreten Aufgaben sollte die Europäische Union aus welchen Gründen übernehmen? Welche Aufgaben sollten bei den Mitgliedstaaten verbleiben? Damit muss zwangsläufig auch über eine Rückübertragung von Zuständigkeiten an die Mitgliedstaaten nachgedacht werden – ein Schritt, der zwangsläufig schwerfällt, weil er der bisherigen Integrationslogik diametral entgegenläuft und vermutlich auch deshalb in den Visionen allenfalls gestreift, aber jedenfalls nicht konkret ausbuchstabiert wird.[125] Einen ersten Schritt dazu hat unlängst Christian Calliess vorgeschlagen: Er plädiert dafür, dass die Kommission auf die Ausübung bestimmter Kompetenzen explizit verzichtet, um sich in der Folge auf bestimmte Prioritäten zu fokussieren: »Mit diesem Ziel könnten die Spitzenkandidaten für das Amt des Kommissionspräsidenten im Vorfeld der kommenden Wahlen zum Europäischen Parlament politische Prioritäten benennen, für die sie dann im Falle ihrer Wahl ein Mandat hätten.«[126] Eine dauerhafte Lösung ist das zwar nicht, schon weil es sich lediglich um einen freiwillig-politisch, nicht aber juristisch verbindlichen Verzicht handelte. Jedenfalls aber kann es entgegen der bisherigen Integrationslogik zukünftig nicht darum gehen, den bestehenden Kompetenzkatalog der Europäischen Union stetig und ohne legitimitätstheoretische Unterfütterung zu erweitern. Darüber hinaus sollte die finale Formulierung der europäischen Zuständigkeiten überdacht, sowie die Unterstützungskompetenz abgeschafft oder zumindest in ihrem Umfang verringert werden, um den Verflechtungsgrad mit den mitgliedstaatlichen Kompetenzen zu reduzieren und eine eindeutige Verantwortlichkeitszuweisung zu ermöglichen. Denkbar wäre insoweit auch eine schärfere Formulierung des Subsidiaritätsprinzips, die ihre Funktion als Kompetenzausübungsschranke aktuell nur begrenzt erfüllt.[127] Angesichts des erreichten Integrationsstandes wird man möglicherweise auch über die normative Verdichtungsregelung des Art. 1 Abs. 2 EUV diskutieren müssen. Ist es wirklich sinnvoll, die ständige und einseitige Vertiefung der Integration zum übergreifenden normativen Programm zu erklären, wenn die Vorstellungen über deren Fortgang in den 27 Mitgliedstaaten mittlerweile so unterschiedlich ausfallen und ein Mitgliedstaat auch deshalb die Union bereits verlassen hat?[128] Treffend hält Stefan Auer fest: »Yet, over the last few decades, Europe has steadily moved towards the vision of an ›ever closer Union‹, which paradoxically brought about its exact opposite: a Europe that was internally divided and weakened.«[129]

Eine ausreichende Begrenzung der Unionsgewalt setzt schließlich voraus, dass der oder die Einzelne die Möglichkeit hat, sich effektiv gegen diese zur Wehr zu setzen, wenn sie unrechtmäßig in den eigenen Rechtsbereich eindringen sollte. Ausgerechnet hier weist das Rechtssystem der Europäischen Union schon seit Jahrzehnten Defizite auf. Die Möglichkeiten des oder der Einzelnen, sich unmittelbar an den EuGH zu wenden, sind weiterhin außerordentlich begrenzt – ein gewichtiger Aspekt, der von den Visionen nicht adressiert wird.[130] Den Hintergrund für dieses Defizit bildet weniger der vertragliche Rahmen als vielmehr (und ausgerechnet) die Rechtsprechung des EuGH, der es bis zuletzt ablehnt, die Zulässigkeitsvoraussetzungen der Individualnichtigkeitsklage des Art. 263 Abs. 4 AEUV der Entwicklung der Europäischen Union zu einer weit in den privaten Raum hineinreichenden Herrschaftsorganisation anzupassen.[131] Stattdessen hält er zur Auslegung des Begriffs der »individuellen Betroffenheit« unverändert an der aus dem Jahr 1963 stammenden »Plaumann-Formel« fest – einer Zeit, in der weder der Vorrang des Europarechts etabliert noch europäische Grundrechte entwickelt waren. Diese Formel stellt nicht auf die mögliche Verletzung subjektiver Rechte, sondern darauf ab, ob die angegriffene Handlung den Betroffenen »wegen bestimmter persönlicher Eigenschaften oder besonderer, ihn aus dem Kreis aller übrigen Personen heraushebender Umstände berührt und ihn daher in ähnlicher Weise individualisiert wie den Adressaten«,[132] und ist damit auf einen Vergleich mit anderen Betroffenen angelegt. Vor allem in Fällen, in denen zwar viele Personen betroffen sind, aber niemand in besonderer (»individueller«) Weise, kommt eine Überprüfung durch den EuGH dadurch nicht in Betracht.[133]

Die nachgerade zynischen Auswirkungen dieser Rechtsprechung wurden bereits vor Jahrzehnten in einer Rechtssache erkennbar, in der es um die Auswirkungen der von der französischen Regierung Mitte der 1990er Jahre geplanten (und dann auch durchgeführten) Atomtests ging. Die Kläger, drei Bewohner Tahitis, wollten einen dieser Tests unter Berufung auf den erforderlichen Gesundheits- und Umweltschutz durch das zum EuGH gehörende Gericht erster Instanz verhindern lassen.[134] Da die Kläger keine direkten Adressaten der dem Rechtsstreit zugrundeliegenden Entscheidung waren,[135] bestand Rechtsschutz nur nach Maßgabe der berüchtigten Plaumann-Formel. Es kam damit darauf an, ob die Kläger nicht nur in ihrer Eigenschaft als Bewohner des durch den Test beeinträchtigten Gebiets, sondern in besonderer, sie aus der Masse der sonstigen Bewohner heraushebenden Weise betroffen waren. Das verneinte das Gericht. Es war sich in diesem Zusammenhang allerdings nicht zu schade, darauf hinzuweisen, dass sich daran selbst im Falle eines nicht auszuschließenden (potenziell tödlichen) Atom-Unfalls nichts ändern würde:

»Selbst wenn man unterstellt, dass die Antragsteller gegebenenfalls im Zusammenhang mit angeblich verhängnisvollen Folgen der fraglichen Atomtests für die Umwelt oder für die Gesundheit der Bevölkerung einen persönlichen Schaden erleiden könnten, würde dieser Umstand allein nicht ausreichen, sie in ähnlicher Weise wie den Adressaten der streitigen Entscheidung zu individualisieren [...], da ein Schaden der von ihnen geltend gemachten Art unterschiedslos alle in dem betreffenden Gebiet wohnenden Personen betreffen kann.«[136]

Anders gewendet: Da im Falle eines verhängnisvollen Unfalls alle Einwohnerinnen und Einwohner in gleicher aber niemand in besonderer Weise verstrahlt würde, konnte im Ergebnis niemand klagen. Die Atomtests fanden ohne inhaltliche Prüfung durch das Gericht statt – im Hinblick auf das Vertrauen in die effektive Einhegung der Unionsgewalt eine Katastrophe. Aufgrund solcher Ergebnisse folgte Anfang der 2000er Jahre das, was unter europäischen Prozessrechtlern als »heißer Sommer« in die Geschichte des EuGH eingehen sollte: Sowohl der Generalanwalt Francis Geoffrey Jacobs[137] als auch das Gericht erster Instanz[138] – mithin zur Institution des EuGH gehörende Akteure – drängten offensiv auf eine Neuformulierung der Plaumann-Formel. Der EuGH blieb jedoch unbeeindruckt, hielt beinahe trotzig an der alten Formel fest und führte zudem aus, dass er an deren Inhalt schon deshalb nichts ändern könne, weil es dazu einer Vertragsänderung bedürfe.[139] Da die Plaumann-Formel auf seine eigene Rechtsprechung zurückging, war das eine dogmatisch höchst fragwürdige Behauptung. Durch den Vertrag von Lissabon kam es im Jahr 2009 zwar zu punktuellen Modifikationen,[140] das eigentliche Problem blieb jedoch ungelöst[141] – bis heute. Ausgerechnet durch diese formale Vertragsänderung ist es aber noch einmal unwahrscheinlicher geworden, dass der EuGH seine Rechtsprechung in diesem Punkt in naher Zukunft anpasst und modernisiert, da er darauf verweisen kann, dass die Mitgliedstaaten in Kenntnis seiner bisherigen Rechtsprechung von einer weitergehenden Änderung abgesehen haben. Abhilfe werden daher allein die Mitgliedstaaten durch eine neuerliche Vertragsänderung schaffen können. Vorschläge, wie das bewerkstelligt werden könnte, finden sich in der wissenschaftlichen Literatur zuhauf.[142] Zuletzt hat sich Christian Calliess etwa für die Einführung einer europäischen Grundrechtsbeschwerde ausgesprochen.[143] Ein solcher Schritt wäre eine vergleichsweise einfache Möglichkeit, das Gefühl der Unionsbürgerinnen und -bürger für eine durch den EuGH begrenzte Unionsgewalt zu schärfen und damit zugleich das Legitimitätsniveau der Europäischen Union signifikant zu erhöhen.

Ausreichende Leistungsfähigkeit der Unionsgewalt

Aus legitimitätstheoretischer Perspektive ist es ein zentrales Problem der Europäischen Union, dass mittlerweile nur schwer ersichtlich ist, wofür diese im Alltagsleben der Unionsbürgerinnen und -bürger im Einzelnen steht. Anders gewendet: Es ist vielen nicht mehr unmittelbar klar, was ihnen die Europäische Union als Herrschaftsorganisation im Alltag konkret für Vorteile bringt. Das immer wieder bemühte Friedensnarrativ reicht der heutigen Generation richtigerweise und aus den oben genannten Gründen nicht mehr aus[144] und die in weiten Teilen bestehende Reisefreiheit wird mittlerweile als so selbstverständlich angesehen, dass sie (leider) kaum noch als besondere Leistung gerade der Europäischen Union wahrgenommen wird.[145] Insoweit treffend hält Heribert Prantl fest: »Es reicht nicht, wenn Europapolitiker mit Pathos von der Friedensgemeinschaft Europa reden. Es reicht nicht, wenn sie auf die große Reisefreiheit hinweisen, auf das Europa ohne Grenzen.«[146] Immerhin: Dass die freiwillige Mitgliedschaft ökonomische Vorteile hat (oder jedenfalls haben kann), hat der »Brexit« gezeigt, dem insoweit (und nur insoweit!) auch eine positive Seite abzugewinnen ist. Gleichwohl bleibt der konkrete Einfluss der Europäischen Union – nicht zuletzt im kommunalen Bereich der Daseinsvorsorge – vielen weiterhin verborgen. Es dürfte für die mittelfristige Akzeptanz der Europäischen Union außerhalb akuter Krisensituationen daher essentiell sein, dass sie mit ihren konkreten Leistungen in das Bewusstsein der Unionsbürgerinnen und -bürger durchdringt, sie ihre Effektivität also im täglichen Leben erkennbar unter Beweis zu stellen in der Lage ist.

Gegenwärtig mischt die Europäische Union demgegenüber zwar praktisch überall in der ein oder anderen Form mit. In den überwiegenden Fällen bleibt der konkrete Anteil, den die Europäische Union an einem bestimmen positiven Zustand beigetragen hat, aber bestenfalls nebulös, bisweilen auch völlig im Dunkeln. Das hängt mit der oben skizzierten komplexen und verflochtenen Kompetenzordnung zusammen. Die dadurch hervorgerufene Verunklarung der Verantwortlichkeiten zwischen unionaler und mitgliedstaatlicher Ebene wirkt sich legitimitätstheoretisch damit nicht nur auf die notwendige Begrenzung der Herrschaft, sondern auch auf die Leistungsfähigkeit der europäischen Herrschaftsordnung aus: Diese kann zwangsläufig nur dann positiv gewürdigt werden, wenn sie den Betroffenen ohne größere Mühen erkennbar ist. Dass viele Kommunen (auch in Deutschland!) von finanziellen Unterstützungen aus dem Europäischen Fonds für regionale Entwicklung (EFRE) profitieren, bisweilen sogar die Modernisierung ganzer Innenstädte auf entsprechende finanzielle Mittel zurückgeht, dürfte vermutlich viele überraschen.[147] Ähnliches wird man für etliche andere Bereiche feststellen können. Mit der stetigen Ausweitung der europäischen Kompetenzen geht also bisher keine signifikante Ausweitung der unionalen Sichtbarkeit einher. Das liegt auch daran, dass es nationalen Politikerinnen und Politikern gerade wegen der beschriebenen Komplexität leichtfällt, Erfolge für sich zu reklamieren und Misserfolge der Europäischen Union anzulasten – selbst dann, wenn die realen Verantwortlichkeiten anders gelagert sein sollten. Hier muss die Europäische Union an einer verbesserten Kommunikationsstrategie arbeiten, was allerdings aufgrund der mitgliedstaatlich verwurzelten medialen Strukturen an gewisse Grenzen stößt. Mitgliedstaatliche Akteurinnen und Akteure werden diesbezüglich stets im strukturellen Vorteil sein. Abhilfe verspricht erneut insbesondere eine Neuordnung der Kompetenzen und eine drastische Verringerung des aktuellen Verflechtungsgrades. Die Europäische Union sollte sich stärker auf Kernbereiche fokussieren, bei denen die einzelnen Mitgliedstaaten überfordert sind und für die sie dann in der Öffentlichkeit die Verantwortung sichtbar übernehmen kann und muss.[148] Verbunden mit der oben angesprochenen Repolitisierung der Verträge könnte ein solcher Schritt mir erheblichen Legitimitätsgewinnen einhergehen: Mehr Europa durch weniger Europa.

Neben einer angemessenen Kompetenzordnung im europäischen Mehrebenensystem kommt es im Hinblick auf die Leistungsfähigkeit der Unionsgewalt zentral auf die Ausgestaltung des institutionellen Systems, mithin die Art und Weise an, wie über die konkreten Fragen entschieden wird. Diesbezüglich wird immer wieder die vermeintliche Komplexität der institutionellen Struktur bemängelt, die zu Effizienzverlusten führt und zeitnahe Entscheidungen verzögert. Die Organstruktur der Europäischen Union weist in der Tat Besonderheiten auf, die sie von derjenigen der Mitgliedstaaten (und anderer demokratischer Verfassungsstaaten) signifikant unterscheidet – die Europäische Union lässt sich keinem klassischen demokratischen Regierungssystem zuordnen.[149]

Ob sie in dieser Form tatsächlich signifikant komplexer ist, als die mitgliedstaatlichen Ordnungen, wird man allerdings bezweifeln können – auch in den nationalen Verfassungsordnungen wissen vermutlich nur wenige, welche Aufgabe welchem Organ zukommt oder wie das Gesetzgebungsverfahren im Detail abläuft.[150] Der Eindruck der Komplexität entsteht daher möglicherweise eher aufgrund einer prinzipiellen Weigerung, sich mit der zwangsläufig anderen institutionellen Struktur ernsthaft zu beschäftigen und die tradierte politische Lebenswelt entsprechend zu erweitern. Jedenfalls aber ist fraglich, inwieweit hier aus legitimitätstheoretischer Perspektive eine fundamentale Reform angezeigt erscheint. Denn zum einen berücksichtigt dieses System in besonderer Weise die spezifischen Teilhabeanforderungen dieses supranationalen Verbundes, die schlicht anders gelagert sind, als in den einzelnen Mitgliedstaaten. Zum anderen dürfte sich dieses System zumindest im regulären Tagesgeschäft auch nicht als so ineffizient darstellen, wie dies bisweilen angenommen wird. Dass medial nicht selten ein anderer Eindruck entsteht, dürfte daran liegen, dass über dieses Tagesgeschäft, also die zahlreichen Sitzungen des Parlaments und des »gewöhnlichen« Rates, nur vereinzelt und selektiv, über die politisch meist hoch brisanten Sitzungen des Europäischen Rates aber stets ausführlich berichtet wird. Auf diesen geht es freilich um die politischen Leitentscheidungen für die gesamte Europäische Union. Es ist daher nachvollziehbar, dass über die dort behandelten Fragen nach Art. 15 Abs. 4 EUV grundsätzlich im Konsens entschieden werden muss – kein Mitgliedstaat, schon gar nicht Deutschland, wäre bereit, sich in diesen Bereichen überstimmen zu lassen.

Wenn das Finden einer solchen Konsenslösung bisweilen länger dauert, ist das mithin ebenso erwartbar wie aus Anerkennungsgesichtspunkten notwendig. Die Einführung des allgemeinen Mehrheitsprinzips im Europäischen Rat würde die Sitzungen also möglicherweise abkürzen, wäre aber vermutlich gleichbedeutend mit dem Ende der Integration, wie wir sie bisher kennen.[151] Das mag nicht zuletzt im Bereich der Außen- und Sanktionspolitik im Vergleich zu anderen Staaten – etwa den USA – zu gewissen Effektivitätseinbußen führen.[152] Solange aber keine glaubhafte Bereitschaft besteht, Mehrheitsentscheidungen in diesem Feld auch dann zu akzeptieren, nach außen zu vertreten und zu befolgen, wenn man zur Minderheit gehört – also die Teilhabeerwartungen zu reduzieren –, sollte am Konsenserfordernis entgegen den in den defekten Visionen aufgeführten Vorstellungen nicht gerüttelt werden.[153] Ohnehin wird durch diese immer wieder geführte Debatte verdeckt, dass immerhin die qualifizierte Mehrheitsentscheidung jedenfalls im Tagesgeschäft bereits die normative Regel darstellt.[154] Im ordentlichen Gesetzgebungsverfahren nach Art. 289, 294 AEUV beschließt der Rat nach Art. 16 Abs. 3 EUV mit qualifizierter Mehrheit, die eine Mehrheit von 55 Prozent der Mitglieder des Rates verlangt, die mindestens 65 Prozent der Bevölkerung der Union ausmachen. Für eine supranationale, ehemals rein völkerrechtliche Organisation ist das bemerkenswert und funktioniert in der Praxis vergleichsweise reibungslos. Behutsame Ausweitungen des Mehrheitsprinzips sind möglicherweise denkbar – stets wäre aber zuvor nachzuweisen, dass die Mitgliedstaaten ernsthaft bereit sind, in den angedachten Bereichen Überstimmungen zu akzeptieren und entsprechende Beschlüsse als für sich verbindlich zu akzeptieren; in manchen Fällen wäre auch an die Einführung einer konstruktiven Enthaltung zu denken. Schnellschüsse in diesem Bereich könnten sich aus legitimitätstheoretischer Sicht nachgerade fatal auswirken.

Damit bleibt in institutioneller Hinsicht noch die im Unionsvertrag angelegte Verkleinerung der Kommission als der »Exekutive« der Union.[155] Auch aufgrund einer Zusage an die Irische Republik im Zusammenhang mit der Ratifikation des Vertrages von Lissabon besteht diese weiterhin aus einem Kommissar bzw. einer Kommissarin pro Mitgliedstaat und ist damit deutlich größer als die mitgliedstaatlichen Regierungen. Das kann zu Effizienzverlusten führen, schon weil jedem Kommissar und jeder Kommissarin eine sinnvolle Aufgabe zur eigenständigen Wahrnehmung zugewiesen werden muss, wodurch zusammengehörende Bereiche bisweilen wenig zweckmäßig allzu kleinteilig aufgespalten werden müssen. Emmanuel Macron hat in seiner Vision deshalb die prinzipielle Bereitschaft Frankreichs erklärt, zukünftig auf einen eigenen Kommissar oder eine eigene Kommissarin zu verzichten. Olaf Scholz will hingegen die bisherige Regelung beibehalten und das Problem durch die Einführung von Doppelspitzen lösen.[156] Angesichts dieser prinzipiellen Uneinigkeit steht zu erwarten, dass es mittelfristig zu keiner förmlichen Verkleinerung der Kommission kommen wird. Hier behalf sich jedoch bereits die von Jean-Claude Juncker geführte Europäische Kommission (2014–2019) mit einem institutionellen Kniff, indem sie innerhalb der Kommission eine informelle Hierarchie einführte.[157] Die Vizepräsidentinnen und -präsidenten der Kommission stehen seitdem jeweils einer Gruppe anderer »einfacher« Kommissarinnen und Kommissaren vor und arbeiten eng mit dem Kommissionspräsidenten oder der Kommissionspräsidentin zusammen. Legitimitätstheoretisch bedrohliche Effizienzverluste sind bei der Kommission seither nicht erkennbar, wenngleich eine formale Verkleinerung wohl weiterhin wünschenswert wäre – gerade angesichts möglicher Erweiterungen der Europäischen Union in der Zukunft.

Ausblick:
Gutes Leben in staatstheoretischer Uneindeutigkeit

Die Gründung der Europäischen Union war – wie die Errichtung jeder politischen Ordnung – ein Wagnis mit offenem Ausgang.[1] Sie ist in ihrer konkreten Gestalt das Ergebnis einer jahrzehntelangen politisch getriebenen Integration, die jedoch weniger systematisch-theoretisch als funktionell-pragmatisch ablief. Mittlerweile wird man trotzdem festhalten können: Das Wagnis hat sich unzweifelhaft gelohnt.[2] Die Europäische Union hat sich zu einem einzigartigen und stabilen supranationalen Herrschaftsverbund entwickelt, dessen Anerkennungswerte auch aufgrund der ökonomischen Prosperität denjenigen der mitgliedstaatlichen Demokratien – trotz gewisser Schwankungen – kaum nachstehen und dem auch deshalb viele weitere europäische Staaten beitreten wollen.[3] Wenig spricht dafür, dass sich dieser Zustand in den nächsten Jahren schlagartig ändern könnte. Fatalistische Untergangsszenarien, die vor einem Zerbrechen der Europäischen Union oder einer unmittelbar bevorstehenden Austrittswelle warnen, sind vor diesem Hintergrund eher als populistische Panikmache einzuordnen und wenig überzeugend.[4]

Dennoch besteht – selbstverständlich – das Potenzial für Verbesserungen der institutionellen, verfahrensrechtlichen und kompetenziellen Struktur der Europäischen Union. Dazu ist es jedoch erforderlich, sich ihres eigentlichen Charakters bewusst zu werden. Die EU ist jedenfalls heute keine unpolitisch-technokratische Rechtsgemeinschaft (mehr), sondern eine besondere supranationale politische Herrschaftsorganisation. Nicht zuletzt der immer wieder bemühte pauschale Hinweis auf die friedenssichernde Funktion des Integrationsprozesses führt vor diesem Hintergrund nicht weiter, da er für die konkrete Organisation der heutigen Europäischen Union mittlerweile nichts mehr hergibt –

aus entsprechendem Pathos folgt weder staatstheoretische Form noch langfristige Legitimität.

Als ebenso verfehlt erweisen sich aber auch freischwebende und grundlegende Visionen, denen keine normativen Maßstäbe, sondern bestenfalls subjektiv-idealisierende Vorstellungen über die europäische Integration zugrunde liegen – zumal diese die Besonderheiten des europäischen Staatenverbundes und seiner Beziehung zu den Mitgliedstaaten meist nicht hinreichend berücksichtigen. Regelmäßig wiederholte Leerformeln wie der Verweis auf den europäischen Bundesstaat oder andere »föderale Ordnungen« bringen das europäische Projekt deshalb nicht voran, führen sogar eher zu dessen Erstarrung, bisweilen auch zu emotionalen Abwehrreaktionen. Konkrete Integrationsschritte lassen sich daraus jedenfalls nicht oder zumindest nur bedingt ableiten. Auch deshalb bleibt der Leser oder die Leserin meist eher etwas ratlos zurück.

Richtigerweise ist Europäische Integration indes weder Selbstzweck noch dient sie – wie es insbesondere bei Emmanuel Macron anklingt – der Überwindung vermeintlich anstrengender politischer Debatten. Im Gegenteil: Als politische Herrschaftsorganisation muss sich die Europäische Union in ihrer Ausgestaltung vielmehr an den tradierten demokratischen Legitimitätsanforderungen messen lassen, um das genuin Politische in von den Unionsbürgerinnen und -bürgern akzeptierter Form wirksam werden zu lassen. Entsprechend eingehegter politischer (durchaus auch heftiger) Streit ist kein Besorgnis erregendes Defizit, trägt vielmehr eine mobilisierende, integrierende[5] und zugleich stabilisierende Kraft in sich, die es im eigentlichen Sinne erst möglich macht, sich mit dem europäischen Projekt mehr als nur oberflächlich zu identifizieren.[6] Treffend hält der ehemalige Präsident des Bundesverfassungsgerichts Andreas Voßkuhle fest: »Die Fähigkeit, Antagonismen, ja in Grenzen sogar Krisen zulassen zu können, sollte als Zeichen der Vitalität und Stabilität einer Rechtsordnung indes nicht unterschätzt werden.«[7] Die Europäische Union ist kein steriler Administrativkörper, sondern eine lebendige, emotionale politische Organisation – jedenfalls sollte sie eine solche sein. Hier liegt möglicherweise denn auch der Schlüssel für die Lösung des unionsinternen Wertekonflikts. Wie der Jurist Max Erdmann treffend bemerkt, war jedenfalls der klassisch europäische Ansatz, diese hochpolitischen Fragen »konsequent zu Sachfragen herabzustufen«, bisher nicht sonderlich erfolgreich.[8] Diese spezifischen Legitimitätsanforderungen – namentlich angemessene Teilhabe an der Herrschaft, angemessene

Begrenzung der Herrschaft und angemessene Leistungsfähigkeit der Herrschaft – sind es daher, an denen sich behutsame Reformen des bestehenden institutionell-kompetenziellen Systems der Europäischen Union orientieren müssen.

Ein solcher legitimitätstheoretischer Blick legt offen, dass eine fundamentale Neugestaltung des historisch gewachsenen Unionssystems tatsächlich weder angezeigt noch langfristig sinnvoll erscheint. Stattdessen muss es das Ziel sein, die gemeinsame Legitimität der Europäischen Union und ihrer Mitgliedstaaten – die Verbundlegitimität – Stück für Stück zu verbessern: Es geht also darum, schrittweise an einer europäischen Öffentlichkeit und der erforderlichen formellen und informellen Responsivität zu arbeiten, die europäischen Verträge und die Kompetenzordnung zu entschlacken und zu systematisieren, den Rechtsschutz zu verbessern und sich Gedanken darüber zu machen, wie die Europäische Union im Zusammenspiel mit den Mitgliedstaaten in die Lage versetzt wird, genau die Leistungen in effektiver und sichtbarer Form zu erbringen, die sich die heutige europäische Generation von ihr (und nicht von den Mitgliedstaaten) erwartet. Wie ihre endgültige Struktur aussieht und theoretisch eingeordnet wird, ist demgegenüber eine zweitrangige Frage.[9] Mit Max Weber wird man folglich auch bei der Gestaltung der Europäischen Union nicht um »das starke und langsame Bohren harter Bretter mit Leidenschaft und Augenmaß zugleich« herumkommen.

Vor diesem Hintergrund wird daher auch die oftmals angedachte (und wenig innovative) Ausrichtung der institutionellen Strukturen auf bereits etablierte nationalstaatliche Regierungssysteme nicht zum Erfolg führen:[10] »Es ist eine Illusion anzunehmen, dass sich die Europäische Union auch nur annäherungsweise in eine solche Richtung entwickeln könnte.«[11] Die Europäische Union ist angesichts ihrer historisch gewachsenen Besonderheiten und dem komplexen Zusammenspiel von mitgliedstaatlicher und unionaler Ebene weder eine große Bundesrepublik noch eine europäische USA,[12] sondern ein in ihrer Einzigartigkeit zu bewahrendes Unikat, das nicht in das Prokrustesbett tradierter staatstheoretischer Formen gezwängt werden kann:[13] »In dieser Tugend des Dazwischen beruht die Verbundstruktur der Union.«[14] Wenn es gelingt, diese staatstheoretische Uneindeutigkeit nicht als zu überwindendes Defizit anzuerkennen[15] und die Europäische Union in ihrer Ambivalenz behutsam weiterzuentwickeln,[16] kann sie im Verbund mit den Mitgliedstaaten noch für viele Jahrzehnte ein gutes Leben in (nachhaltiger) ökonomischer Prosperität auf dem europäischen Kontinent ermöglichen. Wie andere demokratische Herrschaftsordnungen erweist sich auch die Europäische Union damit als ein Projekt mit offenem,[17] aber deshalb auch gestaltbarem Ausgang.[18] Eigentlich eine gute Nachricht.

Anmerkungen

Einführung

1 Der Vertrag von Verdun teilte das fränkische Reich der Karolinger in drei Teile. Ludwig der Deutsche erhielt das Ostfrankenreich, aus dem später das Heilige Römische Reich (deutscher Nation) hervorging.

2 Zur Entstehung des modernen Staates nur A. Thiele, Der gefräßige Leviathan, 2019.

3 Ausführlich zu Entstehung und Entwicklung K. Herbers/H. Neuhaus, Das Heilige Römische Reich, 2010; B. Stollberg-Rilinger, Das Heilige Römische Reich Deutscher Nation: Vom Ende des Mittelalters bis 1806, [5]2013. Siehe auch S. Korioth, Deutsche Verfassungsgeschichte, 2023, Rn. 22 ff.

4 T. Mergel, Staat und Staatlichkeit in der europäischen Moderne, 2022, S. 46. Zu den Merkmalen moderner Staaten A. Thiele, Der gefräßige Leviathan, 2019, S. 44 ff.

5 Die Goldene Bulle stammt aus dem Jahr 1356. Zu dieser auch S. Korioth, Deutsche Verfassungsgeschichte, 2023, Rn. 64 ff.

6 Dazu M. Judson, Habsburg. Geschichte eines Imperiums, 2017.

7 Nicht zuletzt im Dreißigjährigen Krieg musste sich der Kaiser daher auf private Kriegsunternehmer verlassen. Der bekannteste war der böhmische Feldherr Wallenstein.

8 T. Mergel, Staat und Staatlichkeit in der europäischen Moderne, 2022, S. 45 f.

9 G. Schmidt, Wandel durch Vernunft. Deutsche Geschichte im 18. Jahrhundert, 2009, S. 56.

10 Kurfürstenrat, Fürstenrat und Ständerat.

11 Der Westfälische Friede bestand aus zwei in Münster und Osnabrück geschlossenen Friedensverträgen und beendete im Jahr 1648 den Dreißigjährigen Krieg.

12 T. Mergel, Staat und Staatlichkeit in der europäischen Moderne, 2022, S. 45.

13 Dazu auch S. Friedrich, Drehscheibe Regensburg. Das Informations- und Kommunikationssystem des Immerwährenden Reichstags um 1700, 2007.

14 Vgl. D. Willoweit/S. Schlinker, Deutsche Verfassungsgeschichte, [8]2019, § 24, Rn. 15: »Der Reichshofsrat erfüllte die Funktion einer Anlaufstelle für unzufriedene Untertanen und Standespersonen, die sich aus den verschiedensten Gründen in ihren Rechten durch die Obrigkeiten verletzt fühlten.«

15 Errichtet wurde es bereits im Jahr 1495; es tagte zunächst an verschiedenen Orten. Siehe auch S. Korioth, Deutsche Verfassungsgeschichte, 2023, Rn. 91.

16 Bekanntester Praktikant war vermutlich Johann Wolfgang von Goethe, der dort ab dem Jahr 1772 tätig war. Der Vater wollte aus Goethe unbedingt einen Juristen machen, der dieser

Karriereplanung allerdings nur wenig abgewinnen konnte. Er agierte wohl nicht als der strebsamste Praktikant.

17 Diese Schwierigkeiten staatstheoretischer Einordnung stellten sich auch in der weiteren Entwicklung deutscher Staatlichkeit immer wieder, vgl. F. Weber, Formen Europas. Rechtsdeutung, Sinnfrage und Narrativ im Rechtsdiskurs um die Gestalt der Europäischen Union, Der Staat 55 (2016), 151 (152) – »rechtshistorisches Kontinuum«.

18 D. Langewiesche, Vom vielstaatlichen Reich zum föderativen Bundesstaat, 2020, S. 25.

19 D. Willoweit/S. Schlinker, Deutsche Verfassungsgeschichte, [8]2019, § 24, Rn. 1.

20 D. Willoweit/S. Schlinker, Deutsche Verfassungsgeschichte, [8]2019, § 24, Rn. 1.

21 D. Langewiesche, Vom vielstaatlichen Reich zum föderativen Bundesstaat, 2020, S. 26 f.

22 S. Pufendorf, De statu imperii Germanici (Über die Verfassung des deutschen Reiches), herausgegeben und übersetzt von H. Denzer, 1994, S. 198 f.

23 In dieser Form agierte das Reich vornehmlich als interner Streitschlichter zwischen den Monarchien, war aber nicht in der Lage, seinen Einfluss signifikant auszuweiten und die Territorien in ihrer Bedeutung zurückzudrängen. Gegen von außen kommende Bedrohungen war es schlecht aufgestellt. Eine externe Macht – das napoleonische Frankreich – brachte es denn auch zu Fall. Im Jahr 1806 legte Kaiser Franz II. die Kaiserkrone nieder; das Heilige Römische Reich, das »Monstrum«, war Geschichte.

24 Zu diesem Vergleich bereits R. Bollmann, Heiliges Römisches Europa. Staatenbund oder Bundesstaat, FAZ vom 11. Dezember 2012. Siehe auch T. Mergel, Staat und Staatlichkeit in der europäischen Moderne, 2022, S. 46.

25 D. Grimm, Noch unentbehrlich: Wie der Staat sich wandelt, in: H. U. Gumbrecht/R. Scheu (Hrsg.), Zukunft des Staates – Staat der Zukunft, 2021, S. 17 (19).

26 H. M. Enzensberger, Sanftes Monster Brüssel oder die Entmündigung Europas, 2011. Vgl. auch S. Auer, European Disunion, 2022, S. xvi.

27 Siehe zu den alten Debatten im Überblick D. Willoweit/S. Schlinker, Deutsche Verfassungsgeschichte, [8]2019, § 22, Rn. 6 ff.

28 B. Rittberger, Die Europäische Union, 2021, S. 85. Überblick zu diesen bei C. Calliess, Staatsrecht III, [4]2022, § 5, Rn. 3 ff.

29 Vgl. F. Schorkopf, Die unentschiedene Macht. Verfassungsgeschichte der Europäischen Union, 1948–2007, 2023, S. 9.

30 Siehe auch H. Prantl, Trotz alledem!, [3]2019, S. 24 f. Für die Einordnung als Föderation zuletzt S. Larsen, The Constitutional Theory of the Federation and the European Union, 2021.

31 Vgl. dazu A. K. Mangold, Gemeinschaftsrecht und deutsches Recht, 2011, S. 433 ff.

32 Vgl. Art. 9 EUV wonach die Unionsbürgerschaft zur nationalen Staatsbürgerschaft hinzu tritt.

33 Hier ist weiterhin unklar, wer das entscheidende Wort hat: Der Europäische Rat aufgrund seines Vorschlagsrechts oder das Europäische Parlament aufgrund seines Bestätigungsrechts.

34 Das Europarecht wird im Kern indirekt durch die Mitgliedstaaten vollzogen; direkter Vollzug durch die Unionsorgane oder (unabhängige) Unionsagenturen bildet die Ausnahme. Siehe dazu auch T. Groß, Die Legitimation der polyzentralen EU-Verwaltung, 2015.

35 Im Zusammenhang mit der Coronapandemie wurde ein besonderer Fonds (Next Generation EU) aufgesetzt, der es der EU ermöglicht, zur Bekämpfung der Pandemiefolgen Schulden aufzunehmen. Die Erhebung von Steuern und die Aufnahme von Schulden sind im Übrigen

zentrale Merkmale moderner Staatlichkeit, vgl. A. Thiele, Allgemeine Staatslehre, [2]2022, S. 190 ff.

36 Dazu A. Thiele, Individualrechtsschutz durch die Nichtigkeitsklage vor dem Europäischen Gerichtshof, 2006. Allgemeiner Überblick zum Rechtsschutzsystem auch bei A. Thiele, Europäisches Prozessrecht, [2]2014.

37 Gemeint ist damit die Kompetenz einer Herrschaftsorganisation über die Reichweite der eigenen Kompetenzen zu entscheiden. Eine solche Kompetenz hat die Europäische Union nicht, jede Erweiterung ihrer Kompetenzen geht von den Mitgliedstaaten aus.

38 Vgl. A. Thiele, Der konstituierte Staat, 2021, S. 45 ff.; D. Grimm, Die Bedeutung nationaler Verfassungen in einem vereinten Europa, in: ders. (Hrsg.), Die Zukunft der Verfassung II, 2012, S. 92 (97 f.). Die EU ist also in einer (politischen) Verfassung, hat aber keine. Ausführlich M. Kotzur, Verfassung – Begriff und Bedeutung im Mehrebenensystem, in: W. Kahl/M. Ludwigs (Hrsg.) Handbuch des Verwaltungsrechts, Band III, 2021, § 58, Rn. 23 ff.; C. Möllers, Verfassunggebende Gewalt – Verfassung – Konstitutionalisierung, in: A. von. Bogdandy/J. Bast (Hrsg.), Europäisches Verfassungsrecht, [2]2009, S. 227 ff. A. Peters, Elemente einer Theorie der Verfassung Europas, 2001.

39 Siehe auch J. Rifkin, The European Dream, 2005, 197 ff. sowie C. D. Classen, Zur offenen Finalität der europäischen Integration, in: EnzEuR Bd 1, [1]2014, § 35, Rn. 140 (»Unikum in der politischen Welt«) und J. Habermas, Der gespaltene Westen, 2004, S. 72.

40 Die Ständigen Vertreter kommen im »Ausschuss der Ständigen Vertreter« (COREPER) in Brüssel zusammen du erledigen das Tagesgeschäft des Rates der Europäischen Union.

41 Vgl. auch F. Weber, Formen Europas. Rechtsdeutung, Sinnfrage und Narrativ im Rechtsdiskurs um die Gestalt der Europäischen Union, Der Staat 55 (2016), 151 (163 ff.). Zur Kritik an dem Begriff siehe etwa F. Mayer/M. Wendel, Die verfassungsrechtlichen Grundlagen des Europarechts, in: A. Hatje/P. Müller-Graff (Hrsg.), Europäisches Organisations- und Verfassungsrecht, 2014, § 4, Rn. 7 (ohne normative Aussagekraft und irreführend); U. Everling, Die Europäische Union als föderaler Zusammenschluss von Staaten und Bürgern, in: A. von Bogdandy/J. Bast (Hrsg.), Europäisches Verfassungsrecht, [2]2009, S. 962 (1003).

42 BVerfGE 89, S. 155 (184).

43 Siehe C. Franzius/U. K. Preuß, Die Zukunft der Europäischen Demokratie, 2012, S. 45: »Während der Staatenbund durch die Überordnung der Mitgliedstaaten über den Bund gekennzeichnet ist und der Bundesstaat einen politischen Vorrang der Bundesebene begünstigt, verzichtet der Bund darauf, der einen oder der anderen Ebene durchgehend einen Vorrang zu verleihen, und setzt stattdessen auf eine Koordination der föderalen Spannungen.« Wie diese föderalen Spannungen institutionell koordiniert werden und wer für welche Bereiche zuständig ist, ist damit aber noch nicht geklärt.

44 Vgl. D. Grimm, Die Bedeutung nationaler Verfassungen in einem vereinten Europa, in: ders. (Hrsg.), Die Zukunft der Verfassung II, 2012, S. 92 (98).

45 S. Auer, European Disunion, 2022, S. 35.

46 Siehe auch H. M. Heinig, Verfassung im Nationalstaat: Von der Gesamtordnung zur europäischen Teilordnung?, VVDStRL 75 (2016), 65 (70 ff.) sowie F. Amtenbrink/H. Vedder, European Union Law, 2021, Rn. XI-61.

47 Anders aber W. Streeck, Zwischen Globalismus und Demokratie, 2021, S. 128 ff.

48 Überblick bei S. Auer, European Disunion, 2022, S. 50 ff.

49 Vgl. auch C. Calliess, Erweiterung und Reform der Europäischen Union, EuZW 2023, 781 (781): »Bis heute ist die EU aber nicht erweiterungsfähig, es droht eine Überdehnung der EU, die das Ende der europäischen Integration bedeuten könnte.« Wie hier prinzipiell auch der Report of the Franco-German Working Group on EU Institutional Reform, Sailing on High Seas: Reforming and Enlarging the EU for the 21st Century, September 2023, S. 5, 11.

50 Zu den Hintergründen A. Thiele, Austritt aus der EU, EuR 2016, 281 ff.

51 Gewisse territoriale Veränderungen hat es allerdings immer wieder gegeben, etwa durch die Unabhängigkeit Algeriens von Frankreich oder den Sonderstatus des zu Dänemark gehörenden Grönlands.

52 Dazu H.-J. Blanke/A. Sander, Die europäische Rechtsstaatlichkeit und ihre Widersacher – Anmerkungen zur Situation in Polen mit einem Seitenblick auf Ungarn, EuR 2023, 54 ff.

53 Allgemein kritisch M. Nettesheim, Die »Werte der Union«: Legitimitätsstiftung, Einheitsbildung, Föderalisierung, EuR 2022, 525 ff.

54 Dazu auch V. M. Heins/F. Wolff, Hinter Mauern. Geschlossene Grenzen als Gefahr für die offene Gesellschaft, 2023, die vor allem untersuchen, wie sich diese Abschottung auf die abgeschirmten Gesellschaften innerhalb der Union auswirkt.

55 Überblick zu dieser bei A. Thiele, Währungsverwaltungsrecht, in: J. P. Terhechte (Hrsg.), Verwaltungsrecht der Europäischen Union, ^{2}2022, § 27 sowie ders., Die Europäische Zentralbank, ^{2}2022.

56 Wenngleich an dieser Stelle nicht verschwiegen werden soll, das zahlreiche europäische Staaten weiterhin einen baldigen Beitritt anstreben.

57 Zum Konzept der Finalität U. Haltern, Finalität, in: A. von Bogdandy/J. Bast (Hrsg.), Europäisches Verfassungsrecht, ^{2}2009, S. 279 ff.

58 Vgl. auch W. Weiß, Zur Zukunft Europas: Plädoyer für eine Vertragsreform, ZRP 2022, 162 (162): »In der öffentlichen Diskussion weitgehend unbeachtet, durch die Corona-Krise und den Ukraine-Krieg in der Aufmerksamkeit überlagert, läuft seit einigen Jahren ein politischer Prozess um die weitere Zukunft der EU.«

59 Report of the Franco-German Working Group on EU Institutional Reform, Sailing on High Seas: Reforming and Enlarging the EU for the 21st Century, September 2023.

60 Vgl. auch W. Streeck, Zwischen Globalismus und Demokratie, 2021, S. 134, der von einer Sakralisierung der Integration spricht: »Wo Sakralisierung gelingt, verleiht sie dem ›europäischen Projekt‹ eine Aura, die Fragen nach seinem Sinn und Zweck als blasphemisch erscheinen lässt: siehe den Beschluss der SPD zur Wahl des EU-Parlaments 2019 mit dem Slogan ›Europa ist die Antwort‹ anzutreten, ohne sich zu äußern, welches Europa und was die Fragen sind, die es wie beantworten soll und kann.«

61 S. Friesike/J. Sprondel, Träge Transformation, 2022, S. 19.

62 Siehe auch M. Nettesheim, Selbstbehauptung der EU durch Schutz des impliziten sozialen Kontrakts, in: U. Di Fabio (Hrsg.), Die Selbstbehauptung Europas, 2022, S. 23 (51): »Dazu muss Europa mehr als Projektionsfläche kosmopolitischer Selbstvergewisserungsbemühungen und Staatsgründungsphantasien sein.« Vgl. auch J. Habermas, Der gespaltene Westen, 2004, S. 82, der von »Schwärmereien« spricht.

63 Dazu allgemein H. Wedemeyer, Mehrheitsbeschlussfassung im Rat der Europäischen Union, 2008.

64 Das gilt insoweit auch für die Reformvorschläge des Europäischen Parlaments, die dieses im Jahr 2022 vorgelegt hat, vgl. S. Gollasch, Ein bedeutender Schritt für die europäische Integration? Die Entschließung des Europäischen Parlaments vom 9. Juni 2022, EuR 2023,

433 (448): »In ihrer Gesamtheit haben die Reformvorschläge keine Aussicht auf Erfolg, da es sich um Maximalforderungen aus der »Straßburger Perspektive« ohne Rücksicht auf die heterogenen Integrationsvorstellungen in den Mitgliedstaaten handelt.«

65 Vgl. Art. 23 Abs. 1 GG. Vor allem die Effektivität des Subsidiaritätsprinzips wird allerdings immer wieder bezweifelt, vgl. dazu auch R. Streinz, »Aktive Subsidiarität«?, ZG 36 (2021), S. 145 ff.

66 Vgl. E. Sarcevic, Das Bundesstaatsprinzip, 2000, S. 21: »Eine allgemeine Theorie des Bundesstaates, wie dies einleitend festgestellt und mehrmals im Schrifttum zum Ausdruck gebracht wurde, gibt es nicht.« Konsentiert ist allein, dass in einem Bundesstaat sowohl der Bund wie auch die Gliedstaaten Staatlichkeit genießen, ohne dass damit allerdings eindeutig geklärt wäre, was das eigentlich genau bedeutet. Auch für die Lösung konkreter normativer Fragen führt diese Erkenntnis nicht wirklich weiter, vgl. auch C. Möllers, Staat als Argument, ^{2}2011, S. 374: »Mit der Staatlichkeit der Länder ist eine Formel gefunden, die die bundesstaatliche Struktur des Grundgesetzes zusammenfasst, ohne aber einen bedeutsamen eigenen normativen Mehrwert zu entfalten.«

67 Dazu im Überblick A. Thiele, Der konstituierte Staat, 2021, S. 65 ff.

68 Überblick bei A. Thiele, Allgemeine Staatslehre, ^{2}2022, S. 322 ff.

69 J. Masing, Verfassung im internationalen Mehrebenensystem, in: M. Herdegen/J. Masing/R. Poscher/K. F. Gärditz (Hrsg.), Handbuch des Verfassungsrechts, 2021, § 2, Rn. 23.

70 Explizit deutsche Vorstellungen im Hinblick auf die demokratische Legitimation unbesehen auf die Europäische Union zu übertragen, das sei bereits an dieser Stelle erwähnt, erweist sich schon vor diesem Hintergrund als wenig überzeugend. Siehe auch J. Masing, Verfassung im internationalen Mehrebenensystem, in: M. Herdegen/J. Masing/R. Poscher/K. F. Gärditz (Hrsg.), Handbuch des Verfassungsrechts, 2021, § 2, Rn. 23 f.

71 Vgl. A. Thiele, Allgemeine Staatslehre, ^{2}2022, S. 331 f.

72 Zutreffend V. M. Heins/F. Wolff, Hinter Mauern, 2023, S. 122: »›Europäische Werte‹ – das ist eine Leerformel, die alles Mögliche und das jeweilige Gegenteil bedeuten kann. Sie kann Frieden ebenso rechtfertigen wie die Produktion von Unfrieden, die Öffnung von Grenzen wie ihre Schließung, die Einhaltung von Menschenrechten wie ihre Marginalisierung durch Sicherheits- und Grenzschutzpolitik.«

73 Europäische Kommission, Weißbuch zur Zukunft Europas. Die EU der 27 im Jahr 2025 – Überlegungen und Szenarien, 2017, S. 15 ff.

74 Europäische Kommission, Weißbuch zur Zukunft Europas. Die EU der 27 im Jahr 2025 – Überlegungen und Szenarien, 2017, S. 15.

75 Europäische Kommission, Weißbuch zur Zukunft Europas. Die EU der 27 im Jahr 2025 – Überlegungen und Szenarien, 2017, S. 15.

76 Vgl. auch M. Nettesheim, Selbstbehauptung der EU durch Schutz des impliziten sozialen Kontrakts, in: U. Di Fabio (Hrsg.), Die Selbstbehauptung Europas, 2022, S. 23 (50): »Im Willen, es allen recht zu machen, scheint gelegentlich Beliebigkeit durch.«

77 Kritisch insoweit auch W. Streeck, Zwischen Globalismus und Demokratie, 2021, S. 139, der von der »Verkitschung« Europas spricht.

78 Europäische Kommission, Weißbuch zur Zukunft Europas. Die EU der 27 im Jahr 2025 – Überlegungen und Szenarien, 2017, S. 26. Dass auch dieser Verweis auf die europäischen Werte meist eher eine Leerformel ist halten V. M. Heins/F. Wolff, Hinter Mauern, 2023, S. 122 zutreffend fest.

79 Siehe dazu F. Schorkopf, Die unentschiedene Macht, 2023, S. 54 ff.

80 L. van Middelaar, Das europäische Pandämonium, 2021, S. 40.

81 Siehe zur Ausweitung der unionalen Kompetenzen etwa F. Amtenbrink/H. Vedder, European Union Law, 2021, Rn. XI-29.

82 L. van Middelaar, Das europäische Pandämonium, 2021, S. 40.

83 Vgl. auch U. Haltern, Wirkliche Widersprüche und die Methode, wodurch sie sich lösen, AöR 146 (2021), 195 (196) sowie J. Masing, Verfassung im internationalen Mehrebenensystem, in: M. Herdegen/J. Masing/R. Poscher/K. F. Gärditz (Hrsg.), Handbuch des Verfassungsrechts, § 2, Rn. 119; S. Auer, European Disunion, 2022, S. xvi f. Mittlerweile dürfte sich das entgegen P. M. Huber, Warum der EuGH Kontrolle braucht, 2022, S. 24 allerdings geändert haben. In diese Richtung aber weiterhin W. Weiß, Zur Zukunft Europas: Plädoyer für eine Vertragsreform, ZRP 2022, S. 162 ff.

84 L. Kühnhardt, Das politische Denken der Europäischen Union, 2022, S. 200. Siehe auch D. Schwarzer, Final Call, 2021, S. 109.

85 Vgl. auch D. Jörke, Die Größe der Demokratie, 2019, S. 253 f. Symptomatisch insoweit H. Prantl, Trotz alledem!, [3]2019, S. 34: »›EU‹ ist das Kürzel für das goldene Zeitalter der europäischen Historie.«

86 Zur Aufteilung der Kompetenzen ausführlich F. C. Mayer, Kompetenzverteilung, in: W. Kahl/M. Ludwigs (Hrsg.), Handbuch des Verwaltungsrechts, Band II, 2021, § 33.

87 Siehe knapp F. Amtenbrink/H. Vedder, European Union Law, 2021, Rn. XI-26.

88 Vgl. H. M. Enzensberger, Sanftes Monster Brüssel oder die Entmündigung Europas, 2011, S. 13.

89 W. Hallstein, Die Europäische Rechtsgemeinschaft, 1973, S. 53 ff. Ausführlich dazu A. Voßkuhle, Europäische Rechtsgemeinschaft – Konzept und praktische Umsetzung, in: W. Kahl/M. Ludwigs (Hrsg.), Handbuch des Verwaltungsrechts, Band III, 2022, § 59.

90 A. von Bogdandy, Strukturwandel des öffentlichen Rechts, 2022, S. 53.

91 A. von Bogdandy, Strukturwandel des öffentlichen Rechts, 2022, S. 55.

92 S. Auer, European Disunion, 2022, S. 8.

93 Vgl. auch C. Mouffe, Eine Grüne demokratische Revolution, 2023, S. 61 f., die auf das damit einhergehende fehlende emotionale Band der Bürgerinnen und Bürger zur Europäischen Union hinweist.

94 F. Schorkopf, Die unentschiedene Macht. Verfassungsgeschichte der Europäischen Union, 1948–2007, 2023, S. 192.

95 Insofern besteht ein Zusammenhang zwischen Europäisierung, Denationalisierung und Liberalisierung, den bereits Friedrich von Hayek (unter Berufung auf das Friedensnarrativ) formuliert hat, vgl. dazu W. Streeck, Gekaufte Zeit, 2013, S. 141 ff. Wolfgang Streeck spricht aaO, S. 148 denn auch von der Europäischen Union als »Liberalisierungsmaschine«. Ausführlich auch W. Streeck, Zwischen Globalismus und Demokratie, 2021. Siehe auch D. Jörke, Die Größe der Demokratie, 2019, S. 125 ff.

96 L. van Middelaar, Das europäische Pandämonium, 2021, S. 40. Siehe auch F. Schorkopf, Die unentschiedene Macht. Verfassungsgeschichte der Europäischen Union, 1948–2007, 2023, S. 194: »Der Weg zu einer europäischen Föderation sollte über Rechtsangleichung, Gesetzgebung und Rechtsprechung verlaufen. Der Preis dafür war eine nochmals gestärkte Prägekraft der Juristen und ihrer Institutionen, der juristischen Dienste und Referate, Anwaltskanzleien, nationalen Gerichte und des Europäischen Gerichtshofs.«

97 Zur Entwicklung siehe B. Bugaric, The neo-liberal bias of the EU constitutional order: a critical analysis, in: M. V. Tushnet/D. Kochenov (Hrsg.), Research Handbook on the Politics of Constitutional Law, 2023, S. 386 (388 ff.).

98 A. von Bogdandy, Strukturwandel des öffentlichen Rechts, 2022, S. 56.

99 L. van Middelaar, Das europäische Pandämonium, 2021, S. 33.

100 M. V. Tushnet/D. Kochenov, Introduction to the Research Handbook on the Politics of Constitutional Law, in: dies. (Hrsg.), Research Handbook on the Politics of Constitutional Law, 2023, S. 1 ff. (Manuskript).

101 Vgl. auch C. Möllers, Freiheitsgrade, 2020, S. 207 (Rn. 244).

102 Vgl. auch L. van Middelaar, Das europäische Pandämonium, 2021, S. 31 ff., der den Wandel von der Regelpolitik zur Ereignispolitik seit Anfang der 1990er Jahre beschreibt.

103 Vgl. erneut C. Möllers, Freiheitsgrade, 2020, S. 207 (Rn. 244): »Auch das Recht muss irgendwo herkommen, und dieser Ursprung liegt, so oder so, in einem politischen Prozess.« Siehe auch T. von Rahden, Demokratie, 2019, S. 20.

104 Vom 1. Juli 1965 nahm die französische Delegation bis zum 30. Januar 1966 nicht an den Sitzungen des Rates der Europäischen Gemeinschaft teil, um einer Überstimmung im Agrarbereich zu entgehen. Erst durch den Luxemburger Kompromiss wurde Frankreich wieder an den Verhandlungstisch geholt, durch den Mehrheitsentscheidungen im Rat allerdings für eine lange Zeit ausblieben.

105 Vgl. zur EZB A. Thiele, Die Europäische Zentralbank. Von technokratischer Behörde zu politischem Akteur?, [2]2022. Insbesondere zu den Neuerungen seit der Finanz- und Eurokrise T. Beukers/D. Fromage/G. Monti (Hrsg.), The New European Central Bank, 2022.

106 A. von Bogdandy, Strukturwandel des öffentlichen Rechts, 2022, S. 57.

107 Vgl. auch S. Auer, European Disunion, 2022, S. 33: »The attempt to depoliticise conflicts through a federal-like, supranational rule of law state – the Rechtsstaat – ended up undermining not just democratic self-government in the constitutive nation states, but the principles of the rule of law themselves.«

108 Siehe u.a. bereits U. Haltern, Europarecht, Band II, [3]2017, S. 4: »Die Union ist längst eine politische Gemeinschaft (allerdings mit einem defizitären Begriff des Politischen).«

109 Vgl. L. van Middelaar, Das europäische Pandämonium, 2021, S. 33.

110 Siehe dazu Art. 26 AEUV.

111 B. Bugaric, The neo-liberal bias of the EU constitutional order: a critical analysis, in: M. V. Tushnet./D. Kochenov (Hrsg.), Research Handbook on the Politics of Constitutional Law, 2023, S. 386 (406). Siehe auch für die Finanzmarktregulierung R. Abdelal, Capital Rules, 2006, S. 3 f.

112 Vgl. auch M. Nettesheim, Selbstbehauptung der EU durch Schutz des impliziten sozialen Kontrakts, in: U. Di Fabio (Hrsg.), Die Selbstbehauptung Europas, 2022, S. 23 (33): »Die Frage, wie sich eine (europäische) politische Gemeinschaft oder verschiedene (staatliche) politische Gemeinschaften gemeinsam organisieren, ist heute selbstverständlich nicht mehr vor-, sondern aufgegeben: Es ist eine politische Frage, die wesentlich von den jeweiligen Präferenzen abhängt und über die im öffentlichen Raum gestritten werden muss.«

113 Beispielhaft sei der im Zusammenhang mit der Einführung der Währungsunion beschlossene und vor allem auf deutsche Initiativen zurückgehende »Stabilitäts- und Wachstumspakt« erwähnt.

114 Siehe dazu ausführlich im folgenden ersten Teil.

115 S. Auer, European Disunion, 2011, S. xix: »This is why the decisive question should no longer be whether more or less Europe is needed, but instead what kind of Europe is best suited to safeguarding democracy, prosperity and political stability.«

116 Vgl. dazu ausführlich T. Biebricher, Die politische Theorie des Neoliberalismus, 2021.

117 Vgl. auch S. Auer, European Disunion, 2022, S. 67 f.: »Technocracy is the flipside of the EU's failed attempt at becoming a truly political project. It is the result of opting for more governance instead of government.«

118 Vgl. dazu C. Mouffe, Über das Politische, 2007, S. 35: »Mobilisierung erfordert Politisierung, aber Politisierung kann es nicht ohne konfliktvolle Darstellung der Welt mit gegnerischen Lagern geben, mit denen die Menschen sich identifizieren.« Auch in der EU wird es also darum gehen müssen, entsprechende Emotionen nicht zu verdrängen, sondern zu fördern. Siehe zur Bedeutung von Emotionen auch C. Mouffe, Eine Grüne demokratische Revolution, 2023, S. 53 ff. Knapp zur agonistischen Demokratietheorie M.-L. Frick, Zivilisiert streiten, 2018, S. 23 ff.

119 H. Münkler/G. Straßenberger, Politische Theorie und Ideengeschichte, ^{2}2020, S. 26.

120 C. Mouffe, Über das Politische, 2007, S. 13: »Um Leidenschaften für demokratische Entwürfe mobilisieren zu können, muss demokratische Politik einen parteilichen Charakter haben.«

121 Vgl. C. Möllers, Freiheitsgrade, 2020, S. 209 (Rn. 247): »Der Gehalt der politischen Ordnung nimmt die Form des Rechts an und wird dadurch handhabbar und durchsetzbar.«

122 Zum Begriff der Verfassung knapp A. Thiele, Der konstituierte Staat, 2021, S. 39 ff.

123 Vgl. auch M. Nettesheim, Selbstbehauptung der EU durch Schutz des impliziten sozialen Kontrakts, in: U. Di Fabio (Hrsg.), Die Selbstbehauptung Europas, 2022, S. 23 (35).

124 Siehe zur Entwicklung in den USA A. Thiele, Die lädierte Demokratie, Rechtswissenschaft 13 (2022), 1 ff. Zum Zustand der deutschen Demokratie ausführlich A. Thiele, Verlustdemokratie, ^{2}2018.

125 K. K. Patel, Europäische Integration, 2022, S. 124. Siehe auch F. Schorkopf, Die unentschiedene Macht. Verfassungsgeschichte der Europäischen Union, 1948–2007, 2023, S. 291 f.

126 Siehe dazu bereits knapp A. Thiele, Der konstituierte Staat, 2021, S. 379 f.

127 Es ist sehr umstritten, welchen Beitrag die europäische Integration in der EU zur Friedenssicherung beigetragen hat, vgl. K. K. Patel, Projekt Europa, 2018, S. 35: »So soll hier gezeigt werden, dass der Integrationsprozess zunächst weit mehr von der europäischen Friedensordnung profitierte, als das er diese wesentlich geprägt hätte.« Deutlich auch W. Streeck, Zwischen Globalismus und Demokratie, 2021, S. 136: »Zugespitzt formuliert war die erst 1958, 13 Jahre nach Kriegsende, ins Leben gerufene Europäische Wirtschaftsgemeinschaft, die Vorläuferin der Europäischen Union, tatsächlich nicht Ursache, sondern Folge des europäischen Friedens.«

128 Auch die Kommission bedient (natürlich) dieses Narrativ gleich zu Anfang ihres Weißbuchs zur Zukunft Europas.

129 Symptomatisch H. Prantl, Trotz alledem!, ^{3}2019, S. 13: »Die Europäischen Verträge sind die Ehe- und Erbverträge ehemaliger Feinde. Dieses Europa ist ein welthistorisches Friedensprojekt.«

130 V.-I. Herr/M. Speer, Europe for Future. 95 Thesen, die Europa retten – was jetzt geschehen muss, 2021.

131 M. Nettesheim, Selbstbehauptung der EU durch Schutz des impliziten sozialen Kontrakts, in: U. Di Fabio (Hrsg.), Die Selbstbehauptung Europas, 2022, S. 23 (33): »Und auch ist in den

Debatten über den ›europäischen Weg‹ nur zu häufig eine sozialtechnokratische Herangehensweise zu beobachten, die viel Phantasie in institutionelle Veränderungsvorschläge legt, ohne ein hinreichendes Bewusstsein für die soziokulturellen Verwirklichungsbedingungen einzuschließen und die mit einer Verwirklichung einhergehenden Verluste angemessen zu reflektieren.«

132 Für diese Ebene stehen im Folgenden die Reden von Joschka Fischer, Emmanuel Macron und Olaf Scholz.

133 Für diese Ebene stehen die Thesen von Herr und Speer sowie die Ergebnisse der Konferenz zur Zukunft der EU.

134 D. Grimm, Europa ja, aber welches?, S. 40 ff.

1. Defekte Visionen

1 Siehe zu diesem Begriff im europäischen Kontext L.-M. Lührs, Europäische Souveränität als mehrdimensionaler Rechtsbegriff, EuR 2022, 673 ff. Ausführlich auch R. Lehner, Souveränität im Bundesstaat und der Europäischen Union, 2021.

2 Das gilt vermutlich auch für die im September 2023 bekannt gewordenen Vorschläge zur Reform der EU, die von einigen Mitgliedern des Komitees für Verfassungsfragen des Europäischen Parlaments erarbeitet wurden. Darüber hinaus hat eine deutsch-französische Expertenkommission einen Bericht für eine Reform der EU erarbeitet, der im September 2023 an die beiden Regierungen übergeben wurde, siehe Report of the Franco-German Working Group on EU Institutional Reform, Sailing on High Seas: Reforming and Enlarging the EU for the 21st Century, September 2023. Fundamentale Veränderungen werden darin allerdings nicht vorgeschlagen.

3 Hintergründe bei A. Thiele, Der Austritt aus der EU, EuR 2016, S. 281 ff.

4 Nach den Parlamentswahlen in Polen im Jahr 2023 dürfte sich die Situation nunmehr allerdings etwas entspannen.

5 So auch F. Mayer, The EU in 2030: An Anticipated Look Back at the 2020s, German Law Journal 21 (2020), S. 63 (68): »This led me to the assessment that it may be less a matter of genuinely more integration, but rather a matter of upholding what we have already accomplished.«

6 Vgl. J. Fischer, Vom Staatenbund zur Föderation – Gedanken über die Finalität der europäischen Integration, 2000, S. 8: »Zweitens reden wir hier über einen langfristigen Zeitraum, weit jenseits der laufenden Regierungskonferenz. Niemand muss sich also vor diesen Thesen fürchten.«

7 Siehe auch M. Finck/F. de Witte, The Challenge of Challenges, German Law Journal 21 (2020), 1 (1): »These changes take place against the backdrop of a European Union that is stumbling from crisis to crisis – even if, perhaps, the language and rhetoric of crisis has accompanied the integration process from the very start.«

8 Vgl. auch B. Rittberger, Die Europäische Union, 2021, S. 85.

9 Siehe auch F. Schorkopf, Der Europäische Weg, [3]2020, S. 212: »Der Blick in die Geschichte der Gemeinschaften und der Union zeigt, dass ›Krise‹ ein ständiger Begleiter der europäischen Integration ist.«

10 J. Fischer, Vom Staatenbund zur Föderation – Gedanken über die Finalität der europäischen Integration, 2000.

11 Die Rede sollte nicht als diejenige eines aktuellen Regierungsmitglieds verstanden werden – eine formale Distanzierung, die allerdings kaum zur Kenntnis genommen wurde.

12 Gemeint war damit insbesondere die im Jahr 2004 vollzogene Osterweiterung.

13 Sie wurde im Jahr 2023 unter anderem vom Bundeskanzler Olaf Scholz als auch von der Außenministerin Annalena Baerbock vorgetragen.

14 Siehe auch die Forderung im Report of the Franco-German Working Group on EU Institutional Reform, Sailing on High Seas: Reforming and Enlarging the EU for the 21st Century, September 2023, S. 23 ff., die dort aber auch Vorschläge machen, wie berechtigten Bedenken einiger Mitgliedstaaten durch ein »Souveränitäts-Sicherheitsnetz« begegnet werden kann.

15 Vgl. etwa F. Amtenbrink/H. Vedder, European Union Law, 2021, Rn. XI-33.

16 H. Kelsen, Vom Wesen und Wert der Demokratie, S. 80. Siehe auch ders., aaO, S. 76: »Denn die Majorität setzt ihrem Begriff nach die Existenz einer Minorität und es setzt somit das Recht der Majorität die Existenzberechtigung einer Minorität voraus.«

17 I. Augsberg, Selbstbestimmung und Fremdbestimmung in der liberalen Demokratie, VVDStRL 82 (2023), S. 29 (35) spricht sogar von »Unterwerfung unter den in jenen Prozessen schließlich zustande gekommenen Mehrheitswillen.«

18 Auch im Rat der EZB wird daher meist versucht, eine einstimmige Entscheidung zu erzielen, obwohl dort das Mehrheitsprinzip gilt. Als der deutsche Vertreter im Zusammenhang mit der Eurokrise einige Male überstimmt wurde, führte das schnell zu gewissen Verstimmungen.

19 Vgl. etwa C. Calliess, Erweiterung und Reform der Europäischen Union, EuZW 2023, 781 (784); Report of the Franco-German Working Group on EU Institutional Reform, Sailing on High Seas: Reforming and Enlarging the EU for the 21st Century, September 2023, S. 6, 9.

20 Vgl. bereits J. Habermas, Der gespaltene Westen, 2004, S. 46: »Mehrheitsbeschlüsse über folgenreiche außenpolitische Weichenstellungen dürfen nur dann auf Akzeptanz rechnen, wenn die unterlegenen Minderheiten solidarisch sind. Das aber setzt ein Gefühl der politischen Zusammengehörigkeit voraus.« Daran dürfte es bis heute fehlen.

21 C. Masala, Weltunordnung, S. 60: »Aus dieser Logik ist eine Reform internationaler Organisationen, die einen solchen Namen verdient, unrealistisch. Denn sie würde bedeuten, dass Großmächte freiwillig dazu bereit wären, Machtverluste in Kauf zu nehmen, ja sie sogar mit Blick auf eine Stärkung der Legitimität und Effizienz dieser Organisationen zu begrüßen – ein naiver Glaube, wie sich in den letzten Jahren nachdrücklich gezeigt hat.« Siehe auch J. Schwarze, Der politische Wille bei der europäischen Krisenbewältigung und Verfassungsreform, EuR 2023, 30 (37), der zumindest darauf hinweist, dass es nicht einfach werden wird, die Mitgliedstaaten zur Aufgabe des Einstimmigkeitsprinzips in diesen sensiblen Bereichen zu bewegen.

22 C. D. Classen, Zur offenen Finalität der europäischen Integration, in: EnzEuR Bd 1, [1]2014, § 35, Rn. 142.

23 Vgl. M. Kriele, Einführung in die Staatslehre, [6]2003, S. 5, der festhält, dass daher jede Generation dazu angehalten ist, ihre eigene Staatslehre zu verfassen.

24 J. Habermas, Der gespaltene Westen, 2004, S. 82.

25 Es geht also um ein »Europa der zwei Geschwindigkeiten«. Prominent war hier insbesondere der »Kerneuropavorschlag«, den Wolfgang Schäuble und Karl Lamers 1994 präsentierten.

26 Ähnlich wohl auch M. Nettesheim, Selbstbehauptung der EU durch Schutz des impliziten sozialen Kontrakts, in: U. Di Fabio (Hrsg.), Die Selbstbehauptung Europas, 2022, S. 23 (36): »Nicht der große Wurf, sondern die Formulierung rationaler Einzelschritte weist den Weg in die Zukunft.«

27 E. Macron, Initiative für Europa, Rede an der Sorbonne, 26. September 2017.

28 Ein erstes Referendum in Irland scheiterte, erst bei einem zweiten stimmte eine Mehrheit der Bevölkerung dem Vertrag zu, nachdem der irländischen Regierung unter anderem zugesichert worden war, stets einen Kommissar oder eine Kommissarin stellen zu dürfen. Damit war allerdings zugleich die im Vertrag an sich vorgesehene Verkleinerung der Kommission faktisch erledigt.

29 Siehe bereits W. Streeck, Zwischen Globalismus und Demokratie, 2021, S. 147: »Kein Staat ist jemals allein; ›den Staat‹ gibt es nur im Plural und in Gesellschaft mit anderen Staaten.«

30 Macron war im Jahr 2021 maßgeblich daran beteiligt, die Konferenz zur Zukunft Europas einzuberufen.

31 Er war dabei explizit bereit, auf einen französischen Kommissar zu verzichten.

32 Vgl. T. Mergel, Staat und Staatlichkeit in der europäischen Moderne, 2022, S. 45.

33 Zur unabhängigen Stellung der EZB auch A. Thiele, The Independence of the ECB: Justification, challenges and possible threats, in: T. Beukers/D. Fromage/G. Monti (Hrsg.), The New European Central Bank, 2023, S. 237 ff.

34 Das entspricht im Übrigen auch der innenpolitischen Strategie Macrons. Bereits in seinem ersten Präsidentschaftswahlkampf hatte er im Jahr 2017 angekündigt, »weder links noch rechts« sein zu wollen, was den Eindruck vermitteln sollte, dass er sich von unpolitischer Rationalität und Zweckmäßigkeit leiten lassen würde.

35 A. Thiele, Verlustdemokratie, [2]2018, S. 12 f.

36 Ein Vorschlag, den die Kommission zwar aufgenommen, aber leider nicht verwirklicht hat. Stattdessen wird nun jährlich eine geringe Zahl an Interrailtickets verlost.

37 V.-I. Herr/M. Speer, Europe for Future, 2021, S. 27.

38 V.-I. Herr/M. Speer, Europe for Future, 2021, S. 12.

39 V.-I. Herr/M. Speer, Europe for Future, 2021, S. 28.

40 V.-I. Herr/M. Speer, Europe for Future, 2021, S. 303.

41 Weder die Verfassung des deutschen Reiches von 1871 noch die amerikanische Verfassung von 1789 enthielten einen Grundrechtskatalog. Siehe allgemein zu dieser Frage auch A. Peters, Elemente einer Theorie der Verfassung Europas, S. 63 ff.

42 Entscheidend dürfte für diese vielmehr sein, dass sich der verbindliche Text der Grundrechtecharta nunmehr unproblematisch »ergoogeln« lässt.

43 V.-I. Herr/M. Speer, Europe for Future, 2021, S. 37.

44 V.-I. Herr/M. Speer, Europe for Future, 2021, S. 37.

45 Dazu A. Voßkuhle, »In Vielfalt geeint« – eine »Ode an die Quadratur des Kreises«, EuR 2023, 127 (130 ff.).

46 Überblick zu dieser bei N. Grosche, Ein demokratisches Experiment zur Zukunft Europas, ZG 2022, S. 16 ff.

47 N. Grosche, Ein demokratisches Experiment zur Zukunft Europas, ZG 2022, S. 16 (17).

48 Gemeinsame Erklärung zur Konferenz zur Zukunft Europas, S. 1.

49 Gemeinsame Erklärung zur Konferenz zur Zukunft Europas, S. 1.

50 Vgl. auch N. Grosche, Ein demokratisches Experiment zur Zukunft Europas, ZG 2022, 16 (17): »Der Konferenz zur Zukunft Europas geht es um diese übergreifende Dimension, um – in

den Worten der interinstitutionellen Gemeinsamen Erklärung – die integrativen Antworten für die Aufgaben, die eine Generation prägen.«

51 Gemeinsame Erklärung zur Konferenz zur Zukunft Europas, S. 4.

52 Gemeinsame Erklärung zur Konferenz zur Zukunft Europas, S. 4.

53 N. Grosche, Ein demokratisches Experiment zur Zukunft Europas, ZG 2022, 16 (23). Etwas ketzerisch könnte man darin auch eine Strategie sehen, die Konferenz zu sabotieren.

54 Zu diesem A. Thiele, Der Ausschuss der Regionen – ein Beitrag zur föderalen Vielfalt in der Europäischen Union, in: I Härtel (Hrsg.), Handbuch Föderalismus Band IV, 2012, § 93.

55 Allgemein zum komplexen institutionellen Arrangement der Konferenz N. Grosche, Ein demokratisches Experiment zur Zukunft Europas, ZG 2022, S. 16 (25 ff.).

56 Bericht über das endgültige Ergebnis der Konferenz zur Zukunft Europas, S. 37.

57 Siehe auch A. Alemanno, Europe's Democracy Challenge: Citizen Participation in and Beyond Elections, German Law Journal 21 (2020), S. 35 (36): »cosmestic at best«.

58 Ähnlich schon der Titel des kleinen Büchleins von Frank-Walter Steinmeier aus dem Jahre 2016: »Europa ist die Lösung«.

59 O. Scholz, Rede des Bundeskanzlers an der Karls-Universität zu Prag, 29. August 2022, S. 7.

60 O. Scholz, Rede des Bundeskanzlers an der Karls-Universität zu Prag, 29. August 2022, S. 9.

61 O. Scholz, Rede des Bundeskanzlers an der Karls-Universität zu Prag, 29. August 2022, S. 10.

62 O. Scholz, Rede des Bundeskanzlers an der Karls-Universität zu Prag, 29. August 2022, S. 10.

63 Er nannte explizit die Staaten des Westbalkans, die Ukraine, Moldau und perspektivisch auch Georgien.

64 O. Scholz, Rede des Bundeskanzlers an der Karls-Universität zu Prag, 29. August 2022, S. 11.

65 O. Scholz, Rede des Bundeskanzlers an der Karls-Universität zu Prag, 29. August 2022, S. 11.

66 Das Sprechen mit einer Stimme nach außer wird also durch das Überstimmen einiger Stimmen im Innern ermöglicht.

67 O. Scholz, Rede des Bundeskanzlers an der Karls-Universität zu Prag, 29. August 2022, S. 12.

68 O. Scholz, Rede des Bundeskanzlers an der Karls-Universität zu Prag, 29. August 2022, S. 13.

69 O. Scholz, Rede des Bundeskanzlers an der Karls-Universität zu Prag, 29. August 2022, S. 14.

70 O. Scholz, Rede des Bundeskanzlers an der Karls-Universität zu Prag, 29. August 2022, S. 20.

71 O. Scholz, Rede des Bundeskanzlers an der Karls-Universität zu Prag, 29. August 2022, S. 22.

72 O. Scholz, Rede des Bundeskanzlers an der Karls-Universität zu Prag, 29. August 2022, S. 24.

73 O. Scholz, Rede des Bundeskanzlers an der Karls-Universität zu Prag, 29. August 2022, S. 25.

74 Zu Recht kritisch auch S. Auer, Calls for unanimity divide Europe, abrufbar unter https://www.politico.eu/

75 Wenig überzeugend daher auch W. Weiß, Zur Zukunft Europas: Plädoyer für eine Vertragsreform, ZRP 2022, S. 162 (163). Vgl. auch J. Schwarze, Der politische Wille bei der europäischen Krisenbewältigung und Verfassungsreform, EuR 2023, 30 (37), der zumindest darauf hinweist, dass es nicht einfach werden wird, die Mitgliedstaaten zur Aufgabe des Einstimmigkeitsprinzips in diesen sensiblen Bereichen zu bewegen.

76 Hier dürfte vermutlich auch das Bundesverfassungsgericht erhebliche Bedenken anmelden.

2. Gute Herrschaft als anerkannte Herrschaft

1 J. Fischer, Vom Staatenbund zur Föderation – Gedanken über die Finalität der europäischen Integration, 2000, S. 2 f. Erneut wird man im Übrigen sagen können: Diese Aussage hätte er in leicht abgewandelter Form auch heute vortragen können.

2 E. Macron, Initiative für Europa, Rede an der Sorbonne, 26. September 2017, S. 4.

3 Vgl. Report of the Franco-German Working Group on EU Institutional Reform, Sailing on High Seas: Reforming and Enlarging the EU for the 21st Century, September 2023, S. 11: »Russia's brutal war on Ukraine, rising tensions within and across regions and the weakening of global order structures have shattered the certainties on which the EU was built.«

4 Siehe auch C. Calliess, Erweiterung und Reform der Europäischen Union, EuZW 2023, S. 781 (781): »Denn die EU befindet sich nun schon seit der Staatschuldenkrise im Euroraum in einem Krisenmodus, der mit der Migrations- und Sicherheitskrise6 im Jahre 2016 in einer »Polykrise« kulminierte, die bis heute anhält, ja sich mit der Corona-Pandemie und dem Krieg in der Ukraine sogar noch verstärkt hat.«

5 In Deutschland wurde allerdings zumindest das auf die »Zeitenwende-Rede« des Bundeskanzlers zurückgehende Sondervermögen zur Ertüchtigung der Bundeswehr in die Verfassung aufgenommen, um dadurch den Vorgaben der sog. Schuldenbremse zu entgehen, vgl. Art. 87a Abs. 1a GG.

6 Vgl. auch L. van Middelaar, Das europäische Pandämonium, 2021, S. 40: »In diesen drei berühmten Wörtern findet der europäische Bewegungsdrang seinen Ausdruck – angetrieben durch eine juristische Praxis der teleologischen Interpretation und gerechtfertigt mit zukunftsorientierten Zielsetzungen in der Präambel und den Gemeinsamen Bestimmungen.«

7 Vgl. C. Mouffe, Agonistik. Die Welt politisch denken, 2014. Dazu auch H. Münkler/G. Straßenberger, Politische Theorie und Ideengeschichte, [2]2020, S. 47 ff.

8 Zur historischen Entwicklung G. Brunn, Die Europäische Einigung, [3]2009.

9 Vgl. auch C. Franzius/U. K. Preuß, Die Zukunft der Europäischen Demokratie, 2012, S. 152: »Aber nicht jedes Problem ist eine Krise, vielfach ist es nur Ausdruck eines demokratischen Prozesses mit allen seinen Schwierigkeiten.«

10 Vgl. bereits A. Voßkuhle, Die Verfassung der Mitte, 2016, S. 7: »Die Krise scheint die neue Normallage der Politik.«

11 Überblick zu diesem bei A. Thiele, Allgemeine Staatslehre, [2]2022, S. 119.

12 A. Przeworski, Krisen der Demokratie, 2021, S. 71.

13 Auch das präsidentielle System der USA ist – wie gerade sehr deutlich wird – auf eine besondere Kooperationsbereitschaft aller Beteiligten angewiesen.

14 Gemeint sind Situationen, in denen die Mehrheit des Parlaments einer anderen politischen Strömung angehört als der Präsident.

15 Vgl. knapp A. Thiele, Allgemeine Staatslehre, [2]2022, S. 232 f.

16 Die Vertrauensfrage ist in Art. 68 GG geregelt. Bei der negativen Vertrauensfrage strebt der Bundeskanzler oder die Bundeskanzlerin in Absprache mit den Regierungsfraktionen an, mit einer solchen zu scheitern, um anschließend mit der Zustimmung des Bundespräsidenten den Weg zu Neuwahlen zu beschreiten.

17 Demokratische Ordnungen sind insofern stets »unvollendete Projekte«, vgl. T. von Rahden, Demokratie, 2019, S. 17.

18 Das zeigt sich interessanterweise auch daran, dass vielen der genaue Inhalt der Verfassungsordnung gar nicht bekannt ist. Die Dinge sind eben, wie sie sind. Zum Konzept der Lebenswelt siehe nur F. Heidenreich, Nachhaltigkeit und Demokratie, 2023, S. 64 ff. Zur historischen Entwicklung R. Welter, Der Begriff der Lebenswelt. Theorien vortheoretischer Erfahrungswelt, 1986.

19 In Deutschland wird angesichts der enormen finanziellen Herausforderungen nicht zuletzt die Zweckmäßigkeit der Schuldenbremse diskutiert (Art. 115 Abs. 2 GG).

20 Vgl. M. Weber, Herrschaft und Gesellschaft, ^{5}1980, S. 122. Siehe auch E. R. Lautsch, Integration durch Recht, 2023, S. 46 ff.

21 J. Habermas, Ein neuer Strukturwandel der Öffentlichkeit und die deliberative Politik, S. 16.

22 Die Bedeutung der Legitimität, verstanden als Akzeptanz der politischen Ordnung, betont auch J. Fischer, Scheitert Europa?, 2014, S. 140 ff. Er geht im Anschluss allerdings gerade nicht darauf ein, wovon eine solche Legitimität abhängt, sondern endet in Bestätigung seiner »Humboldt-Rede« vergleichsweise schnell beim europäischen Bundesstaat, der sich am Schweizer Vorbild orientieren sollte. Warum das legitimitätstheoretisch sinnvoll sein soll, bleibt damit aber notwendigerweise offen. Überblick zum Inhalt des Grundgesetzes bei A. Thiele, Das Grundgesetz. Verständlich erklärt, 2023.

23 M. Nettesheim, Selbstbehauptung der EU durch Schutz des impliziten sozialen Kontrakts, in: U. Di Fabio (Hrsg.), Die Selbstbehauptung Europas, 2022, S. 23 (33).

24 Vgl. T. Meyer, Die Identität Europas, 2004, S. 233: »Politische Identität aber, im Unterschied zur kulturellen, ist für die Zukunft der EU von ausschlaggebender Bedeutung.«

25 Ausführich dazu P. G. Kielmansegg, Volkssouveränität. Eine Untersuchung der Bedingungen demokratischer Legitimität, 1977. Legitimität soziologisch-faktisch zu interpretieren und damit auf die tatsächliche Anerkennung abzustellen ist nicht der einzige Weg Legitimität zu verstehen. Siehe zu anderen Verständnissen *A. Peters*, Elemente einer Theorie der Verfassung Europas, 2001, S. 505 ff.; F. Wapler, Legitimität staatlicher Herrschaft – die rechtswissenschaftliche Perspektive, in: A. Thiele (Hrsg.), Legitimität in unsicheren Zeiten, 2019, S. 39 ff. sowie E. Özmen, Was ist Liberalismus, 2023, S. 87 ff.

26 Wo sich gesellschaftliche Erwartungen verändern, muss die politische Ordnung diese aber aufnehmen, wenn sie ihre Anerkennung mittel- bis langfristig nicht riskieren will. Das kann bedeuten, institutionelle, verfahrensrechtliche, kompetenzielle oder sonstige Anpassungen der Rahmenordnung vorzunehmen, um die gesellschaftlichen Erwartungen und die Ausgestaltung des politischen Systems wieder in Deckung zu bringen. Hier gilt für die Europäische Union nichts anderes als für die Mitgliedstaaten als demokratische Verfassungsstaaten. Wo das nicht gelingt oder bewusst verweigert wird, sind Legitimitätsprobleme programmiert, vgl. erneut J. Habermas, Ein neuer Strukturwandel der Öffentlichkeit und die deliberative Politik, S. 17: »Trumps fatale Aufforderung hätte in der Wut der Bürger, die am 6. Januar 2021 das Kapitol gestürmt haben, kaum das erwünschte Echo gefunden, wenn nicht die politischen Eliten seit Jahrzehnten die legitimen, von der Verfassung gewährleisteten Erwartungen eines erheblichen Teils ihrer Bürger enttäuscht hätten.« Sowie ders., aaO, S. 27: »Das zustimmende Echo, das der Sturm auf das Kapitol unter Trump-Wählern gefunden hat, muss man wohl auch als den expressiven Ausdruck von Wählern verstehen, die seit Jahrzehnten eine politisch folgenreiche und spürbare Wahrnehmung ihrer vernachlässigten Interessen nicht mehr erkennen können.«

27 Vgl. dazu auch E. R. Lautsch, Integration durch Recht, 2023, S. 40 ff.

28 Siehe M. Weber, Herrschaft und Gesellschaft, ^{5}1980, S. 1 ff. Dazu auch E. R. Lautsch, Integration durch Recht, 2023, S. 42 ff.

29 E. R. Lautsch, Integration durch Recht, 2023, S. 41.

30 Typischerweise unterscheidet man das parlamentarische, das präsidentielle und das semipräsidentielle demokratische Regierungssystem. Hinzu kommt das Direktorialsystem, das heute aber nur noch in der Schweiz zu finden ist. Vgl. dazu A. Thiele, Allgemeine Staatslehre, ^{2}2022, S. 113 ff.

31 Nicht zuletzt der häufig angeführte Verweis auf die Schweiz im Hinblick auf die Möglichkeit direkt-demokratischer Elemente erweist sich daher als – vorsichtig gesagt – unterkomplex.

32 Vgl. zum Wahlrecht in Deutschland knapp W. Heun, die Verfassungsordnung der Bundesrepublik Deutschland, 2012, S. 105 ff.

33 Siehe bereits T. Meyer, Die Identität Europas, 2004, S. 67 sowie G. Brunn, Die Europäische Einigung, ^{3}2009, S. 322.

34 So heißt es in der Präambel des Unionsvertrages: »[...] SCHÖPFEND aus dem kulturellen, religiösen und humanistischen Erbe Europas, aus dem sich die unverletzlichen und unveräußerlichen Rechte des Menschen sowie Freiheit, Demokratie, Gleichheit und Rechtsstaatlichkeit als universelle Werte entwickelt haben [...].«

35 Vgl. J. Krüper, Staatlichkeit und Kompetenz: Eine Beziehung im Umbruch, in: H. U. Gumbrecht/R. Scheu (Hrsg.), Zukunft des Staates – Staat der Zukunft, 2021, S. 66 (66). Siehe auch E. Özmen, Was ist Liberalismus, 2023, S. 143: »Die liberale Demokratie gründet auf dem normativen Postulat der gleichen individuellen Freiheit aller Menschen.«

36 Zu dieser Anpassung siehe Kapitel 3.

37 Im demokratischen Verfassungsstaat werden diese drei Elemente durch das Demokratie-, das Rechtsstaats- und das Sozialstaatsprinzip repräsentiert.

38 Überblick zur Frage, was eine Demokratie ausmacht bei W. Merkel, Im Zwielicht, 2023, S. 39 ff.

39 J. Habermas, Ein neuer Strukturwandel der Öffentlichkeit und die deliberative Politik, 2022, S. 27.

40 In einer konstituierten demokratischen Ordnung ist kein Organ souverän, sondern an die Vorgaben der Verfassung gebunden. Das gilt auch für das Volk, dass regelmäßig nur mit zwei Kompetenzen ausgestattet ist: Wahlen und Abstimmungen. Siehe dazu W. Heun, Die Verfassungsordnung der Bundesrepublik Deutschland, 2012, S. 104; *A. Thiele*, Allgemeine Staatslehre, ^{2}2022, S. 133 ff., 205 ff. sowie C. Möllers, Demokratie, in: M. Herdegen/J. Masing/R. Poscher/K. F. Gärditz (Hrsg.), Handbuch des Verfassungsrechts, § 5, Rn. 80: »Für die Figur der Volkssouveränität bleibt entgegen einer verbreiteten Ansicht in Literatur und Rechtsprechung somit wenig Raum.«

41 Art. 20 Abs. 2 GG.

42 Vgl. A. Thiele, Allgemeine Staatslehre, ^{2}2022, S. 220.

43 In Deutschland orientiert sich die Stimmenverteilung im Bundesrat nach Art. 51 Abs. 2 GG zwar an der Größe der Einwohnerzahl der Bundesländer, ist von einer proportionalen Zusammensetzung jedoch weit entfernt, was aus Gleichheitsgründen jedenfalls dann problematisch ist, wenn kleinen Ländern mit anderer politischer Ausrichtung als der Bundestag eine faktische Vetoposition zukommt. Im amerikanischen Senat stellt jeder Bundesstaat unabhängig von der Bevölkerungszahl zwei Senatoren, was Mitte 2022 dazu führte, dass die 50 republikanischen Senatoren 40 Millionen weniger Amerikanerinnen und Amerikaner vertraten als ihre 50 demokratischen Kollegen.

44 Siehe auch C. Franzius/U. K. Preuß, Die Zukunft der Europäischen Demokratie, 2012, S. 102: »Angesichts der Vielfalt der politischen Systeme in den Mitgliedstaaten, sollten wir nicht versuchen, das ›eigene‹ System auf die Union zu projizieren.« Deutlich auch H. Dreier, in: H. Dreier (Hrsg.), Grundgesetz Band II, ^{3}2015, Art. 20 (Demokratie), Rn. 39: »Die geschilderten Besonderheiten verbieten es, due Strukturen und Konzepte nationaler (parlamentarischer oder präsidialer) Demokratien einfach auf die Union zu übertragen [...].«

45 Vgl. A. Thiele, Verlustdemokratie, ^{2}2018, S. 19 ff.

46 Bzw. ihre Verfassungsgerichte, nicht zuletzt das Bundesverfassungsgericht.

47 Vgl. auch J. Masing, Verfassung im internationalen Mehrebenensystem, in: M. Herdegen/J. Masing/R. Poscher/K. F. Gärditz (Hrsg.), Handbuch des Verfassungsrechts, § 2, Rn. 23 f.

48 Vgl. auch J. Habermas, Ein neuer Strukturwandel der Öffentlichkeit und die deliberative Politik, S. 22 f.

49 In diesem Sinne auch C. Franzius/U. K. Preuß, Die Zukunft der Europäischen Demokratie, 2012, S. 35: »Lebendige Demokratie braucht Räume und Foren, in denen über europäische Themen gestritten werden kann. Es geht ihr weniger darum, Politik im Konsens zu formulieren, vielmehr müssen Konflikte institutionalisiert und von den gesellschaftlichen Gruppen ausgetragen und gelebt werden. Nur so ist es möglich, sie zu vergemeinschaften. Eine lebendige Demokratie belebt den Wettstreit zwischen politischen Alternativen und versucht zahlreiche Wege zu finden, wie Bürgerinnen und Bürger an politischen Entscheidungen nicht bloß teilhaben, sondern sich diese auch aneignen können.«

50 Ein allgemeines Plädoyer für die direkte Demokratie findet sich bei G. Lübbe-Wolff, Demophobie, 2023.

51 A. Thiele, Allgemeine Staatslehre, ^{2}2022, S. 152 f.

52 J. Habermas, Ein neuer Strukturwandel der Öffentlichkeit und die deliberative Politik, S. 39 und ausdrücklich S. 67: »Es ist deshalb keine politische Richtungsentscheidung, sondern ein verfassungsrechtliches Gebot, eine Medienstruktur aufrechtzuerhalten, die den inklusiven Charakter der Öffentlichkeit und einen deliberativen Charakter der öffentlichen Meinungs- und Willensbildung ermöglicht.« Dementsprechend ist »Fake News« eine besondere Herausforderung für demokratische Ordnungen, vgl. dazu R. Jaster/D. Lanius, Die Wahrheit schafft sich ab, Ditzingen 2019.

53 P. Cancik, Wahlrecht und Parlamentsrecht als Gelingensbedingungen repräsentativer Demokratie, VVDStRL 72 (2012), S. 268 (280).

54 Hintergrund zu diesem bei A. Thiele, Die lädierte Demokratie, Rechtswissenschaft 13 (2022), S. 1 ff.

55 A. Schäfer/M. Zürn, Die demokratische Regression, S. 20.

56 T. Christiano, The Constitution of Equality, S. 61 f.

57 J.-W. Müller, Freiheit, Gleichheit, Ungewissheit, 2021, S. 115.

58 Zur Meinungsfreiheit etwa BVerfGE 7, 198 (208).

59 Vgl. A. Thiele, Allgemeine Staatslehre, ^{2}2022, S. 108. Siehe generell zur Funktion des Protests auch A. Nassehi, Das große Nein, 2020.

60 Dazu auch A. Thiele, Verfassungsgerichtsexpertokratie? Das Bundesverfassungsgericht im politischen Prozess, INDES 2021–3, S. 89 ff.

61 Vgl. auch A. Voßkuhle, Die Verfassung der Mitte, 2016, S. 47: »Und sicherlich darf eine Verfassung die Eigendynamik des Politischen, die auch von Inszenierungen lebt, nicht im juristischen Regelungsdickicht ersticken [...].«

62 A. Thiele, Der konstituierte Staat, 2021, S. 368.

63 Siehe auch J.-W. Müller, Freiheit, Gleichheit, Ungewissheit, 2021, S. 95 ff, der unter Bezugnahme auf Adam Przeworski von Demokratie als einer Form »institutionalisierter Ungewissheit« spricht (A. Przeworski, Democracy and the Market, 1991). Siehe auch A. Przeworski, Krisen der Demokratie, 2021, S. 221: »Ungewissheit ist stets ein inhärenter Bestandteil der Politik [...].«

64 Vgl. U. Wesel, Der Gang nach Karlsruhe. Das Bundesverfassungsgericht in der Geschichte der Bundesrepublik, 2004.

65 Kritisch dazu bereits A. Thiele, Verlustdemokratie, [2]2018, S. 160 ff.

66 Das Recht kann dadurch als effektiver Diskursbeendiger wirken: Was nicht erlaubt ist, steht nicht mehr zur Debatte, selbst wenn möglicherweise gute Gründe dafür sprechen sollten. Deshalb wurde in der Eurokrise vor allem von den Gegnerinnen und Gegnern vor allem mit der rechtlichen Unzulässigkeit des Vorgehens der EZB argumentiert – ökonomische Zweckmäßigkeit spielt dann keine Rolle mehr. Umgekehrt genügt es zur Verteidigung der EZB nicht, die rechtliche Zulässigkeit vorzutragen. Denn nicht alles was erlaubt ist, muss auch getan werden.

67 BVerfGE 159, 355 ff.

68 Damit ist natürlich nicht gesagt, dass man dieser Entscheidung in jeder dogmatischen Einzelheit folgen muss.

69 BVerfGE 89, 155, Rn. 62.

70 Stellvertretend auch zur weiteren Entwicklung C. Schönberger, Erwiderung: Der introvertierte Rechtsstaat als Krönung der Demokratie, JZ 2010, 1160 ff. Zur Einordnung der Rechtsprechung als Symptom der spätmodernen Individualisierung S. Schönberger, Zumutung Demokratie, 2023, S. 73 ff.

71 Das ist allerdings – zugegeben – eine Konsequenz, die das Bundesverfassungsgericht wohl nicht teilen würde.

72 Vgl. auch A. Pollmann, Menschenreche und Menschenwürde, 2022, S. 16 ff. Man denke in den USA an das »Second Amendment«, also das Recht Waffen zu tragen, das in vielen europäischen Demokratien eher kopfschüttelnd zur Kenntnis genommen wird.

73 Zur Funktion der Grundrechte im demokratischen Verfassungsstaat knapp A. Thiele, Grundgesetz. Verständlich erklärt, S. 61 ff. Zu den europäischen Grundrechten T. Oppermann/C. D. Classen/M. Nettesheim, Europarecht, [9]2021, S. 281 ff. sowie ausführlich U. Haltern, Europarecht, Band II, [3]2017, S. 545 ff.

74 O. Gerstenberg, Bürgerrechte und deliberative Demokratie, 1997, S. 20.

75 Zuletzt wurde das bei den Entscheidungen des Supreme Court zum verdeckten Tragen von Waffen in der Öffentlichkeit und dem Recht auf Abtreibung einer größeren Öffentlichkeit deutlich. Versuche des unlängst ausgeschiedenen Supreme Court Richters Stephen Breyer das zu ändern, konnten sich bisher nicht durchsetzen, vgl. S. Breyer, Making Our Democracy Work, S. 182.

76 Hier liegt denn auch das zentrale Problem der Rechtsprechung zum Abtreibungsrecht in den USA, das den Wertvorstellungen einer Mehrheit der US-Amerikanerinnen und Amerikanern diametral widerspricht.

77 Als Beispiel kann hier das Ehegrundrecht des Art. 6 Abs. 1 GG angeführt werden.

78 BVerfGE 65, 1.

79 BVerfGE 120, 274.

80 Vgl. zu den dogmatischen Voraussetzungen und Grenzen G. Hornung, Grundrechtsinnovationen, 2015.

81 Vgl. dazu A. Thiele, Allgemeine Staatslehre, ^{2}2022, S. 137 ff.

82 Ausführlich W. Heun, Das Mehrheitsprinzip in der Demokratie. Grundlagen, Struktur, Begrenzungen, 1983.

83 D. Willoweit/S. Schlinker, Deutsche Verfassungsgeschichte, ^{8}2019, § 21, Rn. 10.

84 Siehe dazu bereits A. Thiele, Allgemeine Staatslehre, ^{2}2022, S. 160 f.

85 Vgl. etwa § 6 Abs. 3 S. 2 BWahlG, durch den der Südschleswigsche Wählerverband bei Bundestagswahlen von der 5-Prozent-Hürde befreit wird.

86 A. Thiele, Gleichheit angesichts von Vielfalt im philosophischen und rechtswissenschaftlichen Diskurs, DVBl. 2018, S. 1112 ff.

87 Vgl. Art. 140 GG iVm Art. 137 Abs. 3 WRV.

88 Zutreffend H. Hofmann, Perspektiven einer Staatsmodernisierung, ZG 37 (2022), 249 (249): »Das übergeordnete Ziel jeder Mehrebenen-Staatlichkeit ist eine aufgabengerechte Staatsorganisation mit klaren Verantwortlichkeiten.«

89 G. Hermes, in: H. Dreier, Grundgesetz, Band III, ^{3}2018, Art. 83, Rn. 3.

90 Siehe auch H. Hofmann, Perspektiven einer Staatsmodernisierung, ZG 37 (2022), S. 249 (251).

91 Symptomatisch dafür steht der im Jahr 2017 eingeführte Art. 104c GG, der es dem Bund ermöglicht, den Ländern »Finanzhilfen für gesamtstaatlich bedeutsame Investitionen« im Bereich der »Bildungsinfrastruktur« zu gewähren. Hintergrund bildete der in der Öffentlichkeit lautstark diskutierte Sanierungs- und Modernisierungsbedarf im Schulbereich, der auf die finanziell stark angespannte Situation nicht weniger Kommunen zurückzuführen war.

92 Ich selbst habe sie als »Fremdkörper im System des bundesstaatlichen Finanzausgleichs« bezeichnet, der das fein austarierte Gesamtsystem empfindlich stört, vgl. A. Thiele, in: H. Dreier (Hrsg.), Grundgesetz, Band III, ^{3}2018, Art. 104c, Rn. 5, 10.

93 Siehe bereits Vgl. auch C. Franzius/U. K. Preuß, Die Zukunft der Europäischen Demokratie, 2012, S. 153: »So sind in Deutschland die unklaren bundesstaatlichen Verantwortungszusammenhänge seit langem bekannt, werden aber klaglos hingenommen.«

94 Die Länder können behaupten, dass der Bund nicht ausreichend finanzielle Mittel zur Verfügung gestellt hat, der Bund wird darauf verweisen, dass mit den ausreichenden Mitteln nicht angemessen umgegangen wurde.

95 A. Thiele, Finanzaufsicht, 2014, S. 242 f.

96 D. Grimm, Die Historiker und die Verfassung, 2022, S. 90.

97 D. Grimm, Die Historiker und die Verfassung, 2022, S. 90.

98 Vgl. etwa Art. 19 Abs. 4 GG sowie Art. 19 EUV.

99 In der Coronapandemie haben sich die Schwierigkeiten offenbart, wenn es darum geht, das richtige Maß an rechtlicher Kontrolle und politischem Spielraum zu finden. Gerichte müssen auf sich ständig verändernde Erwartungen der Bevölkerung reagieren. Auch die gerichtliche Kontrolldichte hängt insofern von den gesellschaftlichen Umständen ab und ist zeitgeprägt, jedenfalls aber kontextabhängig – ein Aspekt, der in der deutschen Staatsrechtswissenschaft aktuell stark debattiert wird. Dazu O. Lepsius, Kontextualisierung als Aufgabe der Rechtswissenschaft, JZ 2019, S. 793 ff.

100 Dazu im Überblick A. Thiele, Allgemeine Staatslehre, ^{2}2022, S. 90 ff. Ausführlich D. Loick, Anarchismus, Anarchismus zur Einführung, ^{3}2021.

101 Zur Bedeutung dieses Erfordernisses für die Funktionsfähigkeit demokratischer Herrschaftsordnungen auch J. Habermas, Ein neuer Strukturwandel der Öffentlichkeit und die deliberative Politik, S. 32 ff. Siehe auch *A. Thiele*, Allgemeine Staatslehre, ^{2}2022, S. 182 ff.

sowie ders., Gleichheit angesichts von Vielfalt im philosophischen und rechtswissenschaftlichen Diskurs, DVBl. 2018, 1112 ff.

102 Gleiches gilt für entsprechende Auseinandersetzungen innerhalb der EU, vgl. D. Schwarzer, Final Call, S. 187: »Niemand erwartet mehr einen Krieg unter den Mitgliedstaaten.«

103 Vgl. auch C. Franzius/U. K. Preuß, Die Zukunft der Europäischen Demokratie, 2012, S. 16: »Die erste ist, dass – jedenfalls im Falle der EU – die internationale Verflechtung selbstgewählt ist; dieser Entscheidung liegt die Erwartung von Vorteilen für die eigene wirtschaftliche Leistungsfähigkeit, militärische Sicherheit oder politisch-strategische Positionsverbesserung zugrunde.«

104 Siehe auch M. Nettesheim, Selbstbehauptung der EU durch Schutz des impliziten sozialen Kontrakts, in: U. Di Fabio (Hrsg.), Die Selbstbehauptung Europas, 2022, S. 23 (29): »Der Hinweis auf die friedenssichernde Funktion der EU wird gerade bei Jüngeren wenig Wirkung entfalten.«

105 D. Schwarzer, Final Call, 2021, S. 187.

106 Wenig überzeugend daher C. Franzius/U. K. Preuß, Die Zukunft der Europäischen Demokratie, 2012, S. 82: »Es gibt keine Politikfelder, die aus sachlichen Gründen der europäischen Ebene per se entzogen bleiben müssten. Was heute noch sinnvollerweise in der Hand der Mitgliedstaaten ist, kann schon bald eine europäische Aufgabe sein, deren Nichterfüllung die Legitimität der Union im Ganzen schwächt.«

3. Zur Legitimität der Europäischen Union

1 Wenig überzeugend daher D. Grimm, Europa ja – aber welches?, S. 29: »Dass die Europäische Union an mangelnder Akzeptanz bei den Unionsbürgern leidet wird nicht bestritten. Ebenso wenig wird bestritten, dass die Akzeptanzschwäche das Integrationsprojekt gefährdet.« Durch eine Fußnote wird diese Behauptung Grimms nicht belegt, sie wird offenkundig als unumstritten vorausgesetzt. Überzogen (und erneut nicht durch Umfragen belegt) daher aus meiner Sicht auch H. Kaelble, Der verkannte Bürger, 2019, S. 55.

2 Eurobarometer, September 2022.

3 EP_Spring_2022_EB041EP.

4 Universität Hohenheim, Rechtspopulismus, Verschwörungs-Erzählungen, Demokratiezufriedenheit und Institutionenvertrauen in Deutschland, 2023, S. 31. Im Jahr 2022 hatte der Zufriedenheitsanteil danach noch bei 57 Prozent gelegen.

5 Bertelsmann Stiftung (Hrsg.), Demokratie und Rechtsstaatlichkeit in der Europäischen Union, 2021, S. 11.

6 Bertelsmann Stiftung (Hrsg.), Demokratie und Rechtsstaatlichkeit in der Europäischen Union, 2021, S. 11.

7 Überblick zu den Erwartungen der Unionsbürgerinnen und -bürger an die Europäische Union bei H. Kaelble, Der verkannte Bürger, 2019, S. 81 ff.

8 Siehe etwa J. Kersten, Das ökologische Grundgesetz, 2022. Darin schlägt Jens Kersten umfangreiche Modifikationen und Ergänzungen des Grundgesetzes vor, um die notwendige ökologische Transformation verfassungsrechtlich abzusichern bzw.bzw. möglich zu machen.

9 Es geht insofern auch nicht um eine Abschaffung der Mitgliedstaaten und deren Aufgehen in einem Superstaat Europäische Union. Vgl. bereits T. Meyer, Die Identität Europas, 2004,

S. 67: »Auf den Nationalstaat hat es in den zurückliegenden Jahren nur Abgesänge gehagelt. Dabei wird er, wie seriöse Analysen schnell deutlich werden lassen, in jeder absehbaren künftigen Weltordnung und gleichermaßen in jeder denkbaren Variante der EU-›Finalität‹, seinen erstrangigen Platz sicher behaupten, zum Beispiel auch als der treuhänderischer Vollstrecker global entschiedener Politik.«

10 BVerfGE 123, 267, Rn. 284.

11 Vgl. Art. 14 Abs. 2 EUV.

12 BVerfGE 123, 267, Rn. 278.

13 BVerfGE 123, 267, Rn. 289.

14 Vgl. D. Grimm, Noch unentbehrlich: Wie der Staat sich wandelt, in: H. U. Gumbrecht/R. Scheu (Hrsg.), Zukunft des Staates – Staat der Zukunft, 2021, S. 17 (23): Das demokratische Legitimationsniveau, das im Staat immerhin möglich ist, lässt sich auf der internationalen Ebene nicht erreichen.« Dazu auch D. Rodrik, The Globalization Paradox, 2011, S. 184 ff. Zwischen Demokratie und wirtschaftlicher Integration von Nationalstaaten besteht danach ein nicht zu vermeidender Trade-Off. Siehe auch ders., aaO, S. xix: »The great diversity that marks our current world renders hyperglobalization incompatible with democracy.«

15 Siehe auch A. Thiele, Verlustdemokratie, [2]2018, S. 18 ff.

16 Vgl. auch D. Jörke, Die Größe der Demokratie, 2019, S. 141 sowie aaO, S. 181: »Zumindest auf absehbare Zeit führt daher kein Weg an der Erkenntnis vorbei, dass eine Demokratisierung des supranationalen Regierens nicht möglich ist, von der globalen Ebene ganz zu schweigen.«

17 Dass der rein nationale Maßstab hier eher verfehlt erscheint, ist oben bereits angesprochen worden. Wie hier auch H. Dreier, in: H. Dreier (Hrsg.), Grundgesetz Band II, [3]2015, Art. 20 (Demokratie), Rn. 39. Siehe auch *M. Nettesheim*, Demokratisierung der Europäischen Union und Europäisierung der Demokratietheorie – Wechselwirkungen bei der Herausbildung eines europäischen Demokratieprinzips, in: H. Bauer/P. M. Huber/K.-P. Sommermann (Hrsg.), Demokratie in Europa, 2005, S. 143 ff.

18 Analyse aus historischer Perspektive zum Einfluss der Unionsbürgerinnen und -bürger auf die Entscheidungen der Europäischen Union bei H. Kaelble, Der verkannte Bürger, 2019, S. 113 ff.

19 Vgl. H. Dreier, in: H. Dreier (Hrsg.), Grundgesetz Band II, [3]2015, Art. 20 (Demokratie), Rn. 41.

20 Für die Wahl selbst finden sich vor allem im europäischen Direktwahlakt gewisse einheitliche Vorgaben. Zur Frage der Zulässigkeit einer nationalen Sperrklausel H. Sauer, Unions- und verfassungsrechtliche Fragen einer Sperrklausel bei der Wahl zum Europäischen Parlament, EuZW 2023, S. 792 ff.

21 Vgl. Art. 11 EUV. Überblick zu den demokratischen Elementen des Lissabon-Vertrages bei C. Franzius/U. K. Preuß, Die Zukunft der Europäischen Demokratie, S. 18 ff.

22 Vgl. auch J. Masing, Verfassung im internationalen Mehrebenensystem, in: M. Herdegen/J. Masing/R. Poscher/K. F. Gärditz (Hrsg.), Handbuch des Verfassungsrechts, § 2, Rn. 193, der von der Europäischen Union als dem politisch weitgehendsten und produktivsten Versuch spricht, übernationale Legitimationsstrukturen zu etablieren.

23 Zwar ist es richtig, dass diese Ungleichheiten in Bundesstaaten meist nur die zweite Kammer und nicht (wie in der Europäischen Union) die erste Kammer – also das direkt gewählte Parlament – betreffen. Im Hinblick auf das endgültige Legitimitätsniveau wird man diese aber richtigerweise nicht getrennt voneinander betrachten können – es kommt auf die Verwirklichung der politischen Gleichheit im *gesamten* Gesetzgebungsverfahren an.

Wenn ein Gesetzgebungsprojekt beispielhaft faktisch am Veto des kleinen Saarlands scheitert ist das jedenfalls demokratietheoretisch gewiss nicht unproblematisch. Dazu auch J. Masing, Verfassung im internationalen Mehrebenensystem, in: M. Herdegen/J. Masing/R. Poscher/K. F. Gärditz (Hrsg.), Handbuch des Verfassungsrechts, § 2, Rn. 19 ff.

24 Wenig überzeugend insoweit M. Bartl, Hayek Upside-Down: On the Democratic Effects of Transnational Lists, German Law Journal 21 (2020), S. 57 ff.

25 Symptomatisch G. Verhofstadt, Die Vereinigten Staaten von Europa, 2006, S. 44 ff. und 80 ff., der sich explizit die US-amerikanische Entwicklung zum Vorbild nimmt.

26 Vgl. dazu T. Bauer, Die Vereindeutigung der Welt. Über den Verlust an Mehrdeutigkeit und Vielfalt, 2018.

27 So wohl auch C. Franzius/U. K. Preuß, Die Zukunft der Europäischen Demokratie, 2012, S. 102. Der Report of the Franco-German Working Group on EU Institutional Reform, Sailing on High Seas: Reforming and Enlarging the EU in the 21st Century, September 2023, S. 27 f. spricht sich zumindest dafür aus, dass sich Parlament und Europäischer Rat vor der Europawahl (idealerwiese bis Ende 2023) interinstitutionell auf ein Verfahren einigen.

28 Die Rolle der Kommission entspricht allerdings nur bedingt derjenigen einer nationalen Exekutive.

29 Siehe auch C. Calliess, Erweiterung und Reform der Europäischen Union, EuZW 2023, S. 781 (783).

30 Nach Art. 17 Abs. 7 EUV wird der Kandidat oder die Kandidatin für die Kommissionsspitze von den Staats- und Regierungschefs unter Berücksichtigung des Ergebnisses der Wahlen zum Europäischen Parlament vorgeschlagen und muss anschließend vom Europäischen Parlament bestätigt werden. Im Jahr 2014 gelang es dem Parlament sich gegen die Staats- und Regierungschefs durchzusetzen, im Jahr 2019 wurde mit Ursula von der Leyen hingegen auch aufgrund der Uneinigkeit innerhalb des Parlaments eine Person Kommissionspräsidentin, die nicht zu der Gruppe der Spitzenkandidatinnen und -kandidaten gehört hatte.

31 Für ein Initiativrecht wohl auch P. M. Huber, Der EuGH braucht Kontrolle, S. 22 sowie W. Weiß, Zur Zukunft Europas: Plädoyer für eine Vertragsreform, ZRP 2022, S. 162 (163). Siehe auch C. Franzius/U. K. Preuß, Die Zukunft der Europäischen Demokratie, 2012, S. 133 ff. mit ausführlicher Diskussion des Für und Wider.

32 Siehe zuletzt J. Habermas, Ein neuer Strukturwandel der Öffentlichkeit und die deliberative Politik, 2022, S. 38 ff.

33 Vgl. D. Grimm, Europa ja – aber welches?, S. 42 f. Siehe auch C. Franzius/U. K. Preuß, Die Zukunft der Europäischen Demokratie, 2012, S. 55.

34 Zu optimistisch daher H. Prantl, Trotz alledem!, ^{3}2019, S. 55 ff.

35 H. M. Enzensberger, Sanftes Monster Brüssel oder die Entmündigung Europas, 2011, S. 12.

36 Dazu B. Anderson, Die Erfindung der Nation, 1998, S. 27 ff.

37 Siehe auch C. Offe, Europa in der Falle, 2016, S. 103: »Die EU und ihre weitere Integration mobilisieren kein politisches Handlungspotenzial, fördern kein Engagement und vermitteln keine Vorstellung von einem ›Projekt‹, das auf einem weithin geteilten Gefühl gemeinsamer ›Identität‹ und den aus empfundener Zusammengehörigkeit abgeleiteten und anerkannten Solidaritätspflichten beruht.«

38 J. Habermas, Der gespaltene Westen, 2004, S. 81.

39 J. Habermas, Die Krise der Europäischen Union im Lichte der Konstitutionalisierung des Völkerrechts, in: ders. (Hrsg.), Zur Verfassung Europas, 2011, S. 39 (77 f.).

40 Einige europäische Institutionen – etwa die EZB – veröffentlichen in unregelmäßigen Abständen bereits Gastbeiträge in verschiedenen Zeitungen, die zur gleichen Zeit in unterschiedlichen Mitgliedstaaten erscheinen.

41 Einige (private) Medien übersetzen bereits einige grundlegende Artikel ins Englische. Das ist ein erster Schritt, wird der Sprachenvielfalt innerhalb der Europäischen Union aber nicht gerecht.

42 Siehe auch D. Jörke, Die Größe der Demokratie, 2019, S. 111 ff.

43 F. W. Scharpf, Regieren in Europa, 1999; ders., Towards a More Democratic Europe: De-Constutitionalization and Majority Rule, ZSE 15 (2017), S. 84 ff.

44 Gemeint ist die Möglichkeit der politischen Instanzen, Recht und deren Auslegung durch den EuGH durch neue Rechtsetzung zu ändern.

45 D. Grimm, Europa ja, aber welches?, S. 40.

46 Ähnlich mit anderer Begründung C. Offe, Europa in der Falle, 2016, S. 27: »Der EU-weite Markt ist damit zwar nicht dereguliert, aber der Modus der Regulierung ist entpolitisiert, d.h. gegen demokratische Interventionen nationalstaatlicher Politik abgeschirmt.«

47 BVerfGE 4, 7; 50, 290. Dazu M. Ludwigs, Wirtschafts- und Währungsverfassung, in: W. Kahl/M. Ludwigs, Handbuch des Verwaltungsrechts, Band III, 2022, § 85, Rn. 7 ff. Allerdings gilt diese Neutralität nur im Rahmen der sonstigen Vorgaben des Grundgesetzes, insbesondere der Grundrechte. Damit wäre weder eine rein sozialistische noch eine marktradikale Wirtschaftsordnung vereinbar. Dieser verfassungsrechtliche Rahmen lässt den politischen Instanzen gleichwohl einen großen Spielraum. Dieser Befund gilt im Übrigen für die meisten demokratischen Verfassungen, vgl. B. Bugaric, The neo-liberal bias of the EU constitutional order: a critical analysis, in: M. V. Tushnet./D. Kochenov (Hrsg.), Research Handbook on the Politics of Constitutional Law, 2023, S. 386 (406).

48 Generell kritisch zum damit verknüpften Wettbewerbsgedanken P. Kaczmarczyk, Kampf der Nationen, 2022, S. 12 ff.

49 Sehr kritisch insoweit H. Prantl, Trotz alledem!, [3]2019, S. 62.

50 Die genaue Bedeutung des Begriffs »neoliberal« ist umstritten, muss für unsere Zwecke jedoch nicht näher erläutert werden. Ausführlich T. Biebricher, Die politische Theorie des Neoliberalismus, S. 2021.

51 Vgl. S. Auer, European Disunion, 2022, S. 33: »This is the core premise of ordoliberalism, which became influential first in West Germany after the Second World War, and later via the Maastricht Treaty in Europe at large. In fact ordoliberalism has become the EU's de facto law of the land.« Zu den Konsequenzen auch M. J. Sandel, Das Unbehagen in der Demokratie, 2023.

52 B. Bugaric, The neo-liberal bias of the EU constitutional order: a critical analysis, in: M. V. Tushnet./D. Kochenov (Hrsg.), Research Handbook on the Politics of Constitutional Law, 2023, S. 386 ff.

53 B. Bugaric, The neo-liberal bias of the EU constitutional order: a critical analysis, in: M. V. Tushnet./D. Kochenov (Hrsg.), Research Handbook on the Politics of Constitutional Law, 2023, S. 386 (387). Noch schärfer M. A. Wilkinson, Authoritarian Liberalism and the Transformation of Modern Europe, 2021.

54 M. V. Tushnet/D. Kochenov, Introduction to the Research Handbook on the Politics of Constitutional Law, in: dies. (Hrsg.), Research Handbook on the Politics of Constitutional Law, 2023, S. 1 ff. (Manuskript).

55 Insofern zu optimistisch im Hinblick auf die Flexibilität der europäischen Ordnung B. Bugaric, The neo-liberal bias of the EU constitutional order: a critical analysis, in: M. V. Tushnet./D. Kochenov (Hrsg.), Research Handbook on the Politics of Constitutional Law, 2023, S. 386 (387). Gerade die von ihm genannten Bereiche erweisen sich sowohl aus juristischer als auch aus legitimationstheoretischer Perspektive als nicht unproblematisch.

56 Aktuell diskutiert etwa die Europäische Zentralbank darüber, ob und wie sie ggf. zur Bekämpfung des Klimawandels beitragen kann. Ein explizites Mandat dazu hat sie nicht, stattdessen wird untersucht, wie sich der Schutz des Klimas möglicherweise in ihr primäres und sekundäres Mandat integrieren lässt. Das wirft zwangsläufig erhebliche Fragen auf, die aufgrund ihrer unabhängigen Stellung nicht zuletzt ihre demokratische Legitimation für ein solches Vorgehen betreffen. Auch die Kommission ist in der Krise immer wieder an die Grenzen ihrer Befugnisse gegangen.

57 Es geht um die Warenverkehrsfreiheit, die Arbeitnehmerfreizügigkeit, die Niederlassungsfreiheit und die Freiheit des Kapital- und Zahlungsverkehrs. Überblick zu diesen bei A. Thiele, Europarecht, [18]2022, S. 208 ff.

58 Dogmatisch wurden die Grundfreiheiten damit von Gleichheits- zu Freiheitsrechten transformiert. Zu den Unterschieden siehe im Überblick A. Thiele, Europarecht, [18]2022, S. 212 ff.

59 Ähnlich P. M. Huber, Der EuGH braucht Kontrolle, S. 21 f. Siehe auch B. Bugaric, The neo-liberal bias of the EU constitutional order: a critical analysis, in: M. V. Tushnet./D. Kochenov (Hrsg.), Research Handbook on the Politics of Constitutional Law, 2023, S. 386 (390 ff.).

60 Siehe auch C. Offe, Europa in der Fall, 2016, S. 163, W. Streeck, Gekaufte Zeit, 2013, S. 150 sowie B. Bugaric, The neo-liberal bias of the EU constitutional order: a critical analysis, in: M. V. Tushnet./D. Kochenov (Hrsg.), Research Handbook on the Politics of Constitutional Law, 2023, S. 386 (392).

61 D. Grimm, Europa ja – aber welches?, S. 109.

62 Ausführlich zur Rolle von Verfassungsgerichten in Konstitutionalisierungsprozessen S. Müller-Mall, Verfassende Urteile, 2023.

63 B. Bugaric, The neo-liberal bias of the EU constitutional order: a critical analysis, in: M. V. Tushnet./D. Kochenov (Hrsg.), Research Handbook on the Politics of Constitutional Law, 2023, S. 386 (391 f.): »Here, the market or internal market is constructed as a non-political structure which exists in a certain ›natural‹ form where public regulation (in the form of social rights) only ex post facto changes the character of such a ›natural entity‹.«

64 Siehe auch C. Franzius/U. K. Preuß, Die Zukunft der Europäischen Demokratie, 2012, S. 101.

65 B. Rittberger, Die Europäische Union, 2021, S. 122.

66 Vgl. dazu auch Art. 4 Abs. 2 EUV, der allerdings von nationaler Identität spricht.

67 Vgl. auch C. Offe, Europa in der Falle, 2016, S. 156 ff.

68 D. Grimm, Europa ja – aber welches?, S. 119 f.

69 C. König, Zum Verfassungsrang der europäischen Grundfreiheiten und des europäischen Wettbewerbsrechts, EuR 2022, S. 48 (62 ff.).

70 Siehe Art. 15 GrCH.

71 Vgl. auch explizit zum europäischen Binnenmarkt C. Offe, Europa in der Falle, 2016, S. 21: »Kapitalistische Marktwirtschaften sind das Resultat eines erfolgreichen politischen Projekts einer (›kapitalistischen‹) Staatsgewalt und der sie tragenden sozialen Kräfte.«

72 Siehe etwa zu einer Kritik am »neoliberalen« Modell seit den 1980er Jahren P. Kaczmarczyk, Raus aus dem Ego-Kapitalismus, 2023.

73 Vgl. auch A. Reckwitz, Das Ende der Illusionen, 2019, S. 239 ff.

74 Siehe dazu auch A. Thiele, Allgemeine Staatslehre, [2]2022, S. 186 ff.

75 Vgl. für die EU auch T. Biebricher, Die politische Theorie des Neoliberalismus, 2021, S. 233 f.: »Aufbau und Struktur der EU ähneln – in gewisser, noch zu spezifizierender Weise – den Entwürfen, die vor allem, wenn auch nicht ausschließlich von neoliberalen Denkern, und hier insbesondere Walter Eucken, entwickelt wurden.«

76 W. Streeck, Gekaufte Zeit, 2013, S. 28, spricht insoweit von der »Entdemokratisierung der Kapitalismus vermittels Entökonomisierung der Demokratie.«

77 M. Herdegen, Price Stability and Budgetary Restraints in the Economic and Monetary Union, Common Market Law Review 35 (1998), S. 9 (9).

78 W. Streeck, Gekaufte Zeit, 2013, S. 96.

79 C. König, Zum Verfassungsrang der europäischen Grundfreiheiten und des europäischen Wettbewerbsrechts, EuR 2022, S. 48 (58).

80 Vgl. erneut B. Bugaric, The neo-liberal bias of the EU constitutional order: a critical analysis, in: M. V. Tushnet./D. Kochenov (Hrsg.), Research Handbook on the Politics of Constitutional Law, 2023, S. 386 (406): »While constitutions impose certain limits on legislative politics, primarily through the protection of constitutional rights, it can hardly be argued that, across the board, they privilege one or another political ideology.«

81 B. Bugaric, The neo-liberal bias of the EU constitutional order: a critical analysis, in: M. V. Tushnet./D. Kochenov (Hrsg.), Research Handbook on the Politics of Constitutional Law, 2023, S. 386 (406).

82 C. Franzius/U. K. Preuß, Die Zukunft der Europäischen Demokratie, 2012, S. 76.

83 J. E. Fossum/A. J. Menéndez, The Constitution's Gift: A Constitutional Theory for a Democratic European Union, 2011, S. 224 (zitiert nach C. Offe, Europa in der Falle, 2016, S. 164).

84 Siehe auch C. Franzius/U. K. Preuß, Die Zukunft der Europäischen Demokratie, 2012, S. 103: Es geht um eine Kopplung der politischen Auseinandersetzungen an die Verantwortlichkeit der Entscheidungsträgerinnen und -träger.

85 Es handelte sich um die Europäische Gemeinschaft für Kohle und Stahl (1952), die Europäische Wirtschaftsgemeinschaft (1958) und die Europäische Atomgemeinschaft (1958).

86 U. Di Fabio, Europaverfassungsrecht aus Karlsruhe, AöR 148 (2023), S. 50 (51). Siehe auch T. Vesting, Staatstheorie, 2018, Rn. 348.

87 EuGH, Rs. 26/62 (van Gend & Loos) und Rs. 6/64 (Costa/ENEL).

88 Siehe zur Rolle des EuGH auch J. Basedow, Der Beitrag des EuGH zur Europäischen Integration, EuZW 2022, S. 1146 ff.

89 Siehe insbesondere EuGH Rs. 11/70 (Internationale Handelsgesellschaft).

90 BVerfGE 37, 271 – Leitsatz.

91 Vgl. zur Entwicklung auch C. Calliess, Europäischer Grundrechtsschutz durch den EuGH – Rückblick und Ausblick, EuZW 2022, S. 1159 ff.

92 BVerfGE 73, 339 – 2. Leitsatz.

93 Vgl. Art 6 Abs. 1 EUV. Dass die Grundrechtecharta nicht formal in die Verträge integriert wurde, sondern lediglich über einen Verweis Rechtsverbindlichkeit erlangt, hängt mit Bedenken einiger Mitgliedstaaten vor einer zu großen Staatsanalogie zusammen. Aus rechtlicher Sicht macht das allerdings keinen Unterschied zumal explizit festgestellt wird, dass die Grundrechtecharta zum Primärrecht gehört, also den gleichen Rang wie die beiden Verträge aufweist. Zu jüngeren Entwicklungen auch J. Masing/M. Jestaedt/D. Capitant/A. Le

Divellec (Hrsg.), Strukturfragen des Grundrechtsschutzes in Europa, 2015. Zur Anwendung der europäischen Grundrechte in den Mitgliedstaaten S. Gourdet, Europäischer Grundrechtsschutz, 2021.

94 Siehe dazu zuletzt P. M. Huber, Der EuGH braucht Kontrolle, 2022. Ausführliche Analyse zum »EuGH in der Kritik« bei U. Haltern, Europarecht, Band II, ^{3}2017, S. 27 ff.

95 Vgl. Art. 5 Abs. 2 EUV. Knapp dazu T. Oppermann/C. D. Classen/M. Nettesheim, Europarecht, ^{9}2021, § 11, Rn. 3 ff. Die Mitgliedstaaten werden auch deshalb als »Herren der Verträge« bezeichnet.

96 R. Herzog/L. Gerken, Stoppt den Europäischen Gerichtshof, FAZ vom 8.9.2008.

97 P. M. Huber, Der EuGH braucht Kontrolle, 2022, S. 41; ders., Strukturen in der nationalen und europäischen Verfassung, AöR 148 (2023), S. 24 (41 ff.).

98 BVerfGE 89, 155 (Leitsatz 5). Siehe zuletzt auch P. M. Huber, Der EuGH braucht Kontrolle, S. 30 ff. Generell zu den (notwendigen) Vorbehalten auch A. Thiele, Die Integrationsidentität des Art. 23 Abs. 1 GG als (einzige) Grenze des Vorrangs des Europarechts, EuR 2017, 367 ff. Zu aktuellen Entwicklungen D. Preßlein, Der absolute Anwendungsvorrang des Unionsrechts als Garantie der Gleichheit der Mitgliedstaaten in der Europäischen Union?, EuR 2022, S. 688 ff. Generell kritisch jetzt allerdings C. D. Classen, Der nationale Rechtsanwendungsbefehl für das Unionsrecht – eine dogmatisch verfehlte Konstruktion mit praktisch verfehlten Konsequenzen, EuR 2023, 4 ff.

99 Vgl. auch W. Weiß, Zur Zukunft Europas: Plädoyer für eine Vertragsreform, ZRP 2022, S. 162 (163).

100 Ausführlich zur Entwicklung der europäischen Haftung, A. Thiele, Europäisches Haftungsrecht, in: J.-P. Terhechte (Hrsg.), Verwaltungsrecht der Europäischen Union, ^{2}2022, § 40.

101 Vgl. F. Ossenbühl, DVBl. 1992, S. 993 ff.; T. von Danwitz, Zur Entwicklung der gemeinschaftsrechtlichen Staatshaftung, JZ 1994, S. 335. Siehe auch J. Saurer, Der Einzelne im europäischen Verwaltungsrecht, 2014, S. 386: »Im Bereich der staatlichen Ersatzleistungen hat die Europäisierung des mitgliedstaatlichen Verwaltungsrechts einen besonders stürmischen Verlauf genommen.«

102 Siehe auch D. Grimm, Die Bedeutung nationaler Verfassungen in einem vereinten Europa, in: ders. (Hrsg.), Die Zukunft der Verfassung II, 2012, S. 92 (106); A. Voßkuhle, Europäische Rechtsgemeinschaft – Konzept und praktische Umsetzung, in: W. Kahl/M. Ludwigs (Hrsg.), Handbuch des Verwaltungsrechts, Band III, 2022, § 59, Rn. 26.

103 Vgl. R. Streinz, Der EuGH im Prozess der Europäischen Integration, AöR 135 (2010), S. 1 (5).

104 R. Streinz, Der EuGH im Prozess der Europäischen Integration, AöR 135 (2010), S. 1 (5 f.).

105 Siehe R. Streinz, Der EuGH im Prozess der Europäischen Integration, AöR 135 (2010), S. 1 (27).

106 Beispiele aus jüngerer Zeit: Anwendungsbereich der Grundrechtecharta. Allerdings: Auch beim Bundesverfassungsgericht finden sich immer wieder solchermaßen hoch umstrittenen Entscheidungen.

107 Vgl. C. D. Classen, Der nationale Rechtsanwendungsbefehl für das Unionsrecht – eine dogmatisch verfehlte Konstruktion mit praktisch verfehlten Konsequenzen, EuR 2023, 4 (22): »Das von mehreren früheren Verfassungsrichtern vorgebrachte Argument, der Gerichtshof habe eine Agenda, beruht schlicht auf einer Unterstellung.«

108 Bedenkenswert erscheint allerdings der Vorschlag Peter Michael Hubers, zukünftig beim EuGH Sondervoten zuzulassen, vgl. P. M. Huber, Der EuGH braucht Kontrolle, S. 28: »Vor

diesem Hintergrund könnte etwa die Einführung von Sondervoten für mehr Akzeptanz des Unionsrechts sorgen und differenziertere Problemlösungen aufzeigen.« Die Entscheidungen erschienen dann weniger monolithisch und brächten zum Ausdruck, dass auch die Auslegung des Europarechts nicht frei von Meinungsverschiedenheiten ist.

109 BVerfGE 126, 286 – Leitsatz 1.

110 BVerfGE 126, 286, Rn. 66.

111 Vgl. A. Thiele, VB vom Blatt: Das BVerfG und die Büchse der ultra-vires-Pandora, abrufbar unter VB vom Blatt: Das BVerfG und die Büchse der ultra-vires-Pandora – Verfassungsblog. Siehe auch A. Lang, Das »Kooperationsverhältnis« zwischen Bundesverfassungsgericht und Europäischem Gerichtshof nach dem PSPP-Urteil, Der Staat 60 (2021), S. 99 ff.

112 BVerfG, Urteil vom 6. Dezember 2022, 2 BvR 547/21 & 798/21.

113 Vgl. auch A. Peters, Elemente einer Theorie der Verfassung Europas, 2001, S. 74 f. (»Prototyp einer dynamischen Verfassung«).

114 Vgl. auch P. M. Huber, Der EuGH braucht Kontrolle, S. 21.

115 Die ausschließlichen Zuständigkeiten der Europäischen Union finden sich in Art. 3 AEUV und umfassen danach die Zollunion, die Festlegung der für den Binnenmarkt erforderlichen Wettbewerbsregeln, die Währungspolitik für die Eurostaaten, die Erhaltung der biologischen Meeresschätze im Rahmen der gemeinsamen Fischereipolitik und die gemeinsame Handelspolitik.

116 D. Grimm, Europa ja – aber welches?, S. 84.

117 Vgl. Art. 72, 74 GG.

118 Siehe bereits A. Thiele, Der konstituierte Staat, 2021, S. 379.

119 Vgl. auch L. van Middelaar, Das europäische Pandämonium, 2021, S. 40.

120 Vgl. auch C. D. Classen, Zur offenen Finalität der europäischen Integration, in: EnzEuR Bd 1, [1]2014, § 35, Rn. 2; C. Calliess, Staatsrecht III, [4]2022, § 5, Rn. 1 f.; J. P. Terhechte, Die Einheit des Unionsrechts und die Idee eines europäischen Verfassungsrechts – Relâche? Pas du tout!, in: I. Augsberg (Hrsg.), Der Staat der Netzwerkgesellschaft, 2023, S. 159 (165).

121 Siehe auch U. Haltern, Europarecht, Band II, [3]2017, S. 36: »Vielmehr ist die herausragende Rolle des EuGH die logische und vielleicht auch gewollte Konsequenz der Anlage des Vertrages.«

122 Verfassungen enthalten in der Regel keine Norm, die zu einer zusätzlichen Verdichtung des mit ihr erreichten Integrationsstandes auffordert. Dadurch wird der Status quo zwar nicht versteinert. Aus dogmatischer Sicht wird eine erweiternde Auslegung einzelner Normen aber stärker begrenzt als dass bei den Unionsverträgen aufgrund der Regelung des Art. 1 Abs. 2 EUV der Fall ist.

123 Diese Zusicherung sollte, wie wir heute wissen, den »Brexit« allerdings nicht mehr abwenden können. Sie zeigt aber das Unbehagen auf, dass bei einigen Mitgliedstaaten im Hinblick auf diese Regelung mittlerweile besteht. Anders als in den Anfangsjahren ist die Integration heute so weit fortgeschritten, dass das Ziel einer weiteren Verdichtung nicht mehr auf ungeteilte Zustimmung stößt.

124 BVerfG, Urteil vom 6. Dezember 2022, 2 BvR 547/21 & 798/21. Es machte dabei allerdings deutlich, dass es erhebliche Bedenken hatte.

125 Siehe jetzt aber Report of the Franco-German Working Group on EU Institutional Reform, Sailing on High Seas: Reforming and Enlarging the EU for the 21st Century, September 2023, S. 31: »Nevertheless, we do not rule out the repatriation of competencies from the EU to the national level as a matter of principle if they can be better handled on the national or

subnational level with positive effects for legitimacy, efficiency or the quality of decisions made.«

126 C. Calliess, Erweiterung und Reform der Europäischen Union, EuZW 2023, S. 781 (781 f.).

127 Siehe den Vorschlag bei C. Calliess, Erweiterung und Reform der Europäischen Union, EuZW 2023, S. 781 (782).

128 Siehe auch M. Nettesheim, Selbstbehauptung der EU durch Schutz des impliziten sozialen Kontrakts, in: U. Di Fabio (Hrsg.), Die Selbstbehauptung Europas, 2022, S. 23 (28 f.): »Offenkundig weichen die Vorstellungen der in der EU lebenden Menschen, wie sie zusammenleben wollen, weiter voneinander ab, als es dies die Verfechter einer liberal-kosmopolitischen Lebensstils für möglich erachten (oder auch politisch zu akzeptieren bereit sind).« Jedenfalls betonend, dass der Aspekt der Vielfalt nicht vernachlässigt werden darf A. Voßkuhle, »In Vielfalt geeint« – eine »Ode an die Quadratur des Kreises, EuR 2023, 127 (134): »Ansonsten wird das Ziel ›einer immer engeren Union‹ schnell als Einbahnstraße in einen Einheitsstaat missverstanden, eine Vision von Europa, die kaum auf viel Gegenliebe in der Bevölkerung stoßen dürfte. Vielfalt ist zentraler Bestandteil der europäischen Identität.«

129 S. Auer, European Disunion, 2022, S. xvi.

130 Darüber hinaus ist auch der inter- und intrainstitutionelle Rechtsschutz auf europäischer Ebene teilweise unzureichend, was sich unter anderem daran zeigt, dass einzelne Parlamentarier nur begrenzt die Möglichkeit haben, ihre Abgeordnetenrechte im parlamentarischen Verfahren effektiv vor dem EuGH geltend zu machen. Zuletzt hat der deutsche Abgeordnete René Repasi versucht, hier eine Rechtsprechungsänderung herbeizuführen, ist damit aber in erster Instanz gescheitert (siehe EuG, Rs. T-628/22). Die Sache ist nunmehr in zweiter Instanz vor dem Gerichtshof anhängig.

131 Ausführlich dazu A. Thiele, Individualrechtsschutz vor dem Europäischen Gerichtshof durch die Nichtigkeitsklage, 2006 sowie A. Thiele, Europäisches Prozessrecht, ^{2}2014, § 7, Rn. 55 ff. Siehe auch G. Winter, Not fit for purpose. Die Klagebefugnis vor dem Europäischen Gericht angesichts allgemeiner Gefahren, EuR 2022, S. 367 ff.

132 EuGH, Rs. 25/62, Slg. 1963, 211 (Plaumann & Co/Kommission), S. 238 f.

133 Kritik auch bei F. Amtenbrink/H. Vedder, European Union Law, 2021, Rn. V-57.

134 Zum Aufbau der Europäischen Gerichtsbarkeit nur A. Thiele, Europäisches Prozessrecht, ^{2}2014, § 2.

135 Es handelte sich um eine Entscheidung, deren Rechtsgrundlage im bis heute bestehenden Vertrag über die Europäische Atomgemeinschaft fand.

136 EuG, Rs. T-219/95 R, Slg. 1995, II-3051 (Danielsson u.a./Kommission), Rn. 70 f.

137 SA GA Jacobs in der Rs. C-50/00 P, Slg. 2002, I-6681 (UPA/Rat), Rn. 36 ff.

138 EuG, Rs. T-177/01, Slg. 2002, II-2365 (Jégo-Quéré/Kommission), Rn. 27 ff.

139 EuGH, Rs. C-50/00 P, Slg. 2002, I-6681 (UPA/Rat). Die Weigerung des EuGH, seine Rechtsprechung zu ändern dürfte auch mit einer Sorge vor einer möglichen Überlastung zusammen gehangen haben – ein Thema, das auch aktuell wieder diskutiert wird, vgl. W. M. Kühn, Die bevorstehende Reform des Gerichtssystems der Europäischen Union, EuZW 2023, 925 ff.

140 Für Rechtsakte mit Verordnungscharakter, die keine Durchführungsmaßnahmen nach sich ziehen, bedarf es seitdem nicht mehr des Nachweises einer individuellen Betroffenheit.

141 Ausführlich dazu A. Thiele, Das Rechtsschutzsystem nach dem Vertrag von Lissabon – (K)ein Schritt nach vorn?, EuR 2010, 30 ff. Siehe auch C. Ohler, Das Bundesverfassungsgericht als europäisches Kompetenzgericht, ZG 35 (2020), S. 95 (96).

142 Siehe dazu im Überblick A. Thiele, Individualrechtsschutz vor dem Europäischen Gerichtshof durch die Nichtigkeitsklage, 2006, S. 308 ff. Eine Neuformulierung der individuellen Betroffenheit könnte folgendermaßen lauten: »Eine individuelle Betroffenheit ist anzunehmen, wenn die angegriffene Bestimmung erheblich in die Rechte des Klägers eingreift oder sonstige erhebliche nachteilige Auswirkungen auf die Interessen des Klägers hat.«

143 C. Calliess, Erweiterung und Reform der Europäischen Union, EuZW 2023, S. 781 (786).

144 Deutlich D. Schwarzer, Final Call, 2021, S. 187: »Das Friedensversprechen ist verbraucht.«

145 Vielmehr wird eher umgekehrt das ausnahmsweise und temporäre Schließen einzelner Grenzen als zu kritisierendes Defizit angesehen. Vgl. auch H. M. Enzensberger, Sanftes Monster Brüssel oder die Entmündigung Europas, 2011, S. 7: »Personen, die jünger als sechzig sind, können sich nicht daran erinnern, wie mühsam es nach dem Zweiten Weltkrieg war, ein benachbartes Land zu betreten. Ohne einen langwierigen bürokratischen Kampf war an eine Auslandsreise nicht zu denken.«

146 H. Prantl, Trotz alledem!, [3]2019, S. 70. Prantls Streitschrift spart im Übrigen allerdings nicht an einer ordentlichen Prise Pathos.

147 H. M. Enzensberger, Sanftes Monster Brüssel oder die Entmündigung Europas, 2011, S. 9: »Man wird in den entlegensten Ecken Europas auf Schilder stoßen, die verkünden, dass hier irgendetwas von der EU gefördert wird: der Bau einer Autobahn, einer Brücke, eines Gebäudes oder einer Forschungseinrichtung.«

148 In diesem Sinne wohl auch G. Verhofstadt, Die Vereinigten Staaten von Europa, 2006, S. 11. Siehe bereits G. Brunn, Die Europäische Einigung, [3]2009, S. 322: »Die besondere Anziehungskraft der EU, nicht zuletzt für ihre jüngsten Mitglieder, liegt darin, dass sie im Gegensatz zu klassischen Staaten nur eine begrenzte Zahl von Aufgaben hat, die im kleinen Rahmen der europäischen Nationalstaaten nicht mehr ausreichend wahrgenommen werden können.«

149 Zu diesen siehe A. Thiele, Allgemeine Staatslehre, [2]2022, S. 113 ff.

150 Das zeigt sich etwa beim Bundesrat und der Frage, wie dieser in der konkreten Situation am Gesetzgebungsverfahren beteiligt ist.

151 Viel zu pauschal da ohne Berücksichtigung der Funktionsvoraussetzungen des Mehrheitsprinzips daher W. Weiß, Zur Zukunft Europas: Plädoyer für eine Vertragsreform, ZRP 2022, S. 162 (163): »In zahlreichen Feldern, aber nicht in allen, in denen noch Einstimmigkeit erforderlich ist, sollte im Rat die qualifizierte Mehrheitsabstimmung die Regel werden, etwa im Bereich Sanktionen nach innen (Sanktionen nach Art. 7 EUV, Rechtsstaatsmechanismus) wie nach außen (Handels- und Finanzsanktionen).«

152 Vgl. D. Schwarzer, Final Call, 2021, S. 193 ff.

153 Siehe auch D. Schwarzer, Final Call, 2021, S. 195, die darauf hinweist, dass es jedenfalls gegenwärtig produktiver ist, nach Alternativen zum Mehrheitsprinzip Ausschau zu halten.

154 Zur Entwicklung auch F. Amtenbrink/H. Vedder, European Union Law, 2021, Rn. XI-31 f.

155 Siehe dazu Art. 17 Abs. 5 EUV.

156 Die Idee einer Doppelspitze dürfte allerdings zu erheblichen praktischen Problemen führen – die gemeinsame Führung eines deutschen Ministeriums wäre etwa kaum vorstellbar. Insofern ginge damit vermutlich eine Schwächung der Kommission als Institution einher.

157 Siehe dazu auch die Vorschläge im Report of the Franco-German Working Group on EU Institutional Reform, Sailing on High Seas: Reforming and Enlarging the EU for the 21st Century, September 2023, S. 22 f.

Ausblick: Gutes Leben in staatstheoretischer Uneindeutigkeit

1 Vgl. A. Thiele, Der konstituierte Staat, 2021, S. 43: »Verfassungsordnungen waren (und sind) Transformationsprojekte ohne Anspruch auf Erfolg.«

2 M. Nettesheim, Selbstbehauptung der EU durch Schutz des impliziten sozialen Kontrakts, in: U. Di Fabio (Hrsg.), Die Selbstbehauptung Europas, 2022, S. 23 (37): »Bei allen Schwierigkeiten, vor denen die EU gegenwärtig steht, ist die europäische Integration zunächst und vor allem eine Erfolgsgeschichte.« Siehe auch O. Höffe, Für ein Europa der Bürger!, 2020, S. 17: »[...] ein Erfolgsmodell von weltgeschichtlichem Rang, fraglos die in globaler Hinsicht größte politische Errungenschaft seit dem Zweiten Weltkrieg.«

3 Die potenziellen Beitrittskandidaten umfassen u.a. Albanien, Nordmazedonien, Serbien und die Ukraine. Ein Beitritt der Türkei ist zwar theoretisch denkbar, politisch aktuell jedoch ausgeschlossen.

4 Symptomatisch (allerdings stark von den negativen Erfahrungen der Eurokrise geprägt) C. Offe, Europa in der Falle, 2016, S. 13: »Die Europäische Union befindet sich an einem Scheideweg: Entweder gelingt eine erhebliche Verbesserung ihrer institutionellen Strukturen oder es kommt zu ihrem Zerfall.« Ähnlich pessimistisch auch S. Auer, European Disunion, 2022, S. 183: »Rather than failing forward, Europe is failing.«

5 Vgl. A. Voßkuhle, Die Verfassung der Mitte, 2016, S. 22.

6 Vgl. C. Mouffe, Über das Politische, 2007, S. 13. Siehe auch H. Prantl, Trotz alledem!, [3]2019, S. 15 f.: »Europa ist ein nüchternes Projekt geworden, man kann es nicht singen.«

7 A. Voßkuhle, Die Verfassung der Mitte, 2016, S. 50.

8 M. Erdmann, Geld und europäisches Verfassungsrecht. Institutionelle Wertesicherung durch Zwangsgelder in der Europäischen Union, Der Staat 62 (2023), S. 243 (244).

9 Siehe auch C. D. Classen, Zur offenen Finalität der europäischen Integration, in: EnzEuR Bd 1, 2014, § 35, Rn. 12: »Dementsprechend kann die Frage nach der Finalität der Union – ohne Veränderung ihrer Rechtsnatur hin zu einem Bundesstaat – nicht sachgerecht beantwortet werden, indem man ihre institutionellen Strukturen sucht oder danach fragt, was das Endziel darstellt. Ein Endziel der Politik gibt es in einer demokratischen Ordnung nicht.«

10 Vgl. auch C. D. Classen, Zur offenen Finalität der europäischen Integration, in: EnzEuR Bd 1, [1]2014, § 35, Rn. 13; S. Oeter, Föderalismus und Demokratie, in: A. von Bogdandy/J. Bast (Hrsg.), Europäisches Verfassungsrecht, [2]2009, S. 73 (119 f.); vgl. auch J. P. Terhechte, Die Einheit des Unionsrechts und die Idee eines europäischen Verfassungsrechts – Relâche? Pas du tout!, in: I. Augsberg (Hrsg.), Der Staat der Netzwerkgesellschaft, 2023, S. 159 (161); S. Larsen, The Constitutional Theory of the Federation and the European Union 2021, S. 2. Ohnehin findet sich dafür in absehbarer Zeit keine politische Mehrheit bzw.bzw. Einigkeit, vgl. F. C. Mayer, The EU in 2030: An Anticipated Look Back at the 2020s, German Law Journal 21 (2020), S. 63 (65).

11 T. Vesting, Staatstheorie, 2018, Rn. 350.

12 Nicht überzeugend daher B. Simms/B. Zeeb, Europa am Abgrund, 2016, die im Hinblick auf die Europäische Union explizit für eine Orientierung am anglo-amerikanischen Modell eintreten. Ähnlich auch F.-W. Steinmeier, Europa ist die Lösung, 2016.

13 Vgl. auch U. Di Fabio, Europaverfassungsrecht aus Karlsruhe, AöR 148 (2023), S. 50 (62 f.); T. Vesting, Staatstheorie, 2018, Rn. 350. Ohnehin wird das »Größenproblem« dabei nur selten adressiert, vgl. D. Jörke, Die Größe der Demokratie, 2019, S. 13.

14 C. Franzius/U. K. Preuß, Die Zukunft der Europäischen Demokratie, 2012, S. 46.

15 Verfehlt daher H. Prantl, Trotz alledem!, ^{3}2019, S. 80. Wie hier S. Oeter, Föderalismus und Demokratie, in: A. von Bogdandy/J. Bast (Hrsg.), Europäisches Verfassungsrecht, ^{2}2009, S. 73 (119): »Der Hybridcharakter des ›Verfassungsverbundes‹ der Union sollte insoweit im Ergebnis eher als Stärke denn als Schwäche der Europäischen Union begriffen werden.«

16 Siehe bereits A. Thiele, Der konstituierte Staat, 2021, S. 379 f.: »Die Zukunft der Europäischen Union und diejenige der integrierten Mitgliedstaaten mit ihren Verfassungen liegen aber möglicherweise – zumindest für einen gewissen Zeitraum – in ihrer verfassungstheoretischen Unbestimmtheit. Eine solche Ambivalenz muss nicht als verfassungstheoretische Verfallsgeschichte interpretiert werden.« Siehe auch F. C. Mayer, Verfassung im Nationalstaat: Von der Gesamtordnung zur europäischen Teilordnung?, in VVDStRL 75 (2016), 7 (58); J. P. Terhechte, Die Einheit des Unionsrechts und die Idee eines europäischen Verfassungsrechts – Relâche? Pas du tout!, in: I. Augsberg (Hrsg.), Der Staat der Netzwerkgesellschaft, 2023, S. 159 (177 f.).

17 Vgl. A. Voßkuhle, Europäische Rechtsgemeinschaft – Konzept und praktische Umsetzung, in: W. Kahl/M. Ludwigs (Hrsg.), Handbuch des Verwaltungsrechts, Band III, 2022, § 59, Rn. 6: »Ihre Finalität bleibt letztlich offen.«

18 Die Europäische Union ist damit zwar mit E. R. Lautsch, Integration durch Recht, 2023, S. 79, »ein politisches Gemeinwesen mit unklarer Gestalt und unklarer Zukunft.« Diese Unklarheit sollte aber nicht als Mangel, sondern eher als Chance angesehen werden. Siehe auch F. Weber, Formen Europas. Rechtsdeutung, Sinnfrage und Narrativ im Rechtsdiskurs um die Gestalt der Europäischen Union, Der Staat 55 (2016), S. 151 (178): »Jedenfalls ist die Unvollkommenheit nicht von Nachteil, im Gegenteil: Die Union hat gerade aufgrund ihrer Einzigartigkeit den juristischen Kategorienhaushalt der deutschen Staatsrechtslehre erheblich belebt.«

Literatur

Abdelal, Rawi: Capital Rules. The Construction of Global Finance, Cambridge 2006.
Alemanno, Alberto: Europe's Democracy Challenge: Citizen Participation in and Beyond Elections, in: German Law Journal 21 (2020), S. 35 ff.
Amtenbrink, Fabian/Vedder, Hans: European Union Law, Den Haag 2021.
Anderson, Benedict: Die Erfindung der Nation, Frankfurt am Main 1998.
Auer, Stefan: Calls for unanimity divide Europe, September 2022, abrufbar im Internet: https://www.politico.eu/article/europe-unanimity-czech-presidency-russia/ (Stand: 01.11.2023).
Auer, Stefan: European Disunion, London 2022.
Augsberg, Ino: Selbstbestimmung und Fremdbestimmung in der liberalen Demokratie, in: VVDStRL 82 (2023), S. 29 ff.
Bartl, Marija: Hayek Upside-Down: On the Democratic Effects of Transnational Lists, in: German Law Journal 21 (2020), S. 57 ff.
Basedow, Jürgen: Der Beitrag des EuGH zur Europäischen Integration, in: EuZW 2022, S. 1146 ff.
Bauer, Thomas: Die Vereindeutigung der Welt. Über den Verlust an Mehrdeutigkeit und Vielfalt, Ditzingen 2018.
Bertelsmann Stiftung (Hrsg.): Demokratie und Rechtsstaatlichkeit in der Europäischen Union, Gütersloh 2021.
Beukers, Thomas/Fromage, Diane/Monti, Giorgio (Hrsg.): The New European Central Bank. Taking stock and looking ahead, Oxford 2022.
Biebricher, Thomas: Die politische Theorie des Neoliberalismus, Berlin 2021.
Blanke, Hermann-Josef/Sander, Aimee: Die europäische Rechtsstaatlichkeit und ihre Widersacher, in: EuR (2023), S. 54 ff.
Bogdandy, Armin von: Strukturwandel des öffentlichen Rechts, Berlin 2022.
Breyer, Stephen: Making our Democracy Work, New York City 2011.
Brunn, Gerhard: Die Europäische Einigung, Stuttgart ^{3}2009.
Bugaric, Bojan: The neo-liberal bias of the EU constitutional order: a critical analysis, in: Tushnet, Mark V./Kochenov, Dimitry (Hrsg.), Research Handbook on the Politics of Constitutional Law, Cheltenham 2023, S. 386 ff.

Calliess, Christian: Europäischer Grundrechtsschutz durch den EuGH. Rückblick und Ausblick, in: EuZW (2022), S. 1159 ff.

Calliess, Christian: Staatsrecht III. Bezüge zum Völker- und Europarecht, München [4]2022.

Calliess, Christian: Erweiterung und Reform der Europäischen Union, in: EuZW 2023, S. 781 ff.

Cancik, Pascale: Wahlrecht und Parlamentsrecht als Gelingensbedingungen repräsentativer Demokratie, in: VVDStRL 72 (2012), S. 268 ff.

Christiano, Thomas: The Constitution of Equality. Democratic Authority and its Limits, Oxford 2012.

Classen, Claus Dieter: Zur offenen Finalität der europäischen Integration, in: EnzEur Bd. 1, [1]2014, § 35.

Classen, Claus Dieter: Der nationale Rechtsanwendungsbefehl für das Unionsrecht. Eine dogmatisch verfehlte Konstruktion mit praktisch verfehlten Konsequenzen, in: EuR (2023), S. 4 ff.

Danwitz, Thomas von: Zur Entwicklung der gemeinschaftsrechtlichen Staatshaftung, in: JZ (1994), S. 335 ff.

Di Fabio, Udo: Europaverfassungsrecht aus Karlsruhe. Eine Partitur schwebender Souveränität, AöR 148 (2023), S. 50 ff.

Dreier, Horst, Art. 20 (Demokratie), in: ders. (Hrsg.), Grundgesetz Band II, Tübingen [3]2015.

Enzensberger, Hans Magnus: Sanftes Monster Brüssel oder die Entmündigung Europas, Berlin 2011.

Erdmann, Max: Geld und europäisches Verfassungsrecht. Institutionelle Wertesicherung durch Zwangsgelder in der Europäischen Union, in: Der Staat 62 (2023), S. 243 ff.

Europäische Kommission: Weißbuch zur Zukunft Europas. Die EU der 27 im Jahr 2025 – Überlegungen und Szenarien, 2017.

Everling, Ulrich: Die Europäische Union als föderaler Zusammenschluss von Staaten und Bürgern, in: Bogdandy, Armin von/Bast, Jürgen (Hrsg.), Europäisches Verfassungsrecht, Berlin/Heidelberg [2]2009, S. 962 ff.

Finck, Michèle/de Witte, Floris: The Challenge of Challenges, in: German Law Journal 21 (2020), S. 1 ff.

Fischer, Joschka: Vom Staatenbund zur Föderation. Gedanke über die Finalität der europäischen Integration, Berlin 2000.

Fischer, Joschka: Scheitert Europa?, Köln [2]2014.

Fossum, John Erik/Menéndez, Augustín José: The Constitution's Gift. A Constitutional Theory for a Democratic European Union, Lanham 2011.

Franzius, Claudio/Preuß, Ulrich K.: Die Zukunft der europäischen Demokratie, Baden-Baden 2012.

Frick, Marie-Luisa: Zivilisiert streiten. Zur Ethik der politischen Gegnerschaft, Ditzingen 2018.

Friedrich, Susanne: Drehscheibe Regensburg. Das Informations- und Kommunikationssystem des Immerwährenden Reichstags um 1700, Berlin 2007.
Friesike, Sascha/Sprondel, Johanna: Träge Transformation, Ditzingen 2022.
Gerstenberg, Oliver: Bürgerrechte und deliberative Demokratie. Elemente einer pluralistischen Verfassungstheorie, Frankfurt am Main 1997.
Gollasch, Simon: Ein bedeutender Schritt für die europäische Integration? Die Entschließung des Europäischen Parlaments vom 9. Juni 2022, in: EuR 2023, 433 ff.
Gourdet, Sascha: Europäischer Grundrechtsschutz. Die Anwendung der Unionsgrundrechte in den Mitgliedstaaten der Europäischen Union und ihr Verhältnis zu den nationalen Grundrechten, Baden-Baden 2021.
Grimm, Dieter: Die Bedeutung nationaler Verfassungen in einem vereinten Europa, in: ders. (Hrsg.), Die Zukunft der Verfassung II, Frankfurt am Main 2012, S. 92 ff.
Grimm, Dieter: Europa ja, aber welches?, München 2016.
Grimm, Dieter: Noch unentbehrlich: Wie der Staat sich wandelt, in: Gumbrecht, Hans Ulrich/Scheu, René (Hrsg.), Zukunft des Staates – Staat der Zukunft, Stuttgart 2021, S. 17 ff.
Grimm, Dieter: Die Historiker und die Verfassung, München 2022.
Grosche, Nils: Ein demokratisches Experiment zur Zukunft Europas, in: ZG (2022), S. 16 ff.
Habermas, Jürgen: Der gespaltene Westen, Frankfurt am Main 2004.
Habermas, Jürgen: Die Krise der Europäischen Union im Lichte der Konstitutionalisierung des Völkerrechts, in: ders. (Hrsg.), Zur Verfassung Europas, Berlin 2011.
Habermas, Jürgen: Ein neuer Strukturwandel der Öffentlichkeit und die deliberative Politik, Berlin ³2022.
Hallstein, Walter: Die Europäische Rechtsgemeinschaft, Düsseldorf 1973.
Haltern, Ulrich: Finalität, in: Bogdandy, Armin von/Bast, Jürgen (Hrsg.), Europäisches Verfassungsrecht, Berlin/Heidelberg ²2009, S. 279 ff.
Haltern, Ulrich: Europarecht. Dogmatik im Kontext, Band II, Tübingen ³2017.
Haltern, Ulrich: Wirkliche Widersprüche und die Methode, wodurch sie sich lösen, in: AöR 146 (2021), S. 195 ff.
Heidenreich, Felix: Nachhaltigkeit und Demokratie. Eine politische Theorie, Berlin 2023.
Heinig, Michael: Verfassung im Nationalstaat. Vom der Gesamtordnung zur europäischen Teilordnung?, in: VVDStRL 75 (2016), S. 65 ff.
Heins, Volker/Wolff Frank: Hinter Mauern. Geschlossene Grenzen als Gefahr für die offene Gesellschaft, Berlin 2023.
Herdegen, Matthias: Price Stability and Budgetary Restraints in the Economic and Monetary Union, in: Common Market Law Review 35 (1998), S. 9 ff.
Hermes, Georg, in: Dreier, Horst (Hrsg.), Grundgesetz, Band III, München ³2018, Art. 83.

Herr, Vincent-Immanuel/Speer, Martin: Europe for Future. 95 Thesen, die Europa retten – was jetzt geschehen muss, München 2021.
Herzog, Roman/Gerken, Lüder: Stoppt den Europäischen Gerichtshof, in: FAZ vom 08.09.2008.
Heun, Werner: Das Mehrheitsprinzip in der Demokratie. Grundlagen, Struktur, Begrenzungen, Berlin 1983.
Heun, Werner: Die Verfassungsordnung der Bundesrepublik Deutschland, Tübingen 2012.
Höffe, Otfried: Für ein Europa der Bürger!, Tübingen 2020.
Hofmann, Hans: Perspektiven einer Staatsmodernisierung, in: ZG 37 (2022), S. 249 ff.
Hornung, Gerrit: Grundrechtsinnovationen, Tübingen 2015.
Huber, Peter Michael: Warum der EuGH Kontrolle braucht, Wien 2022.
Huber, Peter Michael: Strukturen in der nationalen und europäischen Verfassung, in: AöR 148 (2023), S. 24 ff.
Jaster, Romy/Lanius, David: Die Wahrheit schafft sich ab. Wie Fake News Politik machen, Ditzingen 2019.
Jörke, Dirk: Die Größe der Demokratie, Berlin 2019.
Judson, Pieter M.: Habsburg. Geschichte eines Imperiums, München 2017.
Kaczmarczyk, Patrick: Kampf der Nationen. Wie der wirtschaftliche Wettbewerb unsere Zukunft zerstört, Frankfurt am Main 2022.
Kaczmarczyk, Patrick: Raus aus dem Ego-Kapitalismus. Für eine Wirtschaft im Dienste des Menschen, Frankfurt am Main 2023.
Kaelble, Hartmut: Der verkannte Bürger. Eine andere Geschichte der europäischen Integration seit 1950, Frankfurt am Main/New York 2019.
Kelsen, Hans: Vom Wesen und Wert der Demokratie, Ditzingen 2018.
Kersten, Jens: Das ökologische Grundgesetz, München 2022.
Kielmansegg, Peter Graf: Volkssouveränität. Eine Untersuchung der Bedingungen demokratischer Legitimität, Stuttgart 1977.
König, Carsten: Zum Verfassungsrang der europäischen Grundfreiheiten und des europäischen Wettbewerbsrechts, in: EuR 2022, S. 48 ff.
Korioth, Stefan: Deutsche Verfassungsgeschichte, Tübingen 2023.
Kotzur, Markus: Verfassung – Begriff und Bedeutung im Mehrebenensystem, in: Kahl, Wolfgang/Ludwigs, Markus (Hrsg.), Handbuch des Verwaltungsrechts, Band III, Heidelberg 2022, § 58.
Kriele, Martin: Einführung in die Staatslehre. Die geschichtlichen Legitimitätsgrundlagen des demokratischen Verfassungsstaates, Stuttgart ^{6}2003.
Krüper, Julian: Staatlichkeit und Kompetenz: Eine Beziehung im Umbruch, in: Gumbrecht, Hans Ulrich/Scheu, René (Hrsg.), Zukunft des Staates – Staat der Zukunft, Stuttgart 2021, S. 66 ff.
Kühn, Werner Miguel: Die bevorstehende Reform des Gerichtssystems der Europäischen Union, in: EuZW 2023, 925 ff.
Kühnhardt, Ludger: Das politische Denken der Europäischen Union, Paderborn 2022.

Lang, Andrej: Das »Kooperationsverhältnis« zwischen Bundesverfassungsgericht und Europäischem Gerichtshof nach dem PSPP-Urteil, in: Der Staat 60 (2021), S. 99 ff.
Langewiesche, Dieter: Vom vielstaatlichen Reich zum föderativen Bundesstaat, Stuttgart 2020.
Larsen, Signe Rehling: The Constitutional Theory of the Federation and the European Union, Oxford 2021.
Lautsch, Eva Ricarda: Integration durch Recht, Tübingen 2023.
Lehner, Roman: Souveränität im Bundesstaat und der Europäischen Union, Tübingen 2021.
Lepsius, Oliver: Kontextualisierung als Aufgabe der Rechtswissenschaft, in: JZ (2019), S. 793 ff.
Loick, Daniel: Anarchismus zur Einführung, Hamburg [3]2021.
Lübbe-Wolff, Gertrude: Demophobie. Muss man die direkte Demokratie fürchten?, Frankfurt am Main 2023.
Lührs, Lisa-Marie: Europäische Souveränität als mehrdimensionaler Rechtsbegriff, in: EuR (2022), S. 673 ff.
Ludwigs, Markus: Wirtschafts- und Währungsverfassung, in: Kahl, Wolfgang/Ludwigs, Markus (Hrsg.), Handbuch des Verwaltungsrechts, Band III, Heidelberg 2022, § 85.
Mangold, Anna Katharina: Gemeinschaftsrecht und deutsches Recht, Tübingen 2011.
Masala, Carlo: Weltunordnung. Die globalen Krisen und die Illusionen des Westens, München 2022.
Masing, Johannes/Jestaedt, Matthias/Capitant, David/Divellec, David Le (Hrsg.): Strukturfragen des Grundrechtsschutzes in Europa, Tübingen 2015.
Masing, Johannes: Verfassung im internationales Mehrebenensystem, in: Herdegen, Matthias/Masing, Johannes/Poscher, Ralf/Gärditz, Klaus Ferdinand (Hrsg.), Handbuch des Verfassungsrechts, München 2021, § 2.
Mayer, Franz/Wendel, Matthias: Die verfassungsrechtlichen Grundlagen des Europarechts, in: Hatje, Armin/Müller-Graf, Peter-Christian (Hrsg.), Europäisches Organisations- und Verfassungsrecht, Baden-Baden 2014, § 4.
Mayer, Franz: Verfassung im Nationalstaat. Von der Gesamtordnung zur europäischen Teilordnung?, in: VVDStRL 75 (2016), S. 7 ff.
Mayer, Franz: The EU in 2030: An Anticipated Look Back at the 2020s, in: German Law Journal 21 (2020), S. 63 ff.
Mayer, Franz: Kompetenzverteilung, in: Kahl, Wolfgang/Ludwigs, Markus (Hrsg.), Handbuch des Verwaltungsrechts, Heidelberg 2021, § 33.
Mergel, Thomas: Staat und Staatlichkeit in der europäischen Moderne, Göttingen 2022.
Merkel, Wolfgang: Im Zwielicht. Zerbrechlichkeit und Resilienz der Demokratie im 21. Jahrhundert, Frankfurt am Main/New York 2023.
Meyer, Thomas: Die Identität Europas, Berlin 2004.
Middelaar, Luuk van: Das europäische Pandämonium, Berlin 2021.

Möllers, Christoph: Verfassunggebende Gewalt – Verfassung – Konstitutionalisierung, in: von Bogdandy, Armin von/Bast, Jürgen (Hrsg.), Europäisches Verfassungsrecht, Berlin ^{2}2009, S. 227 ff.
Möllers, Christoph: Staat als Argument, Tübingen ^{2}2011.
Möllers, Christoph: Freiheitsgrade. Elemente einer liberalen politischen Mechanik, Berlin 2020.
Möllers, Christoph: Demokratie, in: Herdegen, Matthias/Masing, Johannes/Poscher, Ralf/Gärditz, Klaus Ferdinand (Hrsg.), Handbuch des Verfassungsrechts, München 2021, § 5.
Mouffe, Chantal: Über das Politische. Wider die kosmopolitische Illusion, Frankfurt am Main 2007.
Mouffe, Chantal: Agonistik. Die Welt politisch denken, Berlin 2014.
Mouffe, Chantal: Eine Grüne demokratische Revolution, Berlin 2023.
Müller, Jan-Werner: Freiheit, Gleichheit, Ungewissheit. Wie schafft man Demokratie?, Berlin 2021.
Müller-Mall, Sabine: Verfassende Urteile. Eine Theorie des Rechts, Berlin 2023.
Münkler, Herfried/Straßenberger, Grit: Politische Theorie und Ideengeschichte, München ^{2}2020.
Nassehi, Armin: Das große Nein, Hamburg 2020.
Nettesheim, Martin: Demokratisierung der Europäischen Union und Europäisierung der Demokratietheorie – Wechselwirkungen bei der Herausbildung eines europäischen Demokratieprinzips, in: Bauer, Hartmut/Huber, Peter M./Sommermann, Karl-Peter (Hrsg.), Demokratie in Europa, Tübingen 2005, S. 143 ff.
Nettesheim, Martin: Selbstbehauptung der EU durch Schutz des impliziten sozialen Kontrakts, in: Di Fabio, Udo (Hrsg.), Die Selbstbehauptung Europas, Tübingen 2022, S. 23 ff.
Nettesheim, Martin: Die »Werte der Union«: Legitimitätsstiftung, Einheitsbildung, Föderalisierung, in: EuR 2022, S. 525 ff.
Neuhaus, Helmut/Herbers, Klaus: Das Heilige Römische Reich, Köln 2010.
Oeter, Stefan: Föderalismus und Demokratie, in: von Bogdandy, Armin von/Bast, Jürgen (Hrsg.), Europäisches Verfassungsrecht, Berlin ^{2}2009, S. 73 ff.
Offe, Claus: Europa in der Falle, Berlin 2016.
Ohler, Christoph: Das Bundesverfassungsgericht als europäisches Kompetenzgericht, in: ZG 35 (2020), S. 95 ff.
Oppermann, Thomas/Classen, Dieter/Nettesheim, Martin: Europarecht, München ^{9}2021.
Özmen, Elif: Was ist Liberalismus?, Berlin 2023.
Patel, Kiran Klaus: Projekt Europa, München 2018.
Patel, Kiran Klaus: Europäische Integration, München 2022.
Peters, Anne: Elemente einer Theorie der Verfassung Europas, Berlin 2001.
Pollmann, Arnd: Menschenrechte und Menschenwürde, Berlin 2022.

Prantl, Heribert: Trotz alledem! Europa muss man einfach lieben, Berlin [3]2019.
Preßlein, David: Der absolute Anwendungsvorrang des Unionsrecht als Garantie der Gleichheit der Mitgliedstaaten in der Europäischen Union?, in: EuR (2022), S. 688 ff.
Przeworski, Adam: Democracy and the Market, Cambridge 1991.
Przeworski, Adam: Krisen der Demokratie, Berlin 2021.
Pufendorf, Samuel: De statu imperii Germanici (Über die Verfassung des deutschen Reiches), herausgegeben und übersetzt von Horst Denzer, Frankfurt am Main 1994.
Rahden, Till van: Demokratie. Eine gefährdete Lebensform, Frankfurt am Main/New York 2019.
Reckwitz, Andreas: Das Ende der Illusionen. Politik, Ökonomie und Kultur in der Spätmoderne, Berlin 2019.
Report of the Franco-German Working Group on EU Institutional Reform: Sailing on High Seas: Reforming and Enlarging the EU for the 21st Century, September 2023.
Rifkin, Jeremy: The European Dream. How Europe's Vision of the Future is quietly eclipsing the American Dream, New York 2005.
Rittberger, Berthold: Die Europäische Union. Politik, Institutionen, Krisen, München 2021.
Rodrik, Dani, The Globalization Paradox, New York City 2011.
Sandel, Michael J.: Das Unbehagen in der Demokratie. Was die ungezügelten Märkte aus unserer Gesellschaft gemacht haben, Frankfurt am Main 2023.
Sarcevic, Edin: Das Bundesstaatsprinzip, Tübingen 2000.
Sauer, Heiko: Unions- und verfassungsrechtliche Fragen einer Sperrklausel bei der Wahl zum Europäischen Parlament, in: EuZW 2023, S. 792 ff.
Saurer, Johannes: Der Einzelne im europäischen Verwaltungsrecht, Tübingen 2014.
Schäfer, Armin/Zürn, Michael: Die demokratische Regression, Berlin 2021.
Scharpf, Fritz Wilhelm: Regieren in Europa. Effektiv und demokratisch?, Frankfurt am Main 1999.
Scharpf, Fitz Wilhelm: Towards a More Democratic Europe. De-Constutitionalization and Majority Rule, in: ZSE 15 (2017), S. 84 ff.
Schmidt, Georg: Wandel durch Vernunft. Deutsche Geschichte im 18. Jahrhundert, München 2009.
Schönberger, Christoph: Der introvertierte Rechtsstaat als Krönung der Demokratie, in: JZ (2010), S. 1160 ff.
Schönberger, Sophie: Zumutung Demokratie, München 2023.
Schorkopf, Frank: Der Europäische Weg, Tübingen [3]2020.
Schorkopf, Frank: Die unentschiedene Macht. Verfassungsgeschichte der Europäischen Union, 1948–2007, Göttingen 2023.
Schwarze, Jürgen: Der politische Wille bei der europäischen Krisenbewältigung und Verfassungsreform, in: EuR 2023, S. 30 ff.

Schwarzer, Daniela: Final Call. Wie Europa sich zwischen China und den USA behaupten kann, Frankfurt am Main/New York 2021.
Simms, Brendan/Zeeb, Benjamin: Europa am Abgrund. Plädoyer für die Vereinigten Staaten von Europa, München 2016.
Steinmeier, Frank-Walter: Europa ist die Lösung. Churchills Vermächtnis, Wals 2016.
Stollberg-Rilinger, Barbara: Das Heilige Römische Reich Deutscher Nation. Vom Ende des Mittelalters bis 1806, München [5]2013.
Streeck, Wolfgang: Gekaufte Zeit. Die vertagte Krise des demokratischen Kapitalismus, Berlin 2013.
Streeck, Wolfgang: Zwischen Globalismus und Demokratie, Berlin 2021.
Streinz, Rudolf: Der EuGH im Prozess der Europäischen Integration, AöR 135 (2010), S. 1 ff.
Streinz, Rudolf: Aktive Subsidiarität?, in: ZG 36 (2021), S. 145 ff.
Terhechte, Jörg Philipp: Die Einheit des Unionsrechts und die Idee eines europäischen Verfassungsrechts – Relâche? Pas du tout!, in: Augsberg, Ino (Hrsg.), Der Staat der Netzwerkgesellschaft. Karl-Heinz Ladeurs Verständnis von Staat und Gesellschaft, Baden-Baden 2023.
Thiele, Alexander: Individualrechtsschutz vor dem Europäischen Gerichtshof durch die Nichtigkeitsklage, Baden-Baden 2006.
Thiele, Alexander: Der Ausschuss der Regionen. Ein Beitrag zur föderalen Vielfalt in der Europäischen Union, in: Härtel, Ines (Hrsg.), Handbuch Föderalismus Band IV, Heidelberg 2012, § 93.
Thiele, Alexander: Finanzaufsicht. Der Staat und die Finanzmärkte, Tübingen 2014.
Thiele, Alexander: Europäisches Prozessrecht, München [2]2014.
Thiele, Alexander: Der Austritt aus der EU, in: EuR (2016), S. 281 ff.
Thiele, Alexander: Die Integrationsidentität des Art. 23 Abs. 1 GG als (einzige) Grenze des Vorrangs des Europarechts, in: EuR (2017), S. 267 ff.
Thiele, Alexander: Verlustdemokratie, Tübingen [2]2018.
Thiele, Alexander, in: Dreier, Horst (Hrsg.), Grundgesetz, Band III, München [3]2018, Art. 104c.
Thiele, Alexander: Gleichheit angesichts von Vielfalt im philosophischen und rechtswissenschaftlichen Diskurs, DVBl. (2018), S. 1112 ff.
Thiele, Alexander: Der gefräßige Leviathan, Tübingen 2019.
Thiele, Alexander: VB vom Blatt. Das BVerfG und die Büchse der ultra-vires-Pandora, Mai 2020, abrufbar im Internet: https://verfassungsblog.de/vb-vom-blatt-das-bverfg-und-die-buechse-der-ultra-vires-pandora/ (Stand: 01.11.2023).
Thiele, Alexander: Der konstituierte Staat, Frankfurt am Main/New York 2021.
Thiele, Alexander: Verfassungsgerichtsexpertokratie? Das Bundesverfassungsgericht im politischen Prozess, INDES 3 (2021), S. 89 ff.
Thiele, Alexander: Allgemeine Staatslehre, Tübingen [2]2022.

Thiele, Alexander: Die Europäische Zentralbank. Von technokratischer Behörde zu politischem Akteur?, Tübingen [2]2022.
Thiele, Alexander: Die lädierte Demokratie, Rechtswissenschaften 13 (2022), S. 1 ff.
Thiele, Alexander: Europäisches Haftungsrecht, in: Terhechte, Jörg Philipp (Hrsg.), Verwaltungsrecht der Europäischen Union, Baden-Baden [2]2022, § 40.
Thiele, Alexander: Europarecht, Altenberge [18]2022.
Thiele, Alexander: Währungsverwaltungsrecht, in: Terhechte, Jörg Philipp (Hrsg.), Verwaltungsrecht der Europäischen Union, Baden-Baden [2]2022, § 27.
Thiele, Alexander: The independence of the ECB. Justification, Challenges and Possible Threats, in: Beukers, Thomas/Fromage, Diane/Monti, Giorgio (Hrsg.), The New European Central Bank, Oxford 2023, S. 237 ff.
Thiele, Alexander: Das Grundgesetz. Verständlich erklärt, Stuttgart 2023.
Verhofstadt, Guy: Die Vereinigten Staaten von Europa, Eupen 2006.
Vesting, Thomas: Staatstheorie, München 2018.
Voßkuhle, Andreas: Die Verfassung der Mitte, München 2016.
Voßkuhle, Andreas: Europäische Rechtsgemeinschaft – Konzept und praktische Umsetzung, in: Kahl, Wolfgang/Ludwigs, Markus (Hrsg.), Handbuch des Verwaltungsrechts, Band III, Heidelberg 2022, § 59.
Voßkuhle, Andreas: »In Vielfalt geeint« – eine »Ode an die Quadratur des Kreises«, in: EuR 2023, S. 127 ff.
Wapler, Frederike: Legitimität staatlicher Herrschaft. Die rechtswissenschaftliche Perspektive, in: Thiele, Alexander (Hrsg.), Legitimität in unsicheren Zeiten, Tübingen 2019, S. 39 ff.
Weber, Ferdinand: Formen Europas. Rechtsdeutung, Sinnfrage und Narrativ im Rechtsdiskurs um die Gestalt der Europäischen Union, in: Der Staat 55 (2016), S. 151.
Weber, Max: Herrschaft und Gesellschaft, Tübingen [5]1980.
Wedemeyer, Heide: Mehrheitsbeschlussfassung im Rat der Europäischen Union, Baden-Baden 2008.
Weiß, Wolfgang: Zur Zukunft Europas. Plädoyer für eine Vertragsreform, in: ZRP (2022), S. 162 ff.
Welter, Rüdiger: Der Begriff der Lebenswelt. Theorien vortheoretischer Erfahrungswelt, München 1986.
Wesel, Uwe: Der Gang nach Karlsruhe. Das Bundesverfassungsgericht in der Geschichte der Bundesrepublik, München 2004.
Wilkinson, Michael A.: Authoritarian Liberalism and the Transformation of Modern Europe, Oxford 2021.
Willoweit, Dietmar/Schlinker, Stefan: Deutsche Verfassungsgeschichte, München [8]2019.
Winter, Gerd: Not fit for purpose. Die Klagebefugnis vor dem Europäischen Gericht angesichts allgemeiner Gefahren, in: EuR 2022, S. 367 ff.